***ACCESO GRATIS** a la Lectura en la Nube*

Para visualizar el libro electrónico en la nube de lectura envíe junto a su nombre y apellidos una fotografía del código de barras situado en la contraportada del libro y otra del ticket de compra a la dirección:

ebooktirant@tirant.com

En un máximo de 72 horas laborales le enviaremos el código de acceso con sus instrucciones.

ANÁLISIS DEL RÉGIMEN DE LA PROPIEDAD EN CONDOMINIO EN NUEVO LEÓN

ANÁLISIS DEL RÉGIMEN DE LA PROPIEDAD EN CONDOMINIO EN NUEVO LEÓN

Marcelo Sepúlveda Ferrer
Coordinador

Autores
Emmanuel Acuña Ledezma
Jesús Arguijo González
Jorge Manuel Castillo Sauceda
Erika Cristina Flores Balderas
Luis Fernando González Chapa
Jimena Lankenau Paez
Carolina López Bustamante
Félix Rogelio Maldonado González
Janeth Medina Beltrán
Daniela Navarro Zepeda
Karla Sánchez Chávez
Roberto Sebastián Woo Trasfí
Marcelo Sepúlveda Ferrer
Priscila Vieyra Solís
Miguel O. Zárate Martínez

tirant lo blanch
Ciudad de México, 2024

En caso de erratas y actualizaciones, la Editorial Tirant lo Blanch publicará la pertinente corrección en la página web www.tirant.com.

Este libro será publicado y distribuido internacionalmente en todos los países donde la Editorial Tirant lo Blanch esté presente.

© EDITA: TIRANT LO BLANCH
DISTRIBUYE: TIRANT LO BLANCH MÉXICO
Av. Tamaulipas 150, Oficina 502
Hipódromo, Cuauhtémoc, 06100, Ciudad de México
Telf.: +52 1 55 65502317
infomex@tirant.com
www.tirant.com/mex/
www.tirant.es
ISBN: 978-84-1071-759-6
MAQUETA: Innovatext

Si tiene alguna queja o sugerencia, envíenos un mail a: atencioncliente@tirant.com. En caso de no ser atendida su sugerencia, por favor, lea en www.tirant.net/index.php/empresa/politicas-de-empresa nuestro Procedimiento de quejas.

Responsabilidad Social Corporativa: *http://www.tirant.net/Docs/RSCTirant.pdf*

Índice

Capítulo 3

RETOS DE LA ESTRUCTURA DEL CONDOMINIO EN USOS MIXTOS

DR. MIGUEL O. ZÁRATE MARTÍNEZ

Capítulo 4

LA FUNCIÓN SOCIAL DEL CONDOMINIO Y EL DERECHO A LA VIVIENDA

JORGE MANUEL CASTILLO SAUCEDA

Capítulo 5

MODIFICACIONES AL CONDOMINIO. ¿QUIÉN LAS PUEDE HACER Y CÓMO SE REALIZAN?

Lic. Félix Rogelio Maldonado González

Capítulo 6

PLANEACIÓN DE CONDOMINIOS

Lic. Carolina López Bustamante

Capítulo 7

LA LEGISLACIÓN CONDOMINAL ¿CIVIL O ADMINISTRATIVA?

Lic. Jesús Arguijo González

Capítulo 8

ESTRUCTURAS PARA EL FINANCIAMIENTO DE PROYECTOS EN CONDOMINIO

Lic. Priscila Vieyra Solís

Capítulo 9

EXCLUSIVIDAD DE RENTAS EN EL RÉGIMEN DE PROPIEDAD EN CONDOMINIO

Lic. Janeth Medina Beltrán

Capítulo 10

SANCIONES EN EL RÉGIMEN DE PROPIEDAD EN CONDOMINIO Y MECANISMOS PARA LA SOLUCIÓN DE CONTROVERSIAS

Roberto Sebastián Woo Trasfí

Capítulo 11

"ANIMALES Y CONDOMINIOS"

Daniela Navarro Zepeda, Emmanuel Acuña Ledezma
Erika Cristina Flores Balderas, Jimena Lankenau Paez
y Karla Sánchez Chávez

PRÓLOGO

Como arquitecto, he sido testigo de la transformación que ha experimentado la propiedad en condominio en nuestro entorno urbano. En este libro se explora cómo este régimen de la propiedad ha evolucionado en el derecho contemporáneo, adaptándose a las crecientes exigencias de nuestras ciudades y a las complejidades actuales que se han presentado a raíz del crecimiento del mercado, analizando también los procedimientos y elementos esenciales que deben ser considerados para la constitución de un régimen de propiedad en condominio a fin de asegurar la solidez legal de cada proyecto.

Así, esta obra tiene por objetivo desglosar y explicar la evolución de las normas que regulan la creciente complejidad de las propiedades inmobiliarias, que exigen normativas específicas para la oportuna regulación de elementos cruciales como la convivencia, el mantenimiento de las áreas comunes y los derechos y las obligaciones de los condóminos. Una transformación que ha sido esencial para responder al creciente desafío de ofrecer nuevas formas de propiedad compartida en un entorno legal que es cada vez más sofisticado.

Entre los temas que se abordan, se examina también la estructura de los condominios de usos mixtos, una tendencia que ha redefinido la forma en que concebimos y diseñamos espacios, integrando en un solo proyecto diversas funciones que van desde lo residencial hasta lo comercial. En este contexto, la función social del condominio cobra una especial relevancia, ya que no solo se trata de desarrollar o construir edificaciones, sino de fomentar la creación de comunidades que compartan valores y espacios en armonía. Asimismo, el libro desarrolla la cuestión de las modificaciones que pueden realizarse a la escritura y el reglamento interno que regulan una propiedad en condominio. Un aspecto que, desde luego, es crítico conocer y entender para asegurar un grado de flexibilidad razonable, a fin de que un proyecto inmobiliario siga siendo relevante a través del tiempo, debido a su capacidad de adaptación a las necesidades cambiantes de sus habitantes.

Finalmente, se analizan las estructuras existentes para el financiamiento de proyectos en condominio, siendo este un elemento fundamental en la definición de la rentabilidad de un proyecto; incorporando también un estudio sobre la gestión de la exclusividad en las rentas, como un aspecto crucial en la administración eficiente de los ingresos y la rentabilidad de los proyectos.

Con estas reflexiones, espero que este libro sirva como una herramienta útil para todos aquellos que, como yo, están comprometidos con la evolución y mejora continua del régimen de propiedad en condominio, el cual, bien implementado, contribuirá a la formación de una comunidad unida que comparte valores comunes y mantiene una convivencia armónica en sus espacios compartidos.

Arquitecto Pedro de los Santos

Capítulo 1

LA EVOLUCIÓN DE LA PROPIEDAD EN CONDOMINIO EN EL DERECHO CONTEMPORÁNEO

Marcelo Sepúlveda Ferrer[1]

SUMARIO: I. INTRODUCCIÓN. II. EL RÉGIMEN DE PROPIEDAD EN CONDOMINIO. III. CLASIFICACIÓN DE LOS PROYECTOS EN CONDOMINIO. IV. CONDOMINIOS DE PRIMERA GENERACIÓN. A) Una sola edificación. B) Uso habitacional. C) Estructura orgánico-administrativa de un solo nivel. D) Bienes de uso común general. E) Estructura vertical. V. CONDOMINIOS DE SEGUNDA GENERACIÓN. A) Pluralidad de edificaciones y asignación de derechos, restricciones y obligaciones. B) Uso mixto en el condominio. C) Estructura orgánica de dos niveles dentro de un mismo condominio. VI. CONDOMINIOS DE TERCERA GENERACIÓN. A) Pluralidad de condominios. B) Condominio de uso mixto por etapas. C) Condominios maestros – estructura orgánica intercondominal. D) Regulación convencional. VII. CONCLUSIONES. VIII. BIBLIOGRAFÍA.

I. INTRODUCCIÓN

El régimen de propiedad en condominio es sin duda una de las figuras jurídicas que mayor relevancia ha cobrado en años recientes, dada su innegable trascendencia en el desarrollo de productos inmobiliarios, su importancia en la planeación del crecimiento urbano y la función social que desarrolla en la procuración de vivienda. Tal ha

---

[1] Licenciado en Derecho egresado de la Facultad Libre de Derecho de Monterrey, Maestro en Derecho de los Negocios egresado de la Facultad Libre de Derecho de Monterrey, Asociado en Zárate Abogados y catedrático en el Instituto Tecnológico y de Estudios Superiores de Monterrey (ITESM) y en la Facultad Libre de Derecho de Monterrey.

sido su relevancia que diversos tratadistas consideran a la propiedad en condominio, también llamada propiedad horizontal, como "*la modalidad más significativa de las nuevas construcciones urbanas y (...) del tráfico inmobiliario contemporáneo*[2]".

Ello es así debido a que una constante en el entorno urbano ha sido el encarecimiento de los bienes raíces, y la consecuente problemática sobre la "*ingente necesidad que representa para todo hombre la habitación*[3]" entendida no solamente como la disponibilidad de vivienda para su habitabilidad (puesto que esta necesidad bien podría ser satisfecha a través de otras figuras como el arrendamiento), sino más bien a la necesidad humana de apropiación individual y exclusiva de una vivienda. Razón por la cual las necesidades sociales de nuestro tiempo han exigido una innovación jurídica para permitir la dispersión de la propiedad raíz, siendo esta la figura del condominio.

Así es como surge la figura de este régimen especial de la propiedad en el derecho moderno, sin desconocer que esta institución, aunque bajo otras estructuras, ha sido reconocida desde tiempos inmemoriales (en ocasiones por cuestiones de trascendencia práctica y no jurídica). No obstante su regulación no se asemeja a la configuración actual de esta figura, desde que fuera acuñada como la modalidad por excelencia para el crecimiento urbano.

Con base en lo anterior, en la presente reflexión realizaremos un breve recuento del origen y naturaleza de la figura de la propiedad en condominio, para posteriormente detenernos a analizar la evolución de esta figura en el derecho contemporáneo. Esto mediante la identificación de los elementos que distinguen a cada una de las tres generaciones de proyectos en condominio que reconoce la doctrina.

II. EL RÉGIMEN DE PROPIEDAD EN CONDOMINIO

Dado que en el presente artículo habremos de analizar el proceso evolutivo de la figura del condominio, en primer lugar tendríamos que delinear el concepto del régimen de propiedad en condominio y

---

2 J. Bendersky, Mario. Introducción al Estudio de la Propiedad Horizontal. Universidad de Buenos Aires. 1964. Pág. 19.

3 Loc. cit.

su naturaleza jurídica. Esto como condición para la identificación de los componentes de este derecho real que han atravesado un proceso de transformación, y que han servido como base para realizar la caracterización de su proceso evolutivo.

Para esto consideraremos que aunque existen diversos antecedentes históricos de la figura del condominio, la doctrina considera que su regulación en el derecho moderno surge a partir del Código Civil Francés, conocido también como Código Napoléonico en 1804. Esto debido a que a través del artículo 664 de esta codificación se creó la figura denominada como "propiedad por pisos", misma que admitió la división de una edificación por pisos o niveles para permitir su enajenación.

Ahora bien, aún y cuando a raíz de esta innovación jurídica en el Código Civil Francés algunos países rápidamente acuñaron esta figura en sus respectivas legislaciones, otras no solo se apartaron de esta novedosa figura de la época, sino que establecieron una prohibición expresa en sus ordenamientos para evitar su proliferación. Hecho que nos permite realizar una breve reflexión sobre algunas de estas posturas para comprender las razones que nos llevaron a la configuración actual de la propiedad en condominio.

Así, tenemos que en su concepción inicial la figura de la propiedad por pisos permitió la división de una edificación por partes, con la consecuente creación de derechos de paso a través de las áreas de uso común; razón por la cual recibió el tratamiento de una servidumbre (y por lo tanto fue regulada dentro del capítulo de las servidumbres del Código Napoleónico). Bajo esta conceptualización existía una comunidad de propietarios independientes, vinculados tan solo por el derecho de utilizar áreas de uso común y la consecuente obligación de contribuir para el mantenimiento de los espacios comunes. No obstante, esta corriente fue duramente criticada debido a que como lo sostiene Arredondo Galván:

> *"para que exista la figura jurídica de la servidumbre, se necesitan dos predios: uno, dominante y otro sirviente y se requiere además, que estos dos inmuebles pertenezcan necesariamente a distintos dueños. En el condominio, los bienes ¿de quiénes son? Si son de todos los distintos propietarios de las unidades privativas, entonces tenemos que afirmar que es jurídicamente imposible afirmar que puedan usarse a título de servidumbre las áreas que son bienes propios. Si*

no hay propietarios distintos del predio dominante y el sirviente, entonces no podrá nunca hablarse de servidumbre[4]".

En otros países, por su parte, se realizó una distinción que a primera impresión pudiera no parecer de trascendencia, pero que motivó el surgimiento de una nueva corriente sobre la naturaleza jurídica de esta figura. Esta distinción se dió en razón de que su regulación (a diferencia de la tradición francesa) se realizó como parte de la normas que regulan el derecho real de la copropiedad[5]. Así, esta corriente sostenía que el condominio era esencialmente una variante de la copropiedad, de modo que tan solo existía una comunidad de personas propietarias de sus respectivos inmuebles de propiedad exclusiva, vinculados tan solo por una copropiedad simple respecto de las áreas de uso común. Corriente que también fue criticada, y con razón, debido a que

> "*si se considera el condominio como una modalidad de la copropiedad, entonces tendrían que existir para los condóminos todas las acciones y derechos típicos derivados del verdadero derecho de copropiedad, como es el derecho del tanto, en caso de venta a extraños y el ejercicio de "La actio Communi Dividundo*[6]".

Lo que desde luego es totalmente inadmisible en el régimen de propiedad en condominio, ya que el interés es exactamente el opuesto, es decir, que los condóminos sí se encuentren obligados a permanecer en la indivisión.

Así, aunque posteriormente surgieron otras tesis sobre el alcance y naturaleza de la propiedad en condominio, la que finalmente fue aceptada y acogida fue la llamada teoría dualista. Teoría que postula que la esencia del régimen de propiedad en condominio consiste en la coexistencia obligatoria e indisoluble de un derecho real de propiedad y un derecho de copropiedad[7]. Lo que tratadistas como Mario J. Ben-

---

4 Arredondo Galván, Fco. Xavier. El nuevo régimen jurídico del condominio. Revista de Derecho Notarial Mexicano. Nú. 117, Tomo I, México 2002. Pág. 114.

5 Tal como sucedió en el derecho mexicano, a través del artículo 951 del Código Civil Federal, aún vigente.

6 Arredondo Galván, Fco. Xavier. Ob. cit. Págs. 117-118.

7 de la Mata Pizaña, Felipe. Naturaleza jurídica del régimen de propiedad en condominio del Código Napoléon a la legislación vigente en el Distrito Federal. Instituto de Investigaciones Jurídicas. UNAM. México. 2005. Pág. 150.

dersky han catalogado como un derecho real autónomo en la medida que exige una regulación independiente de los derechos reales que la componen[8], y fue precisamente lo que en el derecho mexicano motivó la creación de una regulación especial de esta figura a través de la Ley Sobre el Régimen de Propiedad en Condominio de Inmuebles para el Distrito Federal publicada en 1973. Resaltando que la importancia de la esta norma, a diferencia de su antecesora[9], consistió en que esta ley dejó de tener el carácter de reglamentaria del Código Civil Federal[10]. En cambio, como una ley ordinaria, dio lugar a la creación y regulación del régimen de propiedad en condominio, mediante la institución de un régimen especial de la propiedad, o bien un derecho real autónomo con sus propios principios y particularidades[11].

Con ello, mediante la creación de un derecho real autónomo, surgieron también los primeros esfuerzos por modelar una figura jurídica independiente y también la delimitación de algunos elementos básicos para la conceptualización de la propiedad en condominio, como lo son los siguientes:

1. La unidad de propiedad privativa;
2. La titularidad de un derecho de copropiedad sobre áreas y bienes de uso común;
3. El indiviso (también llamado proindiviso); y,
4. Los órganos de gobierno del condominio.

Siendo estos conceptos de gran utilidad para realizar la clasificación materia de esta reflexión, puesto que nos permiten identificar la estructura de un proyecto en condominio, y por lo tanto el tratamiento de estas figuras es lo que ultimadamente nos permitirá realizar la identificación de cada una de las tres generaciones de condominios.

---

8 J. Bendersky, Mario. Ob. cit. Pág. 23.

9 Ley Sobre el Régimen de Propiedad y Condominio publicada en 1954.

10 Y por lo tanto dejó de reglamentar la propiedad por pisos como parte del derecho real de copropiedad.

11 Puesto que no este nuevo régimen de la propiedad resultaba incompatible con los principios aplicables a la copropiedad. Tal es el caso del principio conforme al cual nadie está obligado a permanecer en la indivisión, ya que éste resulta contradictorio con la naturaleza de la propiedad en condominio, puesto que este último necesariamente exige una copropiedad forzosa e indisoluble respecto de las áreas y bienes de uso común, misma que no admite división a menos que se apruebe la extinción del propio condominio.

III. CLASIFICACIÓN DE LOS PROYECTOS EN CONDOMINIO

Así podemos vislumbrar la evolución del régimen de propiedad en condominio a través de lo que podremos identificar como tres generaciones, siendo la primera la inicial y la tercera la más reciente, cada una con sus respectivas notas distintivas. Precisando que la importancia de realizar esta clasificación no es meramente académica, sino que tiene una utilidad práctica para la planeación de los proyectos en condominio debido a que permite anticipar y solventar las necesidades específicas de cada proyecto inmobiliario.

Previo al tema que nos atañe habremos de señalar que entre los alcances de esta reflexión no pretendemos establecer una clasificación definitiva y generalizada del proceso evolutivo del régimen de propiedad en condominio, ya que esto en principio no sería posible dada la tradición jurídica de cada país, así como de sus respectivos antecedentes históricos. Lo que se pretende establecer, en cambio, son las bases de lo que un sector de la doctrina[12] ha clasificado como generaciones de condominios o generaciones de la regulación condominal; entendiendo por esto la caracterización de los esquemas de la propiedad en condominio a partir de ciertos componentes o elementos distintivos.

De este modo, la doctrina reconoce la existencia de al menos tres generaciones de condominios, cuya primera generación inició a partir de las grandes migraciones europeas de inicio-mediados del siglo XX, derivadas de la posguerra. Hecho que desencadenó una creciente demanda de vivienda para alojar a las personas desplazadas, la cual solo podía ser satisfecha mediante la vivienda departamental; es decir, la propiedad individual y exclusiva de una parte de una edificación. Situación que fue considerada como una cuestión de interés superior para poder generar condiciones de estabilidad social, económica y política[13], dada la volatilidad de la época. Bajo este escenario, la figura del condominio tenía por objeto primordial, mas no exclusivo, la regulación de la vivienda departamental o vivienda vertical, por lo que su regulación estuvo limitada a ese espectro.

---

12 Fundamentalmente enfocado en el modelo europeo y norteamericano.

13 Van Der Merwe, Cornelius. European Condominium Law. Cambridge University Press. Reino Unido. 1a Ed. 2015. Pág. 22.

Posteriormente, hacia la década de 1970, la doctrina comenzó a acuñar el concepto de condominios de segunda generación[14], dada la creciente proliferación de edificaciones de uso mixtos[15]. Esto debido a que la regulación y estructura de los condominios de primera generación resultaba insuficiente para solucionar los conflictos derivados, fundamentalmente, de la colisión de intereses entre los propietarios de las unidades habitacionales y los propietarios de las unidades comerciales y servicios en una misma edificación.

Finalmente, si bien no se tiene una temporalidad específica a partir de la cual se reconoció el surgimiento de los condominios de la tercera y más reciente generación, Van der Merwe y Paddock popularizaron esta nueva clasificación hacia el 2008 a través de su artículo titulado "Two-tier governance for mixed-use and large-scale sectional title schemes". Un estudio excepcional que ofreció una nueva visión sobre la propiedad en condominio, a la luz de las exigencias de nuestro tiempo, en particular debido a la proliferación de proyectos a gran escala que requerían de una nueva configuración para asegurar su operación y continuidad. Con esto en perspectiva, procedemos a analizar cada una de estas tres generaciones de condominios.

IV. CONDOMINIOS DE PRIMERA GENERACIÓN

La primera generación se vincula con la configuración inicial de la propiedad en condominio, misma que se orientó hacia la regulación de la estructura y el funcionamiento de la propiedad vertical. Esto es así debido a que si bien la legislación condominal existía desde épocas anteriores (aunque no bajo esa denominación), fue hasta este momento que surgieron los primeros esfuerzos por modelar una figura jurídica diferenciada de los derechos reales de servidumbre, propiedad y copropiedad.

---

14 Tal como lo realiza Patrick Rohan en su artículo titulado "Second Generation Condominium Problems: Construction of Enabling Legislation and Project Documents", publicado en la revista Valparaíso University Law Review, aunque no establece con claridad los elementos distintivos de esta clase de condominios.

15 Es decir de edificaciones en las que se permite la coexistencia simultánea de usos residencial, comercial y de servicios (o centros de trabajo).

Este modelo atiende principalmente a la necesidad generalizada en las urbes europeas de establecer mecanismos que permitieran el repoblamiento de las ciudades a través de un esquema que otorgara a las personas la titularidad de un derecho de propiedad. Tarea que resultaba en sí misma complicada ya que la escasez de tierra imposibilitaba la adquisición de una vivienda, en tanto que la dificultad jurídica de adquirir una edificación en partes independientes acentuaba la problemática. Por lo tanto, esta primera generación regulatoria se enfocó en la creación del instrumento constitutivo del condominio[16] y los órganos interno de gobierno[17], para dar certeza a los propietarios de la vivienda departamental.

Los elementos que sirven para la identificación de esta primera generación de condominios son los siguientes:

A) Una sola edificación

Mas allá de la compleja definición del concepto de edificación, un primer aspecto relevante sobre el uso de este término para los efectos de la presente reflexión se centra en la prohibición de la constitución de condominios en fase de proyecto o "en maqueta", como lo han denominado algunos autores. Esto debido a que la normatividad aplicable en la época únicamente permitía la creación del régimen de propiedad en condominio sobre inmuebles que contaran con construcciones, excluyendo así la propiedad en condominio horizontal (en cuanto a su estructura).

Ahora bien, cuando nos referimos al componente de "una sola edificación", como elemento distintivo de esta generación, habremos de entender una sola estructura o construcción[18]. Es decir, que en un solo inmueble o superficie se encuentra construido un único edificio que contiene la totalidad de las unidades de propiedad privativa, siendo

---

16 Sin que existiera, como sucede ahora, una distinción entre la escritura constitutiva (que contiene la declaración unilateral de crear dicho régimen de la propiedad) y el reglamento interno del condominio.

17 Van Der Merwe, Cornelius. Ob. cit. Pág. 22.

18 Morten D. Madsen, Jesper M. Paasch y Esben M. Sorensen. The many faces of condominiums and various management structures – The Danish case. Land Use Policy. Vol. 120. Dinamarca. 2022. Pág. 3.

irrelevante la existencia de otras construcciones independientes dentro del mismo inmueble en condominio en tanto sean de propiedad común.

Así, en principio pareciera que este elemento podría no resultar de verdadera importancia, sin embargo la unicidad de la construcción es un elemento característico de esta primera generación; lo que podrá ser valorado con mayor claridad una vez que analicemos la variación de este elemento en la siguiente generación.

B) Uso habitacional

El segundo elemento se vincula con la necesidad imperante de la época, pues como ya lo anticipamos la figura del condominio a principios del siglo XX tenía por objeto la creación de una institución para dotar de seguridad jurídica al esquema de la propiedad departamental. En consecuencia, tanto la legislación de la materia como los condominios de primera generación, salvo contadas excepciones, estaban conformados por edificaciones esencialmente de uso habitacional[19]. Aclarando que si bien la exclusividad del uso habitacional se debe a su preponderancia, en algunos países se permitía también la constitución de condominios de uso diverso, fuera comercial o industrial.

C) Estructura orgánico-administrativa de un solo nivel

Para efectos del presente artículo entenderemos por estructura orgánica-administrativa la integración de los órganos de gobierno u órganos internos del condominio, es decir la asamblea general y el administrador. Aclarado lo anterior, para efectos de la primera generación del condominio solo consideraremos a estos dos órganos debido a que en las legislaciones de la época aún no estaba considerada la figura del comité de vigilancia; independientemente de que la inclusión de este órgano no sea un motivo determinante para la caracterización de una u otra generación de condominios.

---

19 Rohan, Patrick J. The Model Condominium Code – A Blueprint for Modernizing Condominium Legislation. Columbia Law Review, vol. 78, no. 3, EUA. 1978, Pág. 588.

Así, el elemento distintivo de esta primera generación no lo es tanto la creación de estas dos figuras orgánicas, que sin duda fueron una innovación de la época, sino el hecho de que en esta clasificación la estructura sea de un solo nivel, es decir, que solamente se encuentre regulada y permitida la existencia de una única asamblea general de condóminos y un único órgano de administración (aun y cuando se trate de un administrador o un consejo de administración).

Otro aspecto que ha sido mencionado por un sector de la doctrina, pero no al punto de ser considerado como un elemento distintivo de esta primera generación, es que la administración del condominio usualmente estaba a cargo de los propios condóminos, aun y cuando la legislación vigente en dicha época en su mayoría contemplaba la figura del administrador profesional[20].

D) *Bienes de uso común general*

Uno de los elementos más relevantes para la clasificación de generación fue el tratamiento, normativo o convencional, del uso y aprovechamiento de las áreas o bienes de uso común. Esto es así debido a que en esta primera generación la totalidad de los condóminos tienen derecho al uso de todos los bienes y áreas de uso común. Lo que en un primer momento podría parecer lógico dada la naturaleza jurídica de estos bienes, sin embargo esto no sucede en el caso de los condominios de segunda y tercera generación, ya que se permite la figura de la propiedad común limitada (lo que en la legislación nacional, en los estados en los que se permite, también ha sido denominado como derechos de uso exclusivo sobre áreas y bienes de uso común).

E) *Estructura vertical*

Por nuestra parte, consideramos que existe un quinto elemento que sería importante agregar bajo esta clasificación, siendo éste la estructura vertical del condominio. Esto debido a que esta generación estaba orientada a la regulación de las edificaciones multinivel para la vivienda departamental; lo que en consecuencia excluye a los

---

20 Morten D. Madsen, Jesper M. Paasch y Esben M. Sorensen. Ob. cit. Pág. 4.

condominios de estructura horizontal y mixta, mismas que fueron introducidas en años subsecuentes.

V. CONDOMINIOS DE SEGUNDA GENERACIÓN

Dada la rápida transformación de los proyectos inmobiliarios, la obsolescencia de la estructura y la regulación de los condominios de primera generación sufrieron una modificación para adaptarse a las demandas del mercado. Esto principalmente debido a la proliferación de proyectos inmobiliarios de gran formato en los que predominó la coexistencia de usos residenciales, de comercio y servicios, así como la pluralidad de construcciones independientes entre sí. Siendo esto lo que detonó la necesidad de idear un nuevo esquema para la asignación específica de derechos, restricciones y obligaciones de los condóminos, así como una estructura jurídica que diera certeza a esta nueva visión.

Los elementos que sirven para la identificación de esta segunda generación son los siguientes, aclarando que no es necesaria la concurrencia de todos los elementos para efectos de la caracterización, como será debidamente aclarado.

A) Pluralidad de edificaciones y asignación de derechos, restricciones y obligaciones

A diferencia de los condominios de primera generación, en esta clasificación un diferenciador importante (mas no definitivo) fue la existencia dentro de un mismo inmueble de diversas edificaciones independientes entre sí[21], cada una de ellas con sus respectivas unidades de propiedad privativa y sus propias áreas de uso común. Ello es así debido a que esta pluralidad de construcciones detonó una problemática en cuanto al uso de los bienes de uso común, pues tal y como ha sido reconocido por la doctrina en esta clase de proyectos rara vez los condóminos se benefician en las mismas condiciones de los bienes de uso común. Lo que de suyo implica una nueva aproximación al prin-

[21] Es decir, que no se encuentran conectadas entre sí y por lo tanto existe la posibilidad de realizar una separación material entre una y otra.

cipio de beneficio general de las áreas comunes (benefit-all principle[22]), ya que la existencia de edificaciones autónomas distorsiona, si bien no en la teoría sí en la práctica, la expectativa de uso o el interés que tienen los condóminos sobre el uso de los bienes de propiedad común.

Para facilitar la explicación de este punto, pongamos el caso de un proyecto en condominio vertical que se compone de dos diversos edificios departamentales, cada uno con sus respectivas unidades privativas habitacionales, así como con sus áreas de uso común como pasillos de circulación, elevadores, azotea y demás amenidades. En este ejemplo los intereses de los condóminos, naturalmente, estarán encaminados a la conservación y aprovechamiento de los bienes comunes de la edificación en la que habitan, por lo que su interés en la conservación o aprovechamiento de los bienes comunes de la diversa edificación será prácticamente nulo. Lo que representa una problemática para la sostenibilidad del condominio ya que si los condóminos contribuyen en su respectiva proporción para el mantenimiento de los bienes comunes, existirá una resistencia natural a participar del costo de mantenimiento de bienes respecto de los cuales se tiene la noción de ser ajenos, al menos en cuanto a su aprovechamiento se refiere.

Este escenario fue uno de los más relevantes para la estructuración de los condominios de esta segunda generación, dada la necesidad de realizar una asignación específica de derechos, restricciones y obligaciones (también conocido como RRR's, que en inglés significa "rights, restrictions and responsibilities"[23]). Esta asignación consistió en la modificación de las reglas inicialmente establecidas en la legislación para regular el funcionamiento de la propiedad en condominio, a fin de permitir un mayor grado de flexibilidad a favor del constituyente. Con esto, se generaron las condiciones necesarias para crear esquemas de uso diferenciado de las áreas y bienes de uso común, así como también realizar una excepción a la regla general consistente en que todos los condóminos debían participar del mantenimiento de las áreas y bienes de uso común, con base en su indiviso.

Es por ello que este elemento, de manera recurrente, se encontraba aparejado con la creación de derechos de uso exclusivo respecto de

---

22 Morten D. Madsen, Jesper M. Paasch y Esben M. Sorensen. Ob. cit. Pág. 3.

23 Loc. cit.

los bienes de uso común. Una figura que ha sido lentamente introducida en nuestra legislación[24], como es el caso de la vigente Ley de Propiedad en Condominio de Inmuebles para el Estado de Nuevo León, cuyo artículo 16 establece lo siguiente:

> *"Artículo 16.- Son derechos de los Condóminos y Poseedores y en general los habitantes del Condominio:*
>
> *...*
>
> *II. Usar y disfrutar en igualdad de circunstancias y en forma ordenada, las Áreas y Bienes de Uso Común del Condominio, sin restringir el derecho de los demás, salvo aquellas que por así convenir a los intereses del Condominio se les otorgue un derecho de uso exclusivo a uno o más Condóminos ".*

Como se advierte de la norma en cita, aun y cuando en el régimen de propiedad en condominio aplica el denominado *benefit-all principle* sobre los bienes de uso común, se ha permitido que este principio pueda estar sujeto a determinadas excepciones como lo son los derechos de uso exclusivo creados a través de la escritura constitutiva o del reglamento interno (según lo establezca la legislación aplicable). Por lo que aún y cuando en principio los bienes de uso común pueden ser aprovechados por la totalidad de los condóminos en igualdad de condiciones, se puede pactar que determinados bienes de propiedad común puedan ser utilizados únicamente por uno o un sector de los condóminos. Lo que resulta de gran utilidad ya que permite la sectorización de los condóminos que comparten un interés común, a fin de que solo ellos puedan disfrutar del uso de bienes que, en principio, solo a ellos les resulta de beneficio.

B) Uso mixto en el condominio

Como sucede con el elemento anterior, un diferenciador importante (mas no definitivo) dentro de la clasificación de esta generación es el surgimiento de proyectos en condominio de usos mixtos, ya que este elemento detona la misma necesidad antes comentada, es decir la asignación específica de derechos, restricciones y obligaciones de

---

24 Pues incluso a la fecha no en todas las legislaciones estatales se encuentra regulada.

los condóminos para evitar conflictos entre propietarios. Esto debido a que en una edificación de uso mixto rara vez los condóminos se benefician por igual del uso y aprovechamientos de los bienes comunes[25]. Hecho que obliga al constituyente del condominio a diseñar un esquema de asignación de derechos de uso exclusivo a favor de un determinado grupo de condóminos, a fin de que los condóminos que formen parte de este grupo, y que por lo tanto sean titulares de tales derechos, sean los que determinen las reglas relativas a su funcionamiento y participen de los gastos para su mantenimiento. Lo que ultimadamente redunda en un beneficio general para el proyecto en condominio en la medida en que excluye del pago de gastos de mantenimiento de áreas y bienes de uso exclusivo, a los condóminos que no sean titulares de tales derechos.

Tal es el caso, por ejemplo, de una edificación vertical de usos mixtos en la que la planta baja se destina a usos comerciales, en tanto que los niveles superiores se destinan a usos residenciales y amenidades residenciales. Esto es así ya que esta configuración nos permite cuestionar ¿cuál sería el interés de un condómino de una unidad comercial de utilizar las áreas comunes residenciales?¿Sería razonable exigir al condómino de la unidad comercial que participe de los gastos para el mejoramiento de las amenidades exclusivas de los condóminos propietarios de unidades habitacionales?

Es evidente que en estos casos, la discrepancia de intereses (por la diferencia en el uso del suelo) usualmente genera fricciones entre los condóminos y por lo tanto la asignación convencional de derechos, restricciones y obligaciones se vuelve indispensable como herramienta para garantizar el funcionamiento del condominio. Es por ello que esta figura sea un elemento característico que identificó a los condominios de esta segunda generación.

C) Estructura orgánica de dos niveles dentro de un mismo condominio

El último de los elementos de esta clasificación resulta un tanto peculiar debido a que si bien podría no estar presente en todos los

---

25 Loc. cit.

proyectos de segunda generación, existe un consenso más o menos uniforme en la doctrina en el sentido de que debería estar contemplado como un requisito para asegurar el éxito y sostenibilidad de un proyecto en condominio[26]. Así, reconociendo que en esta generación la constante es la existencia de intereses diferenciados o antagónicos entre los condóminos, la solución propuesta es la separación de los condóminos tanto para efectos de la participación de las gastos de mantenimiento, como para la votación y en general la toma de decisiones de asuntos de interés de un sector en particular.

Con esto, la solución para seccionar o separar intereses de naturaleza opuesta fue el diseño de una estructura orgánica conformada por dos niveles jerárquicos dentro de un mismo condominio. De este modo, mientras los condominios de primera generación se caracterizan por contar con una única asamblea general y un único órgano de administración, los de segunda generación se distinguen por contar con una estructura orgánica más robusta integrada por una o más asambleas y/o uno o más órganos de administración.

Así, en el primer nivel estarán situados los órganos esenciales del condominio[27], es decir la asamblea general de condóminos y el órgano de administración; mientras que en el segundo nivel estarán situados los órganos secundarios tales como sub-asambleas o sub-administradores. Estructura que resulta de gran utilidad práctica, en la medida en que permite la creación de órganos dotados de un grado de autonomía, pero en todo tiempo subordinados a aquellos de primer nivel, ya que necesariamente debe existir una relación de subordinación entre unos y otros para evitar una parálisis operativa.

De este modo los órganos de segundo nivel tendrán por objeto:

1. La toma de decisiones sobre el uso y el funcionamiento de las áreas y bienes de uso común de la sección a la que correspondan[28].

---

26 Van Der Merwe, Cornelius. Comparative survey of the legal challenges faced by mixed-use sectional title (condominium) developments. Journal of South Africa Law. Vol. 2018. No. 1. Sudáfrica. 2018. Pág. 37.

27 Aquellos que forzosamente deben ser creados por disposición de ley al momento de la constitución del condominio.

28 Bien podría existir una sección conformada únicamente por condóminos propietarios de unidades habitacionales, y otra sección integrada por condóminos

2. La administración y el mantenimiento de las áreas y bienes de uso común de la sección a su cargo.

Como ya lo comentamos, esta división de intereses resulta de vital importancia para la sostenibilidad del condominio, pues como lo ha señalado Van der Merwe en los proyectos de uso mixto los condóminos de las unidades comerciales usualmente serán una minoría que difícilmente podrá hacer frente, para efectos de una votación, a la mayoría de condóminos residenciales[29]. Lo que puede representar un riesgo no menor para la operatividad y conservación del proyecto en condominio, en la medida en que esta mayoría de propietarios podrá interferir u obstaculizar el aprovechamiento comercial de las unidades privativas con un uso de suelo diverso. Por tal motivo, la separación de los condóminos a través de la creación de grupos o secciones, con sus respectivos órganos internos de gobierno, reduce en gran medida el riesgo y los daños derivados de la colisión de intereses, al disminuir los espacios en los que convergen los condóminos con intereses opuestos.

Sin embargo, independientemente de lo anterior, los condóminos deberán concurrir a la asamblea general para resolver los asuntos de interés común no reservados para una sub-asamblea[30], así como el administrador de primer nivel podrá interferir en la conducción de los asuntos de una sección, a menos de que se establezca lo contrario en la escritura constitutiva del condominio.

VI. CONDOMINIOS DE TERCERA GENERACIÓN

Esta tercera y más reciente generación de condominios se encuentra vinculada con proyectos a gran escala "*mega strata title schemes*" de uso mixto, los cuales usualmente se desarrollan por

---

propietarios de unidades comerciales.

29 Van Der Merwe, Cornelius. Ob. cit. Pág. 45.

30 Siendo discutible si un asunto reservado para una sub-asamblea puede ser discutido en la asamblea general de primer nivel, al tratarse de una delegación formal de facultades; aunque a nuestra consideración la asamblea de primer nivel sí está en posibilidad de ejercer directamente tal facultad, ya que independientemente de que hubiere sido delegada, la asamblea general de condóminos es por determinación de ley el órgano supremo del condominio y como tal no puede estar subordinado a ningún otro órgano interno de gobierno.

etapas dada su magnitud. Es por esto que la singularidad de estos proyectos requirió una clasificación diferenciada, aun y cuando este esquema de propiedad en condominio no es el de mayor preponderancia ya que la intensidad de capital es una limitante para los proyectos que deben ser planeados y estructurados bajo esta última clasificación.

Los elementos que sirven para la identificación de esta tercera generación son los siguientes, aclarando que no es necesaria la concurrencia de todos los elementos para efectos de la caracterización, como será explicado.

A) Pluralidad de condominios

Uno de los elementos que distinguen a esta generación es la coexistencia de diferentes regímenes de propiedad en condominio dentro de un mismo inmueble, sea que se constituyan de manera simultánea o sucesiva. Cuestión que ha sido reconocida en la legislación nacional desde hace algunas décadas, pero ha cobrado mayor relevancia en años recientes dada la proliferación de proyectos a gran escala.

Esta clase de condominios suelen desarrollarse mediante la proyección de un condominio maestro (también llamado conjunto condominal en algunas legislaciones), independientemente de que la estructura legal no coincida con dicha denominación[31], debido a que permite seccionar un inmueble en diferentes porciones y dotar a cada parte de cierta autonomía al amparo de una reglamentación general. Lo que implica que dentro de un mismo inmueble concurren una pluralidad de condominios que se identifican de la siguiente manera:

1. Condominio maestro: siendo este el régimen general a través del cual se lleva a cabo la división del inmueble en porciones o lotes resultantes.
2. Subcondominios: los que serán constituidos en cada porción o lote resultante.

---

31 Debido a limitaciones usualmente de carácter normativo, como sucede en el caso de la Ley de Propiedad en Condominio de Inmuebles para el Estado de Nuevo León, cuya regulación de la figura del condominio maestro es por una parte confusa y por otra insuficiente, lo que la hace prácticamente obsoleta.

Siendo el condominio maestro el de mayor jerarquía para la solución de conflictos internos entre subcondominios, como será explicado más adelante; mientras que para los subcondominios se reserva un grado de autonomía para su autodeterminación y administración de asuntos internos.

B) Condominio de uso mixto por etapas

El desarrollo de proyectos inmobiliarios por etapas supone un reto desde la perspectiva de la planeación, cuya función principal es garantizar la continuidad, viabilidad y rentabilidad del proyecto con el paso del tiempo. En este sentido, muchas son las variables que intervienen en esta clase de desarrollos (desde constructivas hasta financieras), sin embargo habremos de enfocarnos únicamente en la cuestión jurídica del régimen de propiedad en condominio como herramienta de planeación y protección de proyectos.

Esto es importante, y por lo tanto justifica la creación de una nueva generación de condominios, en la medida en que esta clase de condominios cumple una doble función. Por una parte sirve como herramienta para la creación de reglas afines a todos los subcondominios[32] y por otra asegura la autonomía de cada uno de estos condominios de modo que no exista interferencia entre uno y otro, y por lo tanto no se ponga en riesgo la ejecución de las etapas subsecuentes de un proyecto de esta naturaleza. Razón por la cual uno de los elementos que caracterizan a esta generación es el desarrollo de proyectos progresivos por etapas, entendiendo por esto la ejecución de proyectos en distintos períodos de tiempo sucesivos.

Así, esta clase de condominios se identifica por la proyección y ejecución de un complejo inmobiliario integrado por diversos inmuebles en los cuales se desarrollan productos inmobiliarios con un grado no menor de independencia, pero ligados a una regulación general que establece las bases mínimas que garantizan, por una parte, la administración y la sana convivencia entre cada una de las partes, y por otra su autonomía.

---

[32] Lo que asegura la permanencia de reglas o valores generales que benefician a la funcionalidad, estética, comodidad y en general cualquier otro valor que se considere de utilidad y que por lo tanto deba ser preservado.

C) *Condominios maestros – estructura orgánica intercondominal*

Este elemento guarda un grado de semejanza con los condominios de segunda generación pues si bien en esta última la estructura orgánica permite la creación de una o más asambleas y/o uno o más órganos de administración dentro del mismo condominio, esto también acontece en los condominios de tercera generación, pero con la diferencia de que en esta última clasificación la estructura orgánica se amplía de manera significativa y forma parte de una esquema intercondominal. Lo que implica que los órganos de administración no solo operan dentro de un mismo condominio[33], sino que interactúan con los demás subcondominios y el condominio maestro, por lo que forman parte de un estructura más sofisticada.

Aspecto que también exige la creación de un sistema de jerarquía orgánica para evitar que órganos con funciones similares puedan interferir u obstaculizar el ejercicio de las funciones de sus homólogos. Pongamos pues el caso del administrador del condominio maestro y el administrador de un subcondominio ¿qué facultades le corresponden a cada uno? ¿Puede el administrador maestro intervenir en la administración interna de un subcondominio? Las mismas interrogantes aplican para las asambleas y los comités de vigilancia. Esto debido a que ultimadamente todos los órganos internos forman parte de una estructura orgánica general para un mismo proyecto. De ahí la importancia de estructurar un sistema de asignación de facultades (cuidando la autonomía funcional de los subcondominios) y de jerarquización de los órganos de gobierno.

Así, consideramos que el esquema más conveniente para la estructuración de un condominio de esta tercera generación es el que se explica en el siguiente gráfico:

---

33 Ni siquiera dentro de una misma escritura constitutiva y reglamento interno.

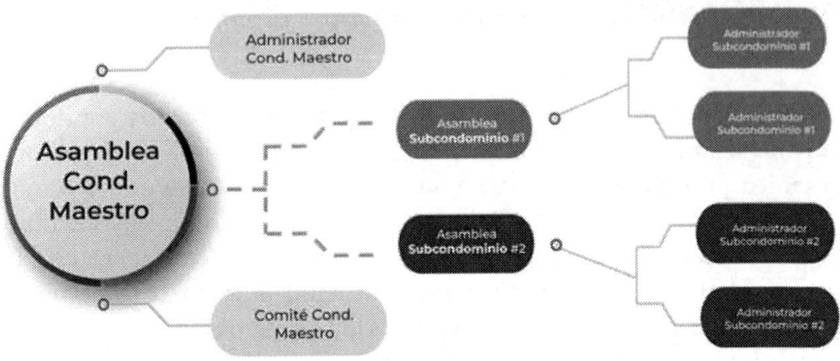

En un primer nivel[34] invariablemente deberá estar colocada la asamblea general del condominio (condominio maestro), como órgano supremo del condominio por determinación de ley. Posteriormente debajo de la asamblea, aunque todavía dentro del mismo nivel, estarán colocados los órganos restantes del condominio maestro. En el segundo nivel estarán colocadas las asambleas generales de los subcondominios, y debajo de éstas, aunque también dentro del mismo nivel, estarán colocados los órganos restantes de los subcondominios[35].

Esta estructura en un primer asomo arroja una compleja relación de jerarquía entre los órganos de gobierno del condominio maestro y aquellos de los subcondominios, no obstante que la operatividad del condominio en gran medida depende no de la solución de conflictos por un criterio de jerarquía, sino de competencia. De ahí la importancia de su debida planeación. Esto es así ya que independientemente de que deba existir un criterio de jerarquización para la solución de conflictos, dicho criterio solamente debe ser aplicado en aquellos casos en los que excepcionalmente:

1. Una facultad relativa a un asunto de interés general no haya sido otorgada a un órgano de gobierno y por lo tanto deba ser ejercida por aquellos de mayor jerarquía, en beneficio de la colectividad;

---

34 Considerando el grado de jerarquía de mayor a menor de izquierda a derecha.

35 Debido a que al interior de cada subcondominio, a su vez, se puede proyectar una estructura administrativa de diversos niveles, como ya lo analizamos en los condominios de segunda generación.

2. El indebido ejercicio de una facultad conferida a un órgano de gobierno (de menor jerarquía) pueda generar un daño o afectación al interés superior del condominio.

Aspecto que se considera de suma importancia para la operatividad del condominio, ya que en la medida en que se normalice la interferencia entre los órganos de gobierno del condominio maestro y aquellos de los subcondominios, se hará virtualmente inexistente la autonomía de estos últimos, haciendo también la existencia de los propios subcondominios. En tanto que entre los órganos internos de los subcondominios no deberá, al menos en la teoría, existir un conflicto o injerencia precisamente dada su autonomía e independencia, pero en caso de que esto suceda, dicho conflicto deberá ser resuelto por los órganos de primer nivel (condominio maestro).

D) Regulación convencional

Con esto en perspectiva, es claro que esta generación de condominios exige la planeación y elaboración de instrumentos condominales altamente sofisticados, cuya operación o funcionamiento no podría ser viable únicamente al amparo de la normatividad hasta ahora vigente, dada sus evidentes carencias. Ello en virtud de que para esta generación se crearon diversas figuras que en su mayoría no están reguladas o al menos lo suficientemente reguladas a través de la legislación sino en la práctica convencional, como lo son, por mencionar algunas, las siguientes:

1. Sistema de jerarquía de los órganos de administración de los condominios.
2. Servidumbres o derechos de paso.
3. Derechos de uso exclusivo de áreas comunes.
4. Obligaciones exclusivas de condóminos por sección.
5. Reglas para la solución de conflictos intercondominales.
6. Derechos de uso recíproco de áreas comunes.
7. Cuotas especiales para proyectos por etapas.
8. Integración de fondos condominales en proyectos sucesivos.[36]

---

36 Morten D. Madsen, Jesper M. Paasch y Esben M. Sorensen. Danish Urban and 3D Property Design. International Federation of Surveyors. Smart Surveyors for

Todas estas figuras, de origen convencional (es decir a través de la escritura constitutiva o el reglamento interno), cuya proyección y desarrollo debe ser cuidadosamente realizado desde la etapa de planeación del condominio para oportunamente anticipar los requerimientos del proyecto y de este modo asegurar su funcionalidad y permanencia a través del tiempo. De ahí que si, por ejemplo, para los condominios de primera generación, su estructura y funcionamiento podría ser viable con base en la sola regulación legal (dado que precisa de muy reducida intervención de un especialista en la materia), en los condominios de tercera generación es posible afirmar que en ausencia de una planeación adecuada, el proyecto de que se trate previsiblemente enfrentará una serie de problemáticas[37] que en última instancia afectarán su rentabilidad y operatividad.

VII. CONCLUSIONES

1. La doctrina reconoce generalmente tres generaciones de condominios, iniciando a principios-mediados del siglo XX, hasta la actualidad.
2. Los condominios de primera generación se encontraban en su mayoría conformados por edificios de vivienda departamental, en los cuales se creó la estructura orgánica tradicional de órganos internos, siendo éstos la asamblea general de condóminos y el administrador del condominio.
3. Los condominios de segunda generación fueron reconocidos por la doctrina en la década de 1970, no obstante que estos ya habían proliferado en el mercado años atrás a través de la práctica convencional.
4. Los condominios de segunda generación surgieron principalmente debido a la colisión de intereses entre condóminos, debido al uso o aprovechamiento diferenciado de las áreas de uso

Land and Water Management – Challenges in a New Reality Dinamarca. 2021. Pág. 8.

37 Algunas de las cuales no podrán ser subsanadas una vez constituido el condominio, dada la dificultad o en ocasiones hasta imposibilidad de modificar la escritura constitutiva y el reglamento interno.

común, o bien debido a los conflictos naturales que surgen de la coexistencia de usos habitacional, comercial y de servicios dentro de una misma edificación.

5. En los condominios de segunda generación usualmente se efectúa la creación de una estructura administrativa de dos niveles, lo que permite crear dos o más asambleas, así como dos o más administradores, con el objetivo de crear órganos de gobierno seccionados para que los condóminos pertenecientes a un sector puedan tener autonomía en la decisión de los asuntos de su interés.
6. Aun y cuando puedan existir dos o más asambleas, así como dos o más administradores, la asamblea y el administrador originario tendrán un mayor grado de jerarquía y ultimadamente podrán tomar decisiones cuya obligatoriedad no puede ser cuestionada por órganos de menor jerarquía (subasambleas o subadministradores).
7. Los condominios de tercera generación se distinguen por estar dirigidos a proyectos inmobiliarios de gran escala e intensivos en capital, mismos que usualmente se desarrollan en etapas sucesivas.
8. Se distinguen por estar estructurados bajo el esquema de un condominio maestro a través del cual se lleva a cabo la división del inmueble en porciones o lotes resultantes, en las cuales a su vez se lleva a cabo la constitución de subcondominios, con un grado de autonomía respecto del condominio general (condominio maestro).
9. En los condominios de tercera generación la estructura orgánica se amplía de manera significativa y forma parte de una esquema intercondominal a través del cual los órganos de administración no solo operan dentro de un mismo condominio[38], sino que interactúan con los demás subcondominios (y el condominio maestro).
10. Para asegurar la operatividad de los condominios de segunda generación es necesario crear un sistema de jerarquía orgánica por medio del cual se realice la asignación de facultades a

---

[38] Ni siquiera dentro de una misma escritura constitutiva y reglamento interno.

cada órgano de gobierno para cuidar la autonomía de todos los condominios.

11. La asamblea general del condominio maestro, se encuentra en el nivel jerárquico superior, junto con los demás órganos restantes del condominio maestro, los cuales en todo momento estarán subordinados a las decisiones de la asamblea.
12. En un segundo nivel están colocadas las asambleas generales de los subcondominios, y debajo de éstas aunque también dentro del mismo nivel, estarán colocados los órganos restantes de los subcondominios.
13. En los casos en lo que se permita o normalice la interferencia operativa entre los órganos de gobierno del condominio maestro y aquellos de los subcondominios, se hará virtualmente nugatoria la autonomía de estos últimos.
14. La tercera generación de condominios exige la planeación y elaboración de instrumentos condominales altamente sofisticados, al amparo de figuras jurídicas de naturaleza convencional, por no estar contempladas en su mayoría en la norma especial.

VIII. BIBLIOGRAFÍA

Doctrina

Arredondo Galván, Fco. Xavier. El nuevo régimen jurídico del condominio. Revista de Derecho Notarial Mexicano. Nú. 117, Tomo I, México 2002. Pág. 114.

de la Mata Pizaña, Felipe. Naturaleza jurídica del régimen de propiedad en condominio del Código Napoléon a la legislación vigente en el Distrito Federal. Instituto de Investigaciones Jurídicas. UNAM. México. 2005. Pág. 150.

J. Bendersky, Mario. Introducción al Estudio de la Propiedad Horizontal. Universidad de Buenos Aires. 1964. Pág. 19.

Morten D. Madsen, Jesper M. Paasch y Esben M. Sorensen. The many faces of condominiums and various management structures – The Danish case. Land Use Policy. Vol. 120. Dinamarca. 2022. Pág. 3.

Morten D. Madsen, Jesper M. Paasch y Esben M. Sorensen. Danish Urban and 3D Property Design. International Federation of Surveyors. Smart

Surveyors for Land and Water Management – Challenges in a New Reality Dinamarca. 2021. Pág. 8.

Rohan, Patrick J. The Model Condominium Code – A Blueprint for Modernizing Condominium Legislation. Columbia Law Review, vol. 78, no. 3, EUA. 1978, Pág. 588.

Van Der Merwe, Cornelius. European Condominium Law. Cambridge University Press. Reino Unido. 1a Ed. 2015. Pág. 22.

Van Der Merwe, Cornelius. Comparative survey of the legal challenges faced by mixed-use sectional title (condominium) developments. Journal of South Africa Law. Vol. 2018. No. 1. Sudáfrica. 2018. Pág. 37.

Legislación

— Código Civil Francés (Código Napoleónico). Boletín Oficial del Estado. Marzo 21, 1804.

— Ley de Propiedad en Condominio de Inmuebles para el Estado de Nuevo León (POE Mayo 02, 2017/ Octubre 11, 2023).

— Ley Sobre el Régimen de Propiedad y Condominio (DOF. Dic. 15, 1954).

Capítulo 2

PROCEDIMIENTO Y REQUISITOS NOTARIALES PARA LA CONSTITUCIÓN DE CONDOMINIOS

Lic. Luis Fernando González Chapa[1]

SUMARIO: I. INTRODUCCIÓN. II. LAS ACTUACIONES NOTARIALES. III. EVOLUCIÓN JURÍDICA DEL RÉGIMEN EN PROPIEDAD EN CONDOMINIO. IV. LEGISLACIÓN ACTUAL DEL RÉGIMEN EN PROPIEDAD EN CONDOMINIO EN NUEVO LEÓN. V. CONCLUSIONES. VI. BIBLIOGRAFÍA.

I. INTRODUCCIÓN

En la normatividad mexicana, la propiedad es un derecho real absoluto por el cual el propietario de un bien inmueble o mueble, puede ejercer sus derechos de propiedad solo con las limitaciones y modalidades que señalan las leyes.

El derecho de propiedad se consagra en distintos tipos de documentos jurídicos. En los bienes muebles los documentos que acreditan la propiedad no requieren de formalidades estrictas que deben seguirse, si no que puede entenderse que con la simple factura o ticket de compra se puede demostrar la propiedad con la que se cuenta sobre ellos. En el caso de los bienes inmuebles, las leyes sí señalan requisitos y formalidades indispensables que se deben seguir

---

1 Licenciado en Derecho por el Instituto Tecnológico y de Estudios Superiores de Monterrey, con Maestría en Derecho Mercantil y Procedimiento Oral por la Universidad Autónoma de Nuevo León y Maestrìa en Derecho Privado por la Universidad Regiomontana; actualmente profesor de cátedra en la Universidad de Monterrey y asociado en Zárate Abogados.

para el proceso de formalización del acto jurídico que transmite los derechos de propiedad.

En cuanto a los bienes inmuebles, el título de propiedad, constituido sobre una escritura pública y registrado en el Instituto del Registro Público de la Propiedad respectivo, es el documento idóneo que acredita la propiedad que tiene una persona o empresa sobre cierto inmueble. Los actos jurídicos más frecuentemente utilizados para trasladar estos derechos de propiedad son la compraventa, donación, permuta, dación en pago, y en por causa de muerte del titular, por medio de las sucesiones testamentarias e intestamentarias.

La escritura de propiedad de un inmueble señala las condiciones en las cuales se adquiere. Estos documentos contienen una redacción sucinta en la cual se especifican las medidas y colindancias del inmueble, el antecedente que demuestra el derecho del propietario para transmitirlo a otra persona, y las cláusulas que marcan las condiciones en las que se ha pactado la adquisición del inmueble.

Tomando en consideración lo anterior, es importante señalar que los propietarios de un inmueble pueden someterlo a distintos métodos de división que puede generar nuevos títulos de propiedad sobre las divisiones del predio. Inmuebles de grandes proporciones pueden ser subdivididos y vendidos a diferentes personas, esto por medio de la lotificación en fraccionamientos en donde cada nuevo propietario contará con su derecho real sobre el lote que adquiere, sin generar mayor derecho u obligación con sus colindantes.

En ocasiones los inmuebles no pueden ser subdivididos porque en él ya existe una edificación que no permite un uso independiente de sus áreas, teniendo una combinación de áreas de uso privado y otras de uso común. En estos casos el método idóneo para individualizar las áreas privadas y otorgar a sus propietarios un título que ampare su propiedad, sería por medio de la constitución de un régimen en condominio.

El régimen de condominio, al igual que la propiedad de un inmueble común, permite subdividir una propiedad en inmuebles de menor tamaño, pero con la diferencia que en un condominio, si bien no existe una copropiedad entre los propietarios de las unidades, existe una comunidad de bienes que se comparten entre ellos, denominados bienes de uso común. Los condominios pueden ser verticales, horizontales o de usos mixtos, y su constitución debe quedar constatada dentro de una escritura pública ante un fedatario público, en donde se tienen que cumplir con los requisitos legales que señalan la normatividad especial que rige sobre esta modalidad de la propiedad de inmuebles.

En el desarrollo de este artículo se expondrá los inicios de la constitución de los regímenes en condominios, hasta la legislación actual aplicable para la celebración de estas figuras y los requisitos indispensables con los que debe contar su escritura constitutiva.

II. LAS ACTUACIONES NOTARIALES

En el derecho existen los actos jurídicos y los hechos jurídicos. Cuando hablamos de los primeros nos referimos aquellas circunstancias de derecho en las cuales los involucrados tienen la intención de verse sometidos a las consecuencias que derivan de su celebración, a diferencia que en los hechos jurídicos en donde se considera que su nacimiento se deriva de un accidente por lo que se puede interpretar que no existe voluntad de los participantes en someterse a las consecuencias que de estos derivan.

En cuanto a los actos jurídicos, ejemplo de estos podrían ser la celebración de una compraventa, en donde el vendedor se obliga a la entrega de un bien de su propiedad, mientras que el comprador se obliga al pago por la entrega de la titularidad del derecho de propiedad; otro caso seria la celebración del contrato de matrimonio, en donde ambas partes se someten a derechos y obligaciones que nacen de su celebración. Por otra parte, ejemplos de los hechos jurídicos, van desde un simple accidente automovilístico, en donde los involucrados, sin tener voluntad, generan responsabilidades y se obligan a resarcir los daños que se hayan ocasionado.

Centrándonos en los actos jurídicos, nos topamos con la idea que tiene que haber una voluntad de las partes para sufrir la consecuencia que derive de sus celebración, por lo que debe de haber un método por el cual se pueda confirmar la expresión de voluntad, siendo este medio la forma.

En la doctrina el concepto forma se puede interpretar como el método de exteriorización de los elementos, ritos o solemnidades que comprenden un acto jurídico. Bernardo Perez Fernandez Del Castillo[2] señala que el concepto de forma se puede definir como: "El signo o conjunto de signos por los cuales se hace constar o se exterioriza la voluntad del o de los agentes de un acto jurídico y del contrato".

En general todos los actos jurídicos se ven exteriorizados mediante las formas, en donde se puede observar plenamente la voluntad para celebrarlo, pero en ocasiones estos no es suficiente y la ley establece un medio por el cual la voluntad se debe exteriorizar para que tenga validez el acto jurídico, y estos son conocidos como las formalidades.

Perez Fernández Del Castillo, de igual, forma definió el concepto de formalismo o formalidades como: *"El conjunto de normas establecidas por el ordenamiento jurídico o por las partes, que señalan cómo se debe exteriorizar la voluntad, para la validez del acto jurídico y del contrato"*.

En el contrato de compraventa podemos ver ejemplificada la diferencia entre forma y formalidades. En primer lugar, el Código Civil para el Estado de Nuevo León señala en su artículo 2,142 y 2,143 y lo siguiente:

> *"Art. 2142.- Habrá compra-venta cuando uno de los contratantes se obliga a transferir la propiedad de una cosa o de un derecho, y el otro a su vez se obliga a pagar por ellos un precio cierto y en dinero.*
>
> *Art. 2143.- Por regla general, la venta es perfecta y obligatoria para las partes cuando se han convenido sobre la cosa y su precio, aunque la primera no haya sido entregada, ni el segundo satisfecho."*

De lo anterior, tenemos que existe el acto jurídico de la compraventa cuando los contratantes identifican el bien y el precio a pagar por esta, sin importar si la primera ya se entregó o si el comprador ya realizó el pago. Hasta este momento la ley, no está señalando cuales son los elementos básicos que deben estar presentes para que exista una compraventa.

---

2 Perez Fernández Del Castillo, Bernardo. **Derecho Notarial.** 6 ed. México, Porrúa. 1981/1993

En cuanto a la forma en la que se expresan estos elementos, tenemos que consultar el artículo 2,210 del Código Civil para el Estado de Nuevo León, el cual señala lo siguiente:

> "*Art. 2210.- El contrato de compra-venta no requiere para su validez formalidad alguna especial, sino cuando recae sobre un inmueble.*"

El artículo 2,210 del Código Civil para el Estado de Nuevo León, señala dos supuestos, en el primero nos dice que un contrato de compraventa no requiere alguna formalidad para su validez, pero en el segundo supuesto nos señala una limitante para los bienes inmuebles, los cuales los excluye del primer supuesto.

Para ejemplificar lo anterior, podemos decir que el primer supuesto se refiere a la adquisición de la mayoría de los bienes muebles[3], mientras que el segundo supuesto se refiere a los bienes inmuebles.

La excepción a los bienes inmuebles la vamos a encontrar en la misma codificación en los artículos 2,211 y 2,212, el cual señala lo siguiente:

> "*Art. 2211.- Las enajenaciones de bienes inmuebles cuyo valor del avalúo no exceda al equivalente a siete mil trescientas veces el salario mínimo general diario vigente en la Ciudad de Monterrey en el momento de la operación y la constitución o transmisión de derechos reales estimados hasta la misma cantidad o que garanticen un crédito no mayor de dicha suma, podrán otorgarse documento privado firmado por los contratantes ante dos testigos cuyas firmas se ratifiquen ante Notario Público, funcionario que haga sus veces o Registrador Público de la Propiedad*
>
> *En caso de que el título se otorgue en Escritura Pública, el Notario Público deberá expedir ésta en un plazo no mayor de treinta días.*"

> "*Art. 2214.- Si el valor del inmueble excede de la suma a que se hace referencia el Artículo 2211, la forma del contrato de compraventa se hará en Escritura Pública.*"

---

[3] Los bienes muebles son aquellos bienes que por su naturaleza tienen la capacidad de trasladarse de un lugar a otro, por el contrario de los bienes inmuebles que no pueden trasladarse y su valor se ve afectado por el lugar en el que se encuentran establecidos.

De lo anterior, podemos concluir que los contratos de compraventa en lo general no tienen una forma específica para su otorgamiento, con excepción de aquellos que recaen sobre inmuebles, los cuales a su vez cuentan con formalidades que deben cumplirse.

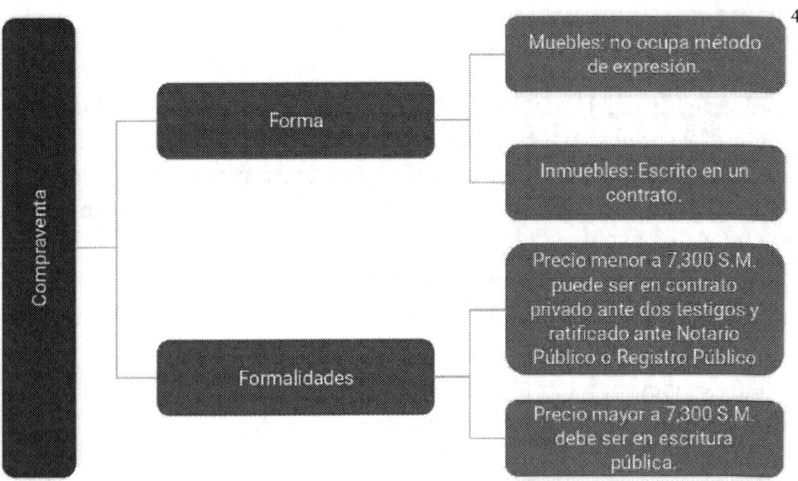

[4]

Es importante entender que la ley no exige cumplir con formalidades cuando celebramos ciertos actos jurídicos, y que su inobservancia podría generar vicios en los títulos con los que amparamos nuestra titularidad con los bienes.

III. EVOLUCIÓN JURÍDICA DEL RÉGIMEN EN PROPIEDAD EN CONDOMINIO

Previo al año 1954, el concepto de condominios en la legislación mexicana era desconocido; las figuras que se utilizaban para suplir aquellas edificaciones que comparten lugares comunes para su uso se apoyaban en las disposiciones sobre servidumbres y medianería. A raíz del fin de la Segunda Guerra Mundial, y en pleno sufrimiento de los estragos económicos que esta había dejado, la economía se mudo a las grandes ciudades, causando migración de la periferia a estas, en-

4 Autoría propia.

careciendo los inmuebles, y obligando a buscar otras formas de poder adquirir propiedad, que fuera mas economica, comoda y en espacios más pequeños y aprovechados al máximo.

El régimen en condominio es una figura reciente en la legislación mexicana, esta nace por decreto el día 30 de noviembre de 1954. Este decreto reformó el artículo 951 del Código Civil para el Distrito Federal y Territorios Federales. Esta reforma se apoya en la teoría dualista del frances Charles Julliot, la cual señala que en la figura del condominio concurren dos derechos reales, uno principal, siendo el de propiedad que se dispone sobre la propiedad exclusiva de la unidad privativa, y uno accesorio el derecho real de uso del área común del inmueble[5].

Esta reforma incluyó en el texto del artículo las características que tienen los inmuebles que se sujetarán a la figura del condominio, mencionando lo siguiente:

> "*Artículo 951.- Cuando los diferentes departamentos, viviendas, casas o locales de un inmueble, construidos en forma vertical, horizontal o mixta, susceptibles de aprovechamiento independiente por tener salida propia a un elemento común de aquél o a la vía pública, pertenecieran a distintos propietarios, cada uno de éstos tendrá un derecho singular y exclusivo de propiedad sobre su departamento, vivienda, casa o local y, además, un derecho de copropiedad sobre los elementos y partes comunes del inmueble, necesarios para su adecuado uso o disfrute.*
>
> *Cada propietario podrá enajenar, hipotecar o gravar en cualquier otra forma su departamento, vivienda, casa o local, sin necesidad de consentimiento de los demás condóminos. En la enajenación, gravamen o embargo de un departamento, vivienda, casa o local, se entenderán comprendidos invariablemente los derechos sobre los bienes comunes que le son anexos.*
>
> *El derecho de copropiedad sobre los elementos comunes del inmueble, sólo será enajenable, gravable o embargable por terceros,*

---

5 Arredondo Galvan, Francisco Xavier. "El nuevo régimen jurídico del condominio". En: Biblioteca Jurídica UNAM. 2002. Disponible en línea: Revista de Derecho Notarial Mexicano No. 117, tomo I. <https://revistas-colaboracion.juridicas.unam.mx/index.php/derecho-notarial/article/view/6881>. (Consulta. Abril 12, 2024)

conjuntamente con el departamento, vivienda, casa o local de propiedad exclusiva, respecto del cual se considere anexo inseparable. La copropiedad sobre los elementos comunes del inmueble no es susceptible de división.

Los derechos y obligaciones de los propietarios a que se refiere este precepto, se regirán por las escrituras en que se hubiera establecido el régimen de propiedad, por las de compraventa correspondientes, por el Reglamento del Condominio de que se trate, por la Ley Sobre el Régimen de Propiedad en Condominio de Inmuebles, para el Distrito y Territorios Federales, por las disposiciones de este Código y las demás leyes que fueren aplicables."

Derivado de los supuestos que señala el artículo 951, en fecha 30 de noviembre del año 1954 se promulgó la primera ley reglamentaria al artículo 951 del Código Civil, especializada en materia de condominios denominada Ley sobre el régimen de propiedad y condominio de los edificios divididos en pisos, departamentos, viviendas o locales. Esta ley reglamentaria tenía como objetivo principal, desarrollar los supuestos que señala el artículo 951 sobre el concepto de condominios, y bajarlos a su aplicación concreta para la perfección de la figura en los inmuebles. La ley reglamentaria en su primer artículo nos señala el origen de la figura del condominio:

"El régimen de propiedad establecido por el artículo 951 del Código Civil puede originarse:

a) Cuando los diferentes pisos, departamentos, viviendas o locales de que conste un edificio pertenezcan a distintos dueños;

b) Cuando se construya un edificio para vender a personas distintas los diferentes pisos, departamentos, viviendas o locales de que conste el mismo;

c) Cuando el propietario o propietarios de un edificio lo dividan en diferentes pisos, departamentos, viviendas o locales para venderlos a distintas personas, siempre que exista un elemento común que sea indivisible"

La ley reglamentaria contemplaba el método de constitución de un régimen en condominio, así como los documentos que deben acompañarse al acto de creación. Los artículos 2, 3, 4 y 5 señalan los requisitos que deberá incluir el documento constitutivo, los documentos que deben acompañarse y el lugar donde se debe registrar.

"Artículo 2°.- Para constituir un régimen de este tipo, el propietario o propietarios, deberán declarar su voluntad en una escritura pública en la cual forzosamente se hará constar:

a).- La situación, dimensiones y linderos del terreno así como una descripción general del edificio;

b).- La descripción de cada piso, departamento, vivienda o local, su número, situación, medidas, piezas de que consta y demás datos necesarios para identificarlo;

c).- El valor total del inmueble, el valor de cada piso, departamento, vivienda o local y consecuentemente, el porcentaje que corresponda a cada propiedad;

d).- El destino general de edificio y, el especial de cada piso, departamento, viviendo o local;

e).- Los bienes de propiedad común, su destino con la especificación y detalles necesarios y, en su caso, su situación, medidas, partes de que se compongan, características y demás datos necesarios para su identificación.

f).- Constancia de las autoridades competentes en materia de construcciones urbanas y de salubridad, de que el edificio construido reúne los requisitos que deben tener este tipo de construcciones.

Artículo 3°.- A la escritura constitutiva se agregaran el plano general y los planos correspondientes a cada uno de los pisos, departamentos, viviendas o locales y elementos comunes de que conste el edificio.

Artículo 4°.- En la escritura se incluiría un reglamento en el que se detallaran los derechos y obligaciones de los diversos propietarios.

Artículo 5°.- El título constitutivo del régimen de propiedad del edificio deberá registrarse en el Registro Público de la Propiedad.

En 1973 se aprobó una nueva ley sobre el régimen de propiedad en condominio. Contrario a el artículo 951 y su reglamento especial, que estudiamos en los artículos previos, la ley de condominios de 1973, denominada Ley sobre el régimen de propiedad en condominio de inmuebles para el Distrito Federal y Territorios Federales, fue publicada el 28 de diciembre del año 1972, y su entrada en vigor fue el 1 de enero del año 1973.

El acercamiento de esta ley al régimen de propiedad en condominio no se limitaba solamente a la descripción de la institución, si no que otorgó el carácter independiente de la figura como una modalidad de la propiedad.

Posteriormente, en fecha 31 de diciembre del año 1998 se promulgó la tercera etapa de la evolución de la legislación sobre condominios. Esta entró en vigor el 1 de enero del año 1999 y se denominó como Ley de Propiedad en Condominio de Inmuebles para el Distrito Federal. Contrario a la anterior, esta legislación sufrió varias críticas por sus múltiples imprecisiones, lo que llevó que en fecha 10 de febrero del año 2000 se reformara, a efecto de esclarecer las imprecisiones que se le habían detectado.

Tomando en consideración las legislaciones que se vienen promulgando y reformando en el centro del país sobre el régimen en condominio, en las demás entidades federativas de igual forma se empezó a legislar sobre esta modalidad de la propiedad. En Nuevo León, la primera ley que se promulgó sobre el régimen de propiedad en condominio fue publicada el 02 de abril del año 1993 y denominada Ley del Régimen de Propiedad en Condominio para el Estado de Nuevo León.

El objeto de la ley era regular el Régimen de Propiedad en Condominio en su forma vertical, horizontal y mixta; así como las formas de su constitución; los derechos y obligaciones de los condóminos; la estructura organizacional, su funcionamiento y su extinción.

Esta ley contemplaba tres tipos de condominios siendo estos el vertical, horizontal y mixto. Sobre el condominio vertical, nos indicaba en su artículo 3 que este tenía lugar cuando el inmueble estaba construido en varios niveles en donde el uso del suelo de desplante es un elemento común a los condóminos; y a la vez coexiste con unidades de propiedad exclusiva. En este tipo los condóminos tienen un derecho de propiedad exclusiva sobre su unidad, un derecho de copropiedad sobre el suelo y un derecho de uso, goce y disfrute sobre las áreas comunes del inmueble que son necesarias para el adecuado funcionamiento.

En el caso de los regímenes de propiedad de condominio horizontal, esta ley señala en su artículo 4 que estos son inmuebles que están destinados a desarrollarse en forma horizontal, donde partes del suelo y otros bienes son susceptibles de apropiación exclusiva, mientras existe un derecho de copropiedad sobre algunos elementos comunes.

Por último, el artículo 5 habla sobre el condominio mixto y señala que este tiene lugar cuando en un mismo terreno o edificación se presentan ambas condicionadas requeridas para los condominios verticales y horizontales.

La ley señala que para someter un inmueble a la modalidad de régimen de propiedad en condominio el o los propietarios deberán constituirse por medio de una Escritura Pública en donde deben incluir los siguientes requisitos:

- La ubicación, dimensiones y linderos del terreno.
- Las autorizaciones o permisos otorgados por las autoridades competentes conforme a las leyes, normas y lineamientos aplicables; y en su caso las características de las garantías que se hubieran exigido.
- La descripción general del desarrollo o la construcción.
- La descripción de cada unidad en condominio, su nomenclatura, ubicación, medidas y demás datos necesarios para identificarlo.
- En el caso de los lotes de terreno destinados a edificarse horizontalmente en ellos deberán identificarse plenamente la ubicación, medidas, colindancias y linderos precisos de los lotes destinados a unidades privativas, así como las zonas de uso común.
- El porcentaje que le corresponde a cada unidad sobre el valor total de los bienes de uso común del condominio.
- El destino general del condominio, y en su caso, el especial de cada unidad en condominio.
- Los bienes comunes; su destino, con la especificación y detalles necesarios y en su caso su ubicación, medidas, colindancias y partes de que se compongan, características y demás datos necesarios para su identificación.
- Los casos y condiciones en que pueda ser modificado el Régimen en condominio.
- El reglamento de condominio y administración establecerá las bases generales que regirán al propio condominio, el cual

podrá insertarse en el cuerpo de la Escritura Constitutiva o en su caso podrá agregarse como apéndice a la misma. El reglamento de condominio y administración deberá contener (i) los derecho y obligaciones de los condóminos, respecto de sus unidades en condominio y de los bienes de uso común, así como las limitaciones a que puede estar sujeto el ejercicio del derecho de usar tales bienes; (ii) las disposiciones relativas a la administración, mantenimiento y operación del condominio; (iii) la forma y requisitos de la convocatorio y del método de desarrollo de las asambleas de condóminos; (iv) la forma de designar y remover al administrador o administradores, así como las facultades y obligaciones que se les confieran; (v) la forma de designar y remover al Comité consultivo y de vigilancia o alguno de sus integrantes y las facultades y obligaciones que se les confieran; y (vi) las normas que deban sujetarse las modificaciones del Reglamento de Condominio y Administración.

- Al apéndice de la Escritura Constitutiva del Régimen en Condominio se agregaran debidamente firmados por las partes y certificados por Fedatario Público, los planos generales debidamente autorizados por las Autoridades competentes.

La escritura constitutiva debía ser registrada en el Registro Pública de la Propiedad, y en cada acto traslativo de dominio posterior a la inscripción del condominio, se debe insertar los datos conducentes de la escritura constitutiva, y debía mencionarse en el cuerpo del nuevo acto la entrega al nuevo adquirente una copia del Reglamento de Condominio y Administración.

Esta ley fue abrogada el 2 de mayo del año 2017 y sustituida por una nueva ley que fue publicada en la misma fecha, y a la cual se le denominó Ley de Propiedad en Condominio de Inmuebles para el Estado de Nuevo León. Si bien, dentro de esta se mantuvieron varios de los conceptos que regulaba la anterior, en este nuevo ordenamiento jurídico se trató de ser más específico en la regulación y atender ciertas deficiencias que presentaba la ley abrogada.

En el siguiente apartado vamos a profundizar en los aspectos que conciernen a la constitución del régimen de condominio, así como el reglamento que rige internamente.

IV. LEGISLACIÓN ACTUAL DEL RÉGIMEN EN PROPIEDAD EN CONDOMINIO EN NUEVO LEÓN

Como se señaló en el capítulo anterior, actualmente en Nuevo León rige en el tema de condominios la Ley de Propiedad en Condominio de Inmuebles para el Estado de Nuevo León. Esta ley tiene como objeto regular la constitución, modificación, organización, funcionamiento, administración y extinción del régimen de propiedad en condominio, así como las interacciones entre los condóminos, poseedores y administradores, estableciendo las bases para la resolución de conflictos que se puedan generar a raíz de la convivencia dentro del condominio.

Al igual que en las legislaciones previamente citadas, en esta ley también se identifican los tipos de condominio que regula, pero a diferencia de las clasificaciones previas, en esta ley se crean dos grandes segmentos en los que se dividen y se agregan más clasificaciones de estos, siendo los siguientes:

- **Por su estructura:**
  - Condominio vertical: Es aquel inmueble edificado en más de un nivel sobre un terreno común. Este cuenta con unidades de propiedad privativa, derechos de copropiedad sobre el suelo y áreas comunes del inmueble para el uso y disfrute de los integrantes del condominio.
  - Condominio horizontal: Esta modalidad se da en inmuebles con construcciones horizontales donde el condómino tiene derecho de uso exclusivo de parte de un terreno y es propietario de la edificación que desarrollo sobre esa áre, pudiendo compartir su estructura y medianería, siendo titular de un derecho de copropiedad para el uso y disfrute de las áreas del terreno, construcciones e instalaciones destinadas al uso común.
  - Condominios de terreno urbano: Este tipo se constituye por lotes de terreno individual, considerados como unidades de propiedad exclusiva, en los cuales cada condominio edificara su construcción atendiendo las especificaciones técnicas que establezca la autoridad municipal correspondiente al momento de otorgar la licencia de construcción

respectiva, así como las normas generales y especiales del condominio.

— Condominio mixto: Está conformado por condominios verticales y horizontales, y estos pueden estar constituidos en grupos de unidades de propiedad privativa como: edificios, cuerpos, torres, manzanas, secciones o zonas.

- Por su uso:
  - — Habitacional: En este tipo las unidades de propiedad privativa están destinadas exclusivamente a vivienda.
  - — Comercial o de servicios: A diferencia de la clasificación anterior, en esta las unidades de propiedad privativa son destinadas a actividades comerciales o de servicios, y no a la vivienda.
  - — Industrial: Las unidades de propiedad privativa se destinan a actividades del ramo industrial.
  - — Mixtos: Son aquellos donde las unidades de propiedad privativa se destinan a dos o más de los usos anteriormente señalados.

Recordemos que en la ley abrogada solo se identificaban como tipos de condominios el vertical, horizontal y mixto, sin hacer énfasis en el uso o giro que estos podían tener. La nueva ley de forma más específica divide los tipos de condominios en dos secciones identificadas como “por su estructura” y “por su uso”. En la clasificación denominada “por su estructura”, clasifica los condominios por el tipo de edificaciones que los conforman, reconociendo la existencia de los tres tipos que se vienen recogiendo desde legislaciones anteriores siendo estos el vertical, horizontal y mixto; pero adicionando uno nuevo denominado como “condominios de terreno urbano”. En una opinión personal, me parece que el condominio de terreno urbano comparte características con el condómino horizontal, con excepción que en la definición que se le otorga en la ley no señala nada sobre las áreas comunes que comprende el inmueble, por lo que si no cuenta con áreas comunes para el uso, goce y disfrute de los miembros del condominio, no caería en la clasificación del modelo de los condominios, al no cumplir con la característica de comunidad.

Cuando hablamos del acto por el cual se crea un condominio, la Ley de Propiedad en Condominio de Inmuebles para el Estado de

Nuevo León, nos señala que este no se limita solo a construcciones o proyectos nuevos, si no que puede constituirse sobre inmuebles construidos con anterioridad, así como terrenos urbanos. Esta ley indica que para la constitución del régimen de condominio se necesita de la expresión de voluntad del o los propietarios del inmueble de formalizar y someterse a la modalidad del régimen en condominio, siendo esta expresada mediante escritura pública ante Notario Publica.

A diferencia de la ley que sustituye, en esta se hace una distinción en los requisitos que se deben cumplir para la formalización del régimen en condominio. En primer lugar el artículo 4 señala los requisitos previos que se deben cumplir previo a la celebración de la constitución del régimen en propiedad en condominio. Este artículo dispone que previo a la formalización, se debe cumplir con los requisitos que establezca la autoridad competente, y en su caso obtener las autorizaciones de acuerdo a los ordenamientos, planes y programas en materia de desarrollo urbano.

Para acreditar lo anterior, el ordenamiento especial señala que al acto constitutivo se deben acompañar los siguientes documentos:

- Original de la solicitud suscrita por el representante o representantes legales, propietario o propietarios dirigida a la autoridad competente.
- Copia certificada del documento mediante el cual se acredite la representación legal, en caso de ser por medio de mandato.
- Copia certificada del título de propiedad de cada inmueble.
- Certificado de libertad de gravamen de cada inmueble o en caso de estar gravados contar con autorización del o los acreedores.
- Documento donde conste la autorización del régimen de propiedad en condominio expedido por la autoridad competente.
- Original o copia certificada del recibo de pago del impuesto predial correspondiente a cada inmueble.

Estos documentos deberán ser presentados ante el Notario Publico que realizara la constitución del régimen de propiedad en condominio, los identificara en el apartado de declaraciones o antecedentes, según sea el estilo del notario, y los acompañara al apéndice de la escritura.

Una vez que se cumpla con los requisitos señalados en el artículo 4 de la Ley, se procede con la formalización de la escritura constitutiva, para lo cual se debe observar lo dispuesto en el artículo 8 de la misma Ley, el cual señala las observaciones especiales que deberá hacer el notario al momento de redactar su escritura. A continuación enumero estos requisitos.

- La licencia de construcción o, a falta de ésta, la constancia de regularización de construcción expedida por la autoridad competente.
- La ubicación, dimensiones, medidas, linderos y colindancias del inmueble que se sujetará al condominio, si éste se ubica dentro de un conjunto o unidad habitacional deberá precisarse su separación del resto de las áreas. Asimismo, cuando se trate de un condominio maestro deberán detallarse los límites de los edificios o de las alas, secciones, zonas o manzanas de los condominios que lo integran.
- Una descripción general de las construcciones.
- La descripción de cada unidad de propiedad privativa, número, ubicación, colindancias, medidas, áreas y espacios para estacionamiento, si los hubiera, que lo componen.
- El establecimiento de zonas, instalaciones o las adecuaciones para el cumplimiento de las normas establecidas para facilitar a las personas con discapacidad el uso del inmueble.
- La superficie de cada unidad de propiedad privativa y su porcentaje de proindiviso en relación al área total del inmueble sometido al régimen de condominio.
- Los espacios que se destinarán para áreas verdes y de las áreas y bienes de uso común, destino, especificaciones, ubicación, medidas, componentes y todo aquellos datos que permitan su fácil identificación.
- La forma de designación del administrador, sus facultades y poderes, así como su derecho remuneración.
- La obligación de los condominios de garantizar el pago de las cuotas correspondientes a los fondos de mantenimiento, administración y de reserva, así como cualquier otra que fije la asamblea general del condominio. Dicha garantía será determinada por la asamblea general ordinaria.

- El reglamento interno y la obligación de los condóminos de cumplir con él y con los deberes que los diversos ordenamientos legales les imponen.
- Los lineamientos a que se han de sujetar la convocatoria y las facultades de la asamblea general ordinaria y extraordinaria.
- Los lineamientos para las notificaciones a los condominios, las facultades del administrador y lo conducente a las licencias otorgadas por las autoridades competentes.

Además de los documentos previamente señalados, all apéndice de la escritura se agregara, ya sea en original o en copia certificada, el plano general del desarrollo, los planos correspondientes a cada una de las unidades de propiedad privada , áreas y bienes de uso común con medidas y colindancias, el reglamento interno, y los planos autorizados por la autoridad competente.

Una vez constituido el régimen de propiedad en condominio, este debe ser inscrito en el Instituto Registral y Catastral del Estado, dado que el acto jurídico necesita contar con publicidad y ser oponible contra terceros, dado que todos los actos traslativos de dominio subsecuentes deberán ser acompañados de una copia de la escritura constitutiva y del reglamento interno, dado que se debe identificar plenamente el proindiviso que representara la unidad adquirida, y este deberá estar relacionado con lo que se estipulo en la escritura inicial.

Adicional a lo que la ley señala como requisitos especiales para la constitución del condominio, los participantes con su celebración también deberán cumplir con los requisitos establecidos para los actos traslativos de dominio, por lo que deberán contar con documentos de identificación oficial, en el caso de personas con nacionalidad mexicana de preferencia su credencial para votar expedida por el Instituto Nacional Electoral, dado que también es necesario la validación de las huellas dactilares por medio del sistema biométrico asignado a la notaría pública, y por último contar con su constancia de situación fiscal actualizada.

V. CONCLUSIONES

Los condominios son métodos por el cual se permite explotar porciones limitadas de terreno para múltiples viviendas, locales comerciales o incluso ambos. La utilización de estos nos ha llevado a la creación de pequeñas ciudades, donde un desarrollo condominal mixto puede otorgar a sus habitantes vivienda, y una cercanía con áreas de comercio para satisfacer sus necesidades.

La modalidad del régimen en propiedad en condominio es un tipo de copropiedad efectiva para aquellos inmuebles que no pueden ser divididos de manera cómoda, y que comparten bienes de uso común para los habitantes de los inmuebles. Esta modalidad permite crear un ente con capacidad jurídica independiente de los sujetos que lo conforman, que puede realizar actos jurídicos tendientes al cumplimiento de su objeto como unidad ya sea habitacional, comercial o mixta.

Si bien las leyes especiales y vigentes satisfacen las necesidades para facilitar la constitución de estos condominios, en cuanto a los requisitos y documentación necesaria para su creación, existen muchas áreas de oportunidad dentro de la ley en cita que deben mejorarse para el efectivo funcionamiento de estas sociedades de convivencia habitacional o comercial.

VI. BIBLIOGRAFÍA

Doctrina

Arredondo Galvan, Francisco Xavier. “El nuevo régimen jurídico del condominio”. En: Biblioteca Jurídica UNAM. 2002. Disponible en línea: Revista de Derecho Notarial Mexicano No. 117, tomo I. <https://revistas-colaboracion.juridicas.unam.mx/index.php/derecho-notarial/article/view/6881>. (Consulta. Abril 12, 2024)

Borja Martinez, Manuel. **El Régimen de Propiedad y Condominio: Estudio Jurídico y Regulación Legal.** 3° ed. México, Porrúa, 1957/2016

Perez Fernandez Del Castillo, Bernardo. **Derecho Notarial.** 6 ed. México, Porrúa. 1981/1993

Legislación

— Código Civil Federal. (D.O.F. Mayo 26, Julio 14, Agosto 3 y 31, 1928/ Enero 17, 2024)

— Código Civil para el Estado de Nuevo León. (P.O.E. Julio 6, 1935/Enero 24, 2024).

— Ley sobre el régimen de propiedad y condominio de los edificios divididos en pisos, departamentos, viviendas y locales. (D.O.F. Diciembre 15, 1954/ Enero 1, 1973).

— Ley sobre el régimen de propiedad en condominio de inmuebles para el Distrito Federal y Territorios Federales. (D.O.F. Diciembre 28, 1972/ Enero 1, 1999).

— Ley de Propiedad en Condominio de Inmuebles para el Distrito Federal. (D.O.F. Diciembre 31, 1998/Enero 27, 2011).

— Ley del Régimen de Propiedad en Condominio para el Estado de Nuevo León. (P.O.E. Abril 2, 1993/ Mayo 2, 2017).

— Ley De Propiedad En Condominio De Inmuebles Para El Estado De Nuevo León. (P.O.E. Mayo 2, 2017/ Octubre 11, 2023).

Capítulo 3
RETOS DE LA ESTRUCTURA DEL CONDOMINIO EN USOS MIXTOS

Dr. Miguel O. Zárate Martínez[1]

SUMARIO: I. INTRODUCCIÓN. II. HISTORIA DE LOS ASENTAMIENTOS HUMANOS. III. USO MIXTOS. IV. RETOS DE LA ESTRUCTURA DEL RÉGIMEN DE CONDOMINIO MIXTO. V. CONCLUSIONES.

I. INTRODUCCIÓN

El hablar sobre el régimen de condominio, nos forza a reflexionar sobre la propiedad privada, sus usos, limitaciones y modalidades, para tener una visión completa sobre su aprovechamiento.

Nuestra Constitución, en su artículo 27, reconoce el derecho fundamental de propiedad privada en favor de los ciudadanos e inclusive de las personas físicas o morales en general, así como los elementos que integran este derecho: uso, goce, disfrute y disposición.

Desde la fecha en que se creó nuestra Carta Magna al día de hoy, hemos evolucionado en cuanto a la comprensión del concepto del derecho a la propiedad privada. Reconocemos que no es un derecho absoluto, sino un derecho social que se ejerce en función de la sociedad y por lo tanto, las ramas del derecho administrativo han tenido una injerencia total en el mismo.

La urbanización de la propiedad nos ha llevado a reconocer un cambio en el aprovechamiento de la propiedad de un uso rural a ur-

---

1 Doctor en Derecho por la Facultad de Derecho y Ciencias Sociales, de la Universidad Autónoma de Nuevo León, Socio Fundador de Zárate Abogados, Catedrático en la facultad Libre de Derecho de Monterrey, A.C., Instituto de Estudios Superiores de Monterrey y la Universidad de Monterrey.

bano, creando grandes ciudades con las deficiencias y oportunidades que ello conlleva, y adaptándose a su crecimiento. Trasladando con esto, un reto al mundo urbanizado como lo son, por mencionar algunos de ellos: la población, su crecimiento y en consecuencia su asentamiento territorial y por lo tanto, su ordenamiento y desarrollo.

Así mismo, va de la mano el crecimiento económico, cultural, la necesidad de infraestructura urbanística (como la movilidad, por decir alguna), centros de atención hospitalaria y qué decir del cuidado al medio ambiente.

En lo que concierne a estos factores, el Estado no ha sido ajeno en intervenir para garantizar un mejor futuro para todos. Destacando, que si bien sus intervenciones sobre ciertos rubros se perciben insuficientes, hay otros en los que se le debe reconocer que ha actuado de buena manera.

El primer reto que enfrentamos durante los años setentas fue el tema de la planificación familiar, que se relaciona con la necesidad de vivienda y de satisfacción de servicios públicos. En nuestro país, se logró cambiar que las familias se conformaran de cinco o más hijos, a familias de dos hijos actualmente; política que a nivel mundial, ha venido impactando en el número de población en estado de pobreza, ya que al crecer de una manera más lenta la demanda de servicios públicos, se reduce.

En este sentido, el desarrollo de infraestructura y urbanización para proveer servicios básicos, como lo son el acceso a la salud, educación, saneamiento de agua, así como la disposición de basura, es cada vez más necesario y por desgracia deficiente en nuestro país.

Con el crecimiento poblacional y el movimiento de la gente de las áreas rurales a las urbanas, en automático se detona la necesidad de generar fuentes de empleo, el desarrollo de nuevas tecnologías y con ello inversiones tanto nacionales como extranjeras en determinadas zonas de nuestro país. De hecho, la historia del desarrollo económico en México a través de los últimos siglos es abrumadoramente una historia de avances tecnológicos; muestra de ello, lo acontecido con el COVID-19 hace unos años y las consecuencias tecnológicas que siguen vigentes hoy en día.

En este orden de ideas, es destacable la tendencia positiva de la explosión de conocimiento científico y tecnológico para mejorar la calidad de vida.

Con el desarrollo antes mencionado, tanto de población como de tecnología, es inevitable tener factores negativos como es el impacto al medio ambiente, empezando por la contaminación del agua, aire, que a su vez provocan enfermedades a la población en general y nos encontramos que muchas de nuestras ciudades o bien municipalidades, no pueden cubrir la creciente demanda de agua potable, e incluso su capacidad de saneamiento es deficiente.

El agua es un recurso que al menos en el estado de Nuevo León, es difícil su manejo y proveeduría para toda la población, inclusive para aquella privilegiada que cuenta con infraestructura hídrica a pie de su vivienda.

Como lo mencioné anteriormente, estos impactos negativos al ambiente, conllevan forzosamente a un impacto poco positivo en la salud de la población, lo cual hace crecer la demanda de atención médica, al provocar enfermedades crónicas y epidemias en general.

En estos términos y a la luz de lo antes comentado, es importante subrayar que el fin que todos perseguimos es contar con una ciudad sustentable, donde los recursos naturales se utilicen con conciencia de su escasez. Cuestión, que implica que en todas nuestras actividades se optimice el uso de los recursos y se promueva la diversidad del ecosistema en el que se sustenta.

Una ciudad sustentable es la meta y objetivo de todas las municipalidades donde los aspectos sociales, económicos y ambientales se conjugan en pro de una mejor calidad de vida para sus habitantes.

II. HISTORIA DE LOS ASENTAMIENTOS HUMANOS

En nuestro país, el crecimiento de las ciudades es un punto de análisis que ha motivado cambios en nuestra legislación y en nuestra forma de desarrollarnos.

En este sentido, México ha venido creciendo de manera horizontal en las mayorías de las ciudades y es un hecho determinado por la Conapo, que tres de cada cuatro personas mexicanas viven en una ciudad.

Establece el estudio de la Conapo, lo siguiente:

> *"La autonomía de elegir dónde vivir y cuándo cambiar de lugar de residencia, es una de las libertades más preciadas de las personas. La posibilidad de emprender una nueva vida en un lugar diferente, mejorando las oportunidades de trabajo, educativas, calidad de vida, entre otras, ha motivado las migraciones en toda la historia de la humanidad. De igual manera, las causas de este fenómeno migratorio se han modificado, pues ya no solamente son económicas, sino que se incorpora la falta de seguridad pública, el aumento de la violencia y la contaminación ambiental, diversificándose los motivos de la migración."*[2]

Por dicho motivo, es un hecho que la migración interior ha sido un factor determinante de crecimiento de las ciudades y en ese orden de ideas nuestro crecimiento ha venido siendo horizontal o conocido como el fenómeno de expansión urbana, donde el sueño u objetivo de las personas es tener su propia casa, asimilando el valor personal de una vivienda como parte de una propiedad absoluta.

En consecuencia, el que cada familia tenga acceso a una vivienda generó, con el paso de los años, un crecimiento en la mancha urbana mayor que incluso el crecimiento poblacional, haciendo que las ciudades tuvieran que hacer una mayor inversión en infraestructura urbana y por lo tanto, un déficit en servicios públicos como educación, salud y movilidad.

En el estudio conjunto elaborado por Zubicaray, Brito, Ramírez Reyes, García y Macías, denominado *"Las ciudades mexicanas: tendencias de expansión y sus impactos"*, establecen:

> *"En la historia reciente, el fenómeno urbano mexicano se ha caracterizado por el crecimiento de la mancha urbana a un ritmo superior al del crecimiento poblacional, es decir, por procesos de expansión urbana de baja densidad."*[3]

---

2 Página oficial del Gobierno de la República: https://www.gob.mx/cms/uploads/attachment/file/487366/33_RMEX.pdf

3 Zubicaray, G., Brito, M., Ramírez Reyes, L., García, N., y Macías, J. (2021). Las ciudades mexicanas: tendencias de expansión y sus impactos. Coalition for Urban transitions: London, UK, y Washington, DC. Disponible en: https://urbantransitions.global/publications/.

Lo que ocasionó que las políticas públicas de los gobiernos anteriores al 2012, si bien reconocieron el derecho a la vivienda para las familias, también cometieron el error de motivar la expansión urbana de baja densidad, omitiendo la primordialidad del uso mixto, lo que llevó a un impacto negativo en servicios públicos y en particular al medio ambiente.

Cabe agregar que, desde junio de 2012, la Ley General del Cambio Climático, establece que en los planes de desarrollo urbano deberán permitir el uso de oficina en casa con el fin de reducir los desplazamientos y un menor impacto en el medio ambiente.

Con esto, a la entrada del gobierno de Enrique Peña Nieto, las políticas públicas para fomento a la vivienda cambiaron radicalmente en el año 2014, adicionando en su programa de infraestructura los siguientes dos puntos:

> *"La tercera estrategia servirá para orientar el financiamiento para la vivienda digna y sustentable con criterios territoriales que promuevan la densificación y, al mismo tiempo, evitar el crecimiento desordenado de las ciudades. Para esto, los sectores público y privado invertirán un billón 708 mil millones de pesos.*
>
> *La cuarta estrategia busca impulsar la participación de los desarrollos inmobiliarios en el Programa Nacional de Infraestructura para rehabilitar y dar viabilidad a las zonas de vivienda abandonada. Esto requerirá de una inversión conjunta del sector público y el privado por 127 mil millones de pesos."*[4]

Esto sin dejar pasar por desapercibido que su Plan Nacional de Desarrollo 2013-2018, fundamentó el cambio en la política pública de vivienda de la siguiente manera:

> ***"El modelo de crecimiento urbano reciente ha fomentado el desarrollo de viviendas que se encuentran lejos de servicios como escuelas, hospitales y centros de abasto.*** *Es decir, la producción de vivienda nueva ha estado basada en* ***un modelo de crecimiento urbano extensivo.*** *Los desarrollos habitacionales se ubicaron en zonas alejadas de los centros de trabajo y de servicios,* ***sin una densidad habitacional adecuada que permitiera costear servicios,***

4 https://www.gob.mx/sedatu/prensa/el-presidente-enrique-pena-nieto-presento-el-programa-nacional-de-infraestructura-2014-2018-5591

vías de comunicación y alternativas de transporte eficientes. *Esto ha generado comunidades dispersas, un debilitamiento del tejido social y* ***un uso poco eficiente de los recursos de la economía a través de altos costos de transporte*** *para los trabajadores y las empresas."*[5]

Por dichos motivos, es claro que el fenómeno al momento de ser detectado ya había provocado un sin número de daños sociales y económicos, por lo que fue un tema legislativo durante el año 2016. Época, donde se publica la Ley General de Asentamientos Humanos, Ordenamiento Territorial y del Desarrollo Urbano[6], encontrando sus principales motivos en el aumento a la densificación de los centros de las ciudades y el fomento del uso mixto, que en su artículo 71, establece:

"Artículo 71. Las políticas y programas de Movilidad deberán:

I.- ...

II.- ...

III. Promover los Usos del suelo mixtos, la distribución jerárquica de equipamientos, favorecer una mayor flexibilidad en las alturas y densidades de las edificaciones y evitar la imposición de cajones de estacionamiento;"

Sin dejar pasar que en la Asamblea ONU Hábitat de dicho año, nuestro gobierno se comprometió mediante la nueva Agenda Urbana[7] a fomentar los usos mixtos y los policentros para renovación de las ciudades y utilización de las infraestructuras existentes.

Es así, que el uso mixto llega a nuestra legislación para quedarse como una forma de primordial de crecimiento de nuestras ciudades y de hecho el Programa Nacional de Ordenamiento Territorial y Desarrollo Urbano 2021-2024[8] establece como principal objetivo impul-

---

5 Diario Oficial de la Federación del 20 de mayo de 2013. https://www.dof.gob.mx/nota_detalle_popup.php?codigo=5299465

6 Diario Oficial de la Federación del 28 de noviembre de 2016. https://www.diputados.gob.mx/LeyesBiblio/pdf/LGAHOTDU.pdf

7 Agenda Urbana ONU HABITAT https://habitat3.org/wp-content/uploads/NUA-Spanish.pdf

8 Programa Nacional de Ordenamiento Territorial y Desarrollo Urbano 2021-2024.

sar un modelo de desarrollo territorial justo, equilibrado y sostenible, para el bienestar de la población y su entorno lo que se representa en regenerar el centro urbano y evitar a toda costa la expansión urbana.

Acorde a esto, el instrumento urbano Estrategia Nacional de Desarrollo Urbano establece:

> *"Entre 1980 y 2010 la expansión urbana de las zonas metropolitanas fue de siete veces en promedio, mientras que su población en el mismo periodo fue de dos veces; esto pone de manifiesto un modelo de expansión altamente disperso con densidades de población muy bajas y procesos de especulación y cambios de usos de suelo en las tierras periféricas, lo que amplifica las desigualdades territoriales entre los espacios urbanos y rurales. Tan sólo entre 1998 y 2016, 53% de la expansión urbana se dio sobre tierras ejidales o comunales"*[9]

Fue así que los poderes legislativos de los estados tuvieron que modificar sus leyes en materia de ordenamiento territorial y desarrollo urbano para establecer en las mismas, los principios establecidos por la ley general antes citada.

Por todo lo antes dicho, la necesidad de regenerar los centros de población y evitar la expansión urbana, provocó el fomento de usos mixtos en los centros de población, por lo tanto la utilización de las propiedades urbanizadas originalmente, se encuentran en subutilización o bien como inmuebles abandonados.

Bajo ese entendido, y dado que las políticas públicas apuntaron al desarrollo de los centros de población, la demanda sobre dichos inmuebles detonó el aumento de su valor en el mercado y por lo tanto la manera de poder aprovecharlo, que por ahora, era aumentando su densificación en los instrumentos de planeación de dichos inmuebles y pulverizando su costo en más viviendas; cuestión, que forzó a la utilización del régimen de condominio tanto de manera horizontal como vertical respectivamente.

---

https://www.gob.mx/sedatu/documentos/programa-nacional-de-ordenamiento-territorial-y-desarrollo-urbano-2021-2024

9 Estrategia Nacional de Ordenamiento Territorial 2020-2040. https://www.gob.mx/sedatu/documentos/estrategia-nacional-de-ordenamiento-territorial-de-la-sedatu?state=published

III. USO MIXTOS

En el apartado anterior, desarrollamos los antecedentes sobre cómo llegamos a la reutilización de los centros de población y en consecuencia al régimen de uso mixtos de los inmuebles dado el crecimiento expansivo (territorial) de las ciudades en nuestro país.

Por lo que ahora, encontramos una de las soluciones urbanas: el utilizar o reactivar las infraestructuras de servicios públicos ya existentes con base en la reutilización o reactivación de inmuebles subutilizados actualmente, así como los equipamientos existentes, para que con una menor inversión, y bajo menores distancias (movilidad), la gente pueda tener cerca su vivienda, su empleo, su escuela y su lugar de esparcimiento.

Todo esto, como lo acabo de comentar, con la finalidad de reducir los desplazamientos entre vivienda y lugar de trabajo, así como vivienda y escuelas existentes; impactando así, positivamente, en la calidad de vida de las personas.

De esta manera, surge la utilización activa del régimen jurídico de la propiedad en su modalidad de condominio, ya que se empezó con la construcción de edificios habitacionales en su función multifamiliar y ahora pasó a ser el régimen de propiedad horizontales y verticales de usos mixtos, lo cual explicaré en este apartado.

Cuando me refiero a edificios de usos mixtos, se alude a la conjunción de dos o más usos en un inmueble donde se conviven comercios, servicios y vivienda lo que lleva a una regulación apropiada para ello.

Nuestra legislación estatal establece en la fracción primera inciso "g" del artículo 138, lo siguiente:

> *"Artículo 138. El suelo y las edificaciones que se construyen sobre las zonas primarias mencionadas en el artículo 136 de esta Ley, se clasifican a su vez en zonas secundarias, las cuales se constituirán por los usos y destinos del suelo o aprovechamiento predominantes que determinen los programas de desarrollo urbano de los centros de población y los que se deriven de este, estos aprovechamientos se clasifican como sigue:*
>
> *I. Según los usos del suelo en:*
>
> *a) Habitacional;*
>
> *b) Comercial;*

c) Servicios;

d) Industrial;

e) Agropecuario;

f) Forestal; y

g) Mixto, en el que estarán permitidos los usos habitacionales, comerciales y/o de servicios."[10]

A fin de no dejar a la interpretación este texto, al referirnos a los usos habitacionales, nos referimos, a que estos a su vez tienen dos funciones: las habitacionales unifamiliares (una sola vivienda por lote de terreno) y su función multifamiliar (dos o más viviendas por lote de terreno).

En lo que respecta al uso de servicios, las funciones son diversas. Pueden ser oficinas administrativas, consultorios médicos, salones de asesorías educativas, etcétera. En fin, todo aquello que conlleva a la prestación de un servicio.

Por último, el uso de comercio es aquel que conlleva forzosamente al intercambio de mercancías por dinero; es decir, cualquier tipo de tienda, ya sea departamental, de equipo electrónico, refacciones, etcétera.

Adicionalmente la Ley de Propiedad en Condominio de Inmuebles para el Estado de Nuevo León[11] (en lo sucesivo, "Ley de Condominio), establece lo siguiente en la fracción II del artículo 5:

"Artículo 5.- Los Condominios de acuerdo con sus características de estructura y uso, podrán ser:

I.- ...

II.- Por su uso:

a) Habitacional. – Son aquéllos en los que las Unidades de Propiedad Privativa están destinadas a la vivienda;

b) Comercial o de servicios. – Son aquéllos en los que las Unidades de Propiedad Privativa están destinadas al giro o servicio que corresponda según su actividad;

---

10 Ley de Asentamientos Humanos, Ordenamiento Territorial y Desarrollo Urbano para el Estado de Nuevo León, 27 de noviembre de 2017.

11 Ley de Propiedad en Condominio de Inmuebles para el Estado de Nuevo León. Periódico Oficial del Estado 2 de mayo de 2017.

c) Industrial. – Son aquéllos donde las Unidades de Propiedad Privativa se destinan a actividades propias del ramo; y

d) Mixtos. – Son aquéllos donde las Unidades de Propiedad Privativa se destinan a dos o más de los usos señalados en los incisos anteriores."

Lo que nos lleva a que la Ley de Condominio, va más allá de la ley de la materia y da oportunidad a un condominio mixto inclusive si convive el uso industrial en ello. Esto pudo haber sido debido a que su publicación, fue un poco antes que la ley de desarrollo urbano donde se acota el tema antes mencionado.

Por lo que para efectos de este artículo, la expresión de usos mixtos se constriñe exclusivamente a la convivencia de los usos de servicios, comercio y vivienda, en cualquiera de sus combinaciones y ponderaciones.

IV. RETOS DE LA ESTRUCTURA DEL RÉGIMEN DE CONDOMINIO MIXTO

Cuando hablamos del Régimen de Condominio, hablamos de una modalidad a la propiedad privada, tal y como cada uno de mis colegas abogados, lo han explicado en todos y cada uno de los artículos de esta obra. En consecuencia se abordan varios elementos, como lo son, una propiedad en general, áreas privativas o de uso exclusivo y las áreas de uso común; éstas últimas, con las características de una copropiedad (proindiviso).

Elementos, que juegan un papel importante entre los órganos de la administración y vigilancia del condominio, que estructuran su convivencia en su constitución y en su reglamentación respectiva.

Es decir, así como es importante la existencia de la cosa, es igual de importante la existencia de los órganos de administración y vigilancia.

En este sentido, las reflexiones que me gustaría transmitir para este artículo, son principalmente tres: i) la primera, es referente a la conceptualización física y mental de la persona respecto al derecho de propiedad en condominio, principalmente en nuestro país; ii) la segunda, referirme al régimen jurídico sobre el condominio, sus alcances, órganos de gobierno, adecuaciones y; iii) la falta de autoridades administrativas representativas en el tema.

En nuestra primera reflexión, existen estudios que reflejan que unos de los objetivos de los jóvenes en nuestro país es contar con vivienda propia. De hecho, en lo que respecta a muchos de los mexicanos que migran al sueño americano, su objetivo primordial es construir una casa en su ciudad natal para que sea utilizada por el resto de su familia que aún reside en México. Oportunidades, que el mercado ha aprovechado claramente pero que reafirman que la cultura nacional, es al menos aspirar a tener casa propia.

El concepto mental del derecho de propiedad, de alguna manera ha permeado en el subconsciente de las personas como una forma de hacer (disponer) de la cosa tal *"como me venga en gana"*; aseveración, que si bien tiene algo de cierto, no es absoluta.

Se reconoce la existencia de conflictos entre vecinos en las comunidades por el ruido que se provoca, por estacionarse en frente de su casa, por tener cámaras dirigidas a su propiedad y un sinfín de conflictos vecinales diversos. Disputas, que los reglamentos de bando y policía han tratado de resolver en mayor o menor medida, a pesar de la complejidad que ello conlleva.

Estos conflictos, lógicamente aumentaron cuando empezaron los desarrollos horizontales multifamiliares, ya que el formato de duplex o triplex o "townhouses", fue el inicio de una nueva experiencia de áreas compartidas.

La realidad fue diferente al empezar con edificios verticales habitacionales, donde el conflicto comenzó principalmente en las amenidades o bien áreas de uso común y particularmente, en la fijación del monto para el pago de cuotas de mantenimiento después de suscitado un conflicto.

La experiencia en todos estos casos, es lo complicado para las personas en compartir entre dos núcleos mentales sagrados: *"pertenencia"* soy dueño, y convivo con los míos *"familia"*. Estas dos grandes figuras mentales, son la justificación del inicio del problema en la convivencia de las personas en un condominio.

Tengo que reconocer que el Derecho, ni cerca se encuentra de poder dominar esta convivencia. A pesar de dicho rezago, como se ilustró previamente, el mercado incluso nos ha orillado a que no solo se permita el uso compartido en un condominio vertical, sino que además nos incluye los comercios y servicios como nuevos vecinos. Todos, en una misma propiedad.

De ahí, lo complicado de explicar que eres dueño de un área privativa, pero no de la fachada del edificio, ya que esa es área común; ello, sumado a que los vecinos se encuentran molestos porque le rentaron la fachada para un anuncio a un particular. O bien, que el elevador es usado por los pacientes de un médico que tiene su consultorio en el edificio y tú sólo lo usas en la mañana y en la noche; sin embargo, el pago de dicho consumo lo reparte contigo, como si tú lo usaras en tiempo completo.

Situaciones, que representan ejemplos de convivencia que puede darse, pero para que exista esta convivencia de usos, es necesario tener en el edificio la infraestructura necesaria para ello.

Respecto al tema de infraestructura les señalo ejemplos actuales, como el caso de las cisternas de agua: ¿cuántas existen en el edificio?, ¿una para cada uso?, ¿una compartida?, ¿una para el sistema contra incendio?; en el caso de los transformadores de energía ¿sucede lo mismo?; el caso del equipamiento del gimnasio?, ¿todos los pagan? Hay muchas interrogantes que no son fáciles de manejar y que son parte de entender el tema de lo que implica vivir en una comunidad, a lo que invito que antes de desarrollar un complejo de estas magnitudes o antes de adquirir un inmueble en este tipo de edificios, estemos conscientes de estos alcances.

La segunda de las reflexiones que considero importante abordar, es la referente al régimen jurídico, sus alcances, órganos de gobierno y adecuaciones a los instrumentos normativos del condominio.

El Derecho se caracteriza por normar las conductas de las personas en sociedad; sin embargo, es importante mencionar que esta conducta es distinta dependiendo de muchos factores, entre ellos: el estrato social, las costumbres de la zona o barrio, los niveles de acceso a la educación, a la justicia, al empleo, al número de integrantes familiares, a la conducta matriarcal o patriarcal del líder de familia, a las familias de un solo progenitor, quienes a su vez van a convivir con empleados, dueños, líderes de empresas. Todos en una sola edificación, lo cual no es una tarea sencilla.

Adicionalmente a ello, tenemos que entender que los fines de los giros comerciales, de servicios y habitacionales no son los mismos, aunque dependen uno del otro para mejorar la calidad de vida de todos.

En este orden de ideas, los órganos encargados de la administración y vigilancia tienen una gran responsabilidad en el tema, por lo que su participación y comunicación de las reglas de aportaciones y convivencia es fundamental.

No pasó por desapercibido que la ley de esta materia, establece el término de ***cultura condominal***, donde enlista principios como: el respeto, la tolerancia, la responsabilidad, el cumplimiento, la corresponsabilidad, la participación, la solidaridad y la aceptación mutua. Más allá de ser un listado de buenas intenciones, son pocos los instrumentos jurídicos que existen y que garantizan su aplicación práctica, haciendo falta una regulación más detallada y exigible.

Otro punto de vista importante en esta reflexión es: ¿Hasta dónde deben de participar los órganos del municipio, estado y federación en las asambleas de los condóminos, o si se debe de mantener alejado de ellas para una sana convivencia?

Es importante mencionar que, si bien todo condómino tiene una participación directa en la toma de decisiones en la asamblea general, ¿debiera ser un poco menos democrático el tema y las decisiones deberían ser tomadas por los representantes de los usos?, ¿las sanciones debieran de ser directas?, como por ejemplo: el corte de suministro de un servicio o la negativa de acceso por falta de pago. ¿Hasta dónde llegar a forjar una comunidad con consecuencias pecuniarias debido a la falta del cumplimiento de las reglas que todos establecimos o nos adherimos en su momento a ellas?

La supervivencia del régimen de condominio en eventos como la muerte del condómino, o bien, la bancarrota o quiebra de la persona, ¿cómo debe manejarse? Se han escuchado historias de terror de quiebras de empresas que llevan más de 20 años tramitándose, sucesiones tanto testamentarias como intestadas igual de prolongadas. ¿Podrá sobrevivir un edificio, una sucesión o una empresa quebrada que no pague cuotas por muchos años?

Sin duda, no es una tarea fácil para los desarrolladores proyectar este régimen de convivencia, sobre todo, cuando la población de la edificación tiene diferentes intereses y fines. Tarea, que no es fácil de realizar.

Por último en esta reflexión, ¿será necesario desaparecer la multipropiedad en determinados casos? Como ejemplo, les comento acerca de los incentivos que el gobierno de Texas da a aquellas personas físicas o morales que compran los condominios para su re-estructura física y material, desapareciendo la multipropiedad a fin de poner orden en dicha comunidad y realizar un proyecto de rentas. Tal y como fallidamente, en los últimos años lo ha intentado el gobierno federal en México, a fin de que la gente tenga diferentes opciones.

Considero plenamente que la única manera de poder regular un condominio de usos mixtos, es conociendo plenamente a sus condóminos y por medio de la capacitación y explicación cada uno de ellos acerca de la consecuencias del debido cumplimiento de la regulación y las sanciones por su falta de cumplimiento, respectivamente.

La tercera de las reflexiones que propongo en este artículo es concerniente a la participación de las autoridades administrativas de los tres niveles de gobierno al momento de pretender adquirir una propiedad en un régimen de condominio de usos mixtos.

Si bien es cierto que el adquirir un local comercial, una oficina o una vivienda dentro de un edificio es un derecho humano de la persona, no lo es menos, que la intervención de las autoridades podría resultar muy importante para regular el ejercicio de dicha prerrogativa. Cuestión, que explicaré a continuación.

Actualmente la intervención de las autoridades administrativas es básicamente, respecto a la constitución de una obra en condominio, ante el municipio, posteriormente la inscripción catastral de sus planos para darle la existencia individualizada tanto de áreas privativas como comunes ante la Dirección Catastral del Estado y su final inscripción en registro público, para los efectos generales de los títulos de propiedad.

Hasta este momento, si te interesa adquirir un metro cuadrado de cualquiera de los usos dentro de un condominio, se constriñe a tener un vendedor y el deseo de un comprador para que el acuerdo de voluntades sea perfecto; claro, previo al cumplimiento de requisitos, en algunos de los casos, del derecho del tanto o de preferencia.

Ni el municipio, ni el estado, ni la federación, fuera de lo comentado anteriormente, son omisos en participar salvo por los usos de edificación respectivos de aquellos locales u oficinas que lo requieran. Las ideas sobre las que invito a reflexionar, es que en la actualidad existe un mundo de administradores de condominios, que su funcionalidad termina cuando un porcentaje de los condóminos deja de pagar una cuota y ellos simplemente dicen que *"sin dinero es difícil lograrlo"*. La pregunta es si todos pagaran, ¿sería necesario tener una empresa administradora del condominio? ¿Quién certifica a las administradoras? ¿Hay un padrón de administradores de condominios?, considero que al menos debiese haber un registro ante las autoridades, sobre quiénes pueden fungir como administradores de un condominio.

Por otro lado, ¿será conveniente un registro de condóminos problema? Se han preguntado alguna vez, ¿qué caso tiene vender o rentar un departamento a una persona que no respeta las reglas? Es decir, que no paga cuotas, que no cumple los reglamentos, que no atiende los acuerdos de la asamblea, que no respeta las áreas comunes, ¿En verdad te interesa ser copropietario de alguien así?

¿Han imaginado la responsabilidad que es ser vecinos en un mismo inmueble?, como ejemplo, en otros países, obligan que el condominio tenga un seguro de responsabilidad civil y cada condómino un seguro por posibles daños a los pisos de arriba o de abajo o bien de toda la edificación. En mi experiencia, me ha tocado vivir que una fuga de agua afecte a tres o cuatro pisos abajo de donde ocurrió con daños inimaginables, en estos casos, ¿el Estado debería intervenir? Al menos, verificando la existencia de dichos seguros.

¿Alguna autoridad certifica el debido mantenimiento de los elevadores, asadores, de las albercas y los jacuzzis? Cada vez han sido más sonados en los condominios, sobre todo turísticos, muertes negligentes por el mal funcionamiento de dichos lugares que corresponden a áreas comunes. Inclusive hemos escuchado de balcones que se han venido abajo, causando heridos y daños, ¿el Estado debe de estar ausente de su vigilancia?

Creo que debemos reflexionar el tema en conjunto al objetivo común de vivir mejor, tener mejores espacios, pero sobre todo entender que las responsabilidades a las que podemos llegar, manejar o administrar en un condominio no es tarea fácil. Considero que es necesaria una profesionalización de la cual el Estado, en sus tres niveles de gobierno no debe ser ajeno, por protección de todos.

V. CONCLUSIONES

Atreverme a establecer conclusiones que solucionen los retos aquí planteados sería irresponsable de mi parte; sin embargo, podemos concluir aquellas circunstancias que considero que debemos reflexionar y actuar sobre ellas.

De las cuales, se desprenden las siguientes:

A. Es necesario por derechos como lo son el acceso a una mejor calidad de vida, la movilidad, la convivencia familiar, el medio ambiente sano y otros mencionados en este artículo, la detención de la expansión urbana territorial.

B. La reutilización y redensificación de inmuebles en los centros de población son una solución clara y palpable para mejorar la calidad de vida y la optimización del tiempo entre casa, escuela, trabajo y esparcimiento.

C. Los usos mixtos en regímenes de condominio, son la forma jurídica de encontrar una solución en beneficio social.

D. Es un hecho que al día de hoy, nos encontramos con que esta figura jurídica (condominio) tiene muchas áreas de oportunidad y sobre todo retos para su debida instrumentación y perpetuación.

E. Considero que debe haber intervención de las autoridades, en la certificación de administradores de condominio, como en los órganos de registro de condóminos morosos y/o problemáticos.

En fin, es un área con muchísimas oportunidades, que en Zárate Abogados estamos conscientes de ellos y estaremos presentando iniciativas a los órganos competentes para su oportuna intervención.

Capítulo 4
LA FUNCIÓN SOCIAL DEL CONDOMINIO Y EL DERECHO A LA VIVIENDA

Jorge Manuel Castillo Sauceda[1]

SUMARIO: I. INTRODUCCIÓN. II. FUNCIONES DEL DERECHO. III. FUNCIÓN SOCIAL DEL CONDOMINIO. IV. DERECHO A LA VIVIENDA. V. CRISIS DE VIVIENDA EN MÉXICO. i. Rezago en cumplimiento del derecho humano a la vivienda. ii. Costo de vivienda en México. iii. Abandono de la producción de vivienda social. **VI. CONDOMINIO VERTICAL HABITACIONAL COMO OPCIÓN ANTE LA CRISIS DE VIVIENDA.** VII. CONCLUSIONES. **VIII. BIBLIOGRAFÍA.**

I. INTRODUCCIÓN

En nuestros días es común escuchar en la cotidianeidad, la mención de la palabra condominio y dependiendo del contexto individual en el que uno se desarrolle, se asocia tal palabra a alguna utilidad relacionada a un bien raíz. Así, las personas que habitan en destinos turísticos, posiblemente relacionan condominio con los complejos de alojamiento próximos a las playas; quienes residen en las zonas

---

1 Licenciado en Derecho por la Universidad Autónoma de Nuevo León, Facultad de Derecho y Criminología; Licenciado en Relaciones Internacionales por la Universidad Autónoma de Nuevo León, Facultad de Ciencias Políticas y Administración Pública; Maestro en Derecho con Orientación en Derecho Procesal Constitucional por la Universidad Autónoma de Nuevo León, Facultad de Derecho y Criminología; Profesor de las asignaturas "Legislación Ambiental" y "Marco Jurídico de la Gestión Energética" en la Licenciatura en Administración de Energía y Desarrollo Sustentable en la Universidad Autónoma de Nuevo León, Facultad de Ciencias Políticas y Administración Pública; Asociado Fundador de Zárate Abogados.

metropolitanas, podrían identificar el régimen de condominio con edificios de departamentos; o aquellos que han sido propietarios de locales comerciales, pudieran asociar el régimen en condominio con la plaza comercial en la que se ubica el local comercial. En todos los casos, advertimos el elemento de un bien inmueble y la titularidad de un derecho, que no sobre la totalidad del inmueble, sí sobre una fracción.

En el presente trabajo se aborda la figura del régimen de propiedad en condominio para analizar su función social como instrumento jurídico. Para ello, emprendemos un primer apartado en el que se identificará la clasificación de las funciones del derecho; y en un segundo apartado, analiza propiamente la función social del condominio en general, para concluir con un pronunciamiento sobre la función del condominio para uso habitacional.

Continuamos con una exposición sobre el derecho a la vivienda y sus particularidades, para entrar luego a la descripción de una posible crisis de vivienda que acontece en nuestro país.

Por último, se presenta una propuesta con la que se intenta abonar la solución de la crisis de vivienda descrita.

II. FUNCIONES DEL DERECHO

Hablar de las funciones del derecho nos lleva inevitablemente a la arena de la filosofía y la teoría general del derecho, ya que se trata de una de las acepciones que mayor relevancia reviste para los pensadores de las ciencias jurídicas, al estar relacionada a la misma justificación de la existencia del derecho.

Si bien, no es la intención de este artículo ahondar en aspectos filosóficos, ni jurídico teóricos, como nota preliminar resulta pertinente remitirnos a lo apuntado por Eduardo García Maynez[2], quien explica que una corriente de pensadores alemanes del último tercio del siglo XIX sostuvieron que la filosofía del derecho debía ser reemplazada por una teoría general del derecho basada en el método científico/empírico, que se aleje de cualquier elemento subjetivo; mientras que

2 Véase "Capítulo VIII. Filosofía jurídica y teoría general del derecho" en García Maynez.García Maynez, Gabriel. Introducción al estudio del derecho. 53ª ed. México, D.F. Porrúa, 2002.

los filósofos rechazan las metodologías empíricas. De esto podemos advertir que la misma conceptualización de la función o funciones del derecho, es una tarea compleja.

El pensador utilitarista John Stuart Mill sostenía[3] que era posible encontrar coincidencias en los elementos fundamentales de todos los sistemas jurídicos, a pesar de las peculiaridades de cada uno, y que las similitudes de los distintos sistemas serían suficientes para tener una organización con la misma terminología y clasificación que le fueran útiles a todos los sistemas jurídicos.

Luis Recasens Siches[4] prefiere hacer mención de finalidades funcionales del derecho y reconoce las siguientes:

a) Certeza y seguridad, con posibilidad de cambio
b) Resolución de conflictos de intereses
c) Organización, legitimación y restricción del poder político.

Recasens no desconoce la relevancia de los valores de justicia, libertad y bienestar que justifican la existencia del derecho, sin embargo, para este autor la concepción del derecho y de sistemas jurídicos respondió inicialmente a las necesidades humanas que se ven atendidas al perseguir las finalidades funcionales del derecho arriba apuntadas.

Por otro lado, Joseph Raz[5] identifica la dificultad para encontrar entre los filósofos del derecho, un esquema comprensivo y razonado de clasificación de las funciones del derecho, y se dio a la tarea de elaborar una clasificación de las funciones en: 1)Funciones sociales; 2) Funciones primarias; y 3) Funciones secundarias e indirectas:

1. Sobre las funciones sociales, explica que son consecuencias sociales del derecho, ya sean intencionadas o efectivas. Señala Raz que las funciones sociales son realizadas por diversas instituciones y múl-

---

3 Idem.

4 Recasens Siches, Luis. "Las funciones del Derecho". En: Anuario de filosofía del derecho (1973-1974). La función del derecho y las ideologías jurídicas. España. Ministerio de Justicia. Disponible en línea: < https://www.boe.es/biblioteca_juridica/anuarios_derecho/abrir_pdf.php?id=ANU-F-1973-10011300118 >

5 Raz, Joseph. La autoridad del derecho. Ensayos sobre derecho y moral. 2ª ed. México, D.F. Universidad Nacional Autónoma de México, Instituto de Investigaciones Jurídicas, Serie G: Estudios Doctrinales, Núm. 62, 1985.

tiples disposiciones jurídicas. Reconoce que resulta más común investigar sobre la función social de diversos sistemas jurídicos o de instituciones jurídicas, que sobre la función social de alguna disposición particular que conforme el marco regulatorio de la institución. Aquí podemos identificar el presente trabajo, que busca hacer un análisis y pronunciamiento sobre la función social de la institución jurídica del condominio, y no así sobre alguna disposición normativa específica que la regule.[6]

Cabe hacer la aclaración siguiente, al analizar la utilidad y validez de una norma jurídica, es factible y en ocasiones necesario, realizar el estudio de una disposición normativa y la medida en que, con su contenido, logra el cometido de la función social del sistema en el que esté inmersa. Esto lo vemos cuando, al dictar una sentencia, el juzgador implementa el procedimiento interpretativo del test de proporcionalidad, como se describe en la tesis de jurisprudencia la de la Décima Época emanada de la Segunda Sala de la Suprema Corte Justicia de la Nación con número de registro digital 2016133, publicada en el Tomo I, Libro 51, Febrero de 2018, Página: 510 del Semanario Judicial de la Federación y su Gaceta, con número de tesis: 2a./J. 11/2018 (10a.), con el rubro y contenido siguiente:

> *"TEST DE PROPORCIONALIDAD DE LAS LEYES FISCALES. LA INTENSIDAD DE SU CONTROL CONSTITUCIONAL Y SU APLICACIÓN, REQUIEREN DE UN MÍNIMO DE JUSTIFICACIÓN DE LOS ELEMENTOS QUE LO CONFORMAN.*
>
> *El test de proporcionalidad es un procedimiento interpretativo para resolver conflictos de normas fundamentales, apoyado en los principios de igualdad e interdicción de la arbitrariedad o exceso, previstos en los artículos 1o., 14 y 16 de la Constitución Política de los Estados Unidos Mexicanos, y que requiere llevar a cabo, en primer lugar, un juicio de igualdad mediante la equiparación de supuestos de hecho que permitan verificar si existe o no un trato injustificado; en segundo lugar, el principio de proporcionalidad se conforma de tres criterios relativos a que la distinción legislativa: a) persiga una finalidad objetiva y constitucionalmente válida; b) resulte adecuada o racional, de manera que constituya un medio apto para conducir al fin u objetivo perseguido, existiendo una re-*

[6] Loc. Cit.

lación de instrumentalidad medio-fin; y, c) sea proporcional. Ahora, en materia tributaria la intensidad del escrutinio constitucional es flexible o laxo, en razón de que el legislador cuenta con libertad configurativa del sistema tributario sustantivo y adjetivo, de modo que para no vulnerar su libertad política, en campos como el mencionado, las posibilidades de injerencia del Juez constitucional son menores y, por ende, la intensidad de su control se limita a verificar que la intervención legislativa persiga una finalidad objetiva y constitucionalmente válida; la elección del medio para cumplir esa finalidad no conlleva exigir al legislador que dentro de los medios disponibles justifique cuál de todos ellos cumple en todos los grados (cuantitativo, cualitativo y de probabilidad) o niveles de intensidad (eficacia, rapidez, plenitud y seguridad), sino únicamente determinar si el medio elegido es idóneo, exigiéndose un mínimo de idoneidad y que exista correspondencia proporcional mínima entre el medio elegido y el fin buscado que justifique la intervención legislativa diferenciada entre los sujetos comparables."[7]

Podemos advertir que al someter una norma jurídica al test de proporcionalidad, se analiza si la norma persigue un fin válido y si es apta para lograr tal fin; análisis que en la mayoría de los casos tendrá que realizarse a partir de la función del sistema normativo en el que está inmerso el dispositivo objeto a escrutinio.

Regresando a la clasificación propuesta por Joseph Raz, dentro de las funciones sociales, las subclasifica en directas e indirectas:

"*Las funciones directas, son aquellas cuya realización se encuentra garantizada al obedecer y aplicar el derecho. Las funciones indirectas son aquellas cuya realización consiste en actitudes, sentimientos, opiniones y formas de comportamiento; no constituyen obediencia o aplicación de las normas jurídicas, sino que resultan del conocimiento de la existencia de las disposiciones jurídicas o de la conformidad a ellas o de su aplicación.*"[8]

---

7 **Test de proporcionalidad de las leyes fiscales. La intensidad de su control constitucional y su aplicación, requieren de un mínimo de justificación de los elementos que lo conforman.** Jurisprudencia. Reiteración. Segunda Sala. Tesis: 2a./J. 11/2018 (10a.). (SJF: 10ª. Época, Libro 51 T I, Feb. 2018, p. 510) Disponible en línea: SCJN https://sjf2.scjn.gob.mx/detalle/tesis/2016133. Registro digital 2016133 (Consulta: Jul.10, 2024)

8 Raz, Joseph. Ob. Cit. p. 214.

De tal manera que la función social directa de un sistema jurídico, se traduce en las consecuencias directas de la implementación del derecho aplicable; mientras que las consecuencias indirectas constituyen una respuesta de los integrantes de la sociedad, por tener conocimiento de la existencia de un sistema jurídico o de una institución jurídica, o bien, que se tenga conocimiento de la aplicación de las disposiciones que regulan determinada institución.

Con fines ilustrativos, podemos expresar el caso hipotético de la introducción en un sistema jurídico de la figura del condominio, mediante la creación de una ley de régimen de propiedad en condominio. La función social directa consistiría en la autorización del régimen de propiedad en condominio; mientras que una función social indirecta sería la intención del mercado inmobiliario de ofrecer bienes raíces sujetos a la regulación del régimen de propiedad en condominio.

2. Sobre las funciones primarias, Raz advierte cuatro: i. Prevención de comportamiento indeseable y obtención del deseable; ii. Proveer medios para la celebración de acuerdos privados entre individuos; iii. Proveer de servicios y redistribución de bienes (públicos); y, iv. Resolución de disputas no reguladas.

3. Sobre las funciones secundarias e indirectas. Raz advierte que las secundarias consisten en: i. Determinar procedimientos para cambiar el derecho; y ii. Regular el funcionamiento de los órganos aplicadores del derecho (jurisdiccionales). Mientras que las funciones sociales indirectas, señala el autor que en gran medida no dependen del derecho, sino de la actitud frente a aquél.[9]

III. FUNCIÓN SOCIAL DEL CONDOMINIO

Como se mencionó en el apartado anterior, es más común emprender el análisis de la función social de una institución jurídica o de un sistema jurídico, que de una disposición normativa particular. En este sentido es que emprenderemos el análisis de la función social de la institución jurídica del condominio.

---

9 Loc. Cit.

El régimen de propiedad en condominio explicado de forma laxa, consiste en una modalidad de copropiedad en la que coexisten derechos individualizados de los condóminos en calidad de copropietarios y, a su vez, elementos de propiedad común entre los mismos, que se encuentran sujetos a una regulación especial, distinta a la de la figura de la copropiedad ordinaria.

Sepúlveda Ferrer, en su investigación sobre los motivos que dieron origen a la constitución de la figura del régimen de propiedad en condominio, señala como principales los siguientes:

> "*a. La necesidad de establecer un vínculo indisoluble entre la propiedad exclusiva y los bienes de uso común sujetos a la copropiedad.*
>
> *b. La inaplicación de "La actio Communi Dividundo para no permanecer en la indivisión, pues es un principio fundamental que en una copropiedad nadie está obligado a permanecer en una copropiedad indivisa".*
>
> *c. La supresión de derechos derivados de la copropiedad, como lo es el derecho del tanto.*"[10]

Los motivos esbozados nos permiten identificar puntos de contacto con algunas de las funciones del derecho a que se hizo referencia en el apartado inmediato anterior.

Atendiendo a los fines funcionales acorde a Recasens Siches, podemos inferir que la figura del régimen de propiedad en condominio otorga certeza y seguridad jurídica para aquellos que se han sometido a dicha figura, al existir normatividades expresas y específicas para tal institución, que regulan su funcionamiento y que establecen el marco y límites sobre los que se puede pactar y autorregular el régimen de propiedad en condominio.

También conforme a Recasens Siches, la institución del régimen de propiedad en condominio provee de formas para la resolución de conflictos de intereses, ya sea a través de los mecanismos de autorregulación del régimen de propiedad en condominio, o bien mediante los procesos sujetos a las normas de orden público. En este sentido,

---

10 Sepúlveda Ferrer, Marcelo. "Análisis del régimen de propiedad en condominio. Nuevos esquemas para su estructuración". En: El Derecho inmobiliario en México. Ciudad de México. Tirant lo Blanch, 2020. p. 47.

tenemos que parte del objeto de la Ley de Propiedad en Condominio de Inmuebles para el Estado de Nuevo León, es proveer las bases para la resolución de controversias entre sujetos con intereses dentro del régimen de propiedad en condominio[11]; y esta misma legislación local determina como el órgano competente para conocer de las controversias entre condóminos, poseedores y/o el administrador del condominio, a los Centros de Métodos Alternos de Solución de Controversias del Poder Judicial del Estado de Nuevo León[12].

De igual manera, la Ley de Propiedad en Condominio de Inmuebles para el Distrito Federal, tiene por objeto dotar de bases para la resolución de conflictos de intereses, designando (en primera instancia) a la Procuraduría Social del Distrito Federal[13].

Estos aspectos, certeza y medios para resolver conflictos, encuentran cabida también en la clasificación de las funciones del derecho propuesta por Joseph Raz, como parte de las funciones primarias. La función primaria de proveer medios para la celebración de acuerdos privados entre individuos, al tratarse el régimen de propiedad en condominio de una institución que regula una forma de copropiedad especial. Así como la existencia en el sistema jurídico de la figura del régimen de propiedad en condominio, contempla determinadas reglas para la solución de controversias.

---

11 "*Artículo 1.- Las disposiciones de esta Ley son de orden público y tienen por objeto regular la constitución, modificación, organización, funcionamiento, administración y extinción del régimen de propiedad en Condominio.*
Asimismo, regulan las relaciones entre los Condóminos y Poseedores, así como entre éstos y su administración, estableciendo las bases para resolver las controversias que se susciten con motivo de tales relaciones."

12 "*Artículo 60.- Los Centros de Métodos Alternos de Solución de Controversias del Poder Judicial del Estado son las instancias competentes para conocer de las controversias que se susciten entre los Condóminos y Poseedores o entre estos y su Administrador.*"

13 "*Artículo 1.- Las disposiciones de esta Ley son de orden público e interés social y tienen por objeto regular la constitución, modificación, organización, funcionamiento, administración y extinción del Régimen de Propiedad en Condominio.*
Asimismo regulará las relaciones entre los condóminos y/o, poseedores y entre éstos y su administración, estableciendo las bases para resolver las controversias que se susciten con motivo de tales relaciones, mediante la conciliación, el arbitraje, a través de la Procuraduría Social del Distrito Federal, sin perjuicio de la competencia que corresponda a otras autoridades judiciales o administrativas."

Ahora bien, en la actualidad el régimen de propiedad en condominio es una figura que resulta aplicable para diversos tipos de aprovechamiento inmobiliario. Nos referimos a los diversos usos que se le puede dar a los bienes raíces, así como sus giros específicos.

Es decir, los bienes sujetos a régimen de propiedad en condominio pueden estar destinados para diversos usos, ya sea de tipo industrial, comercial, habitacional, de servicios o la mezcla de algunos de los anteriores. En este sentido lo reconoce la legislación del Estado de Nuevo León, al igual que la legislación que regula la figura bajo análisis en la Ciudad de México[14].

Por otro lado, dichas legislaciones de Nuevo León y Ciudad de México[15], contemplan la clasificación de los condominios, atendiendo a su estructura, según sean:

a) Condominio vertical.- El establecido en inmueble edificado en más de un nivel en un terreno común, con unidades de propiedad privativa y derechos de copropiedad.
b) Condominio horizontal.- El constituido en inmuebles con construcción horizontal y en el que el condómino tiene derecho de uso exclusivo de parte de un terreno y es propietario de la edificación establecida en el mismo, pudiendo compartir o no su estructura y medianería, siendo titular de un derecho de copropiedad para el uso y disfrute de las áreas del terreno, construcciones e instalaciones destinadas al uso común;
c) Condominio mixto.- El formado por condominios verticales y horizontales;

En el caso de la ley del Estado de Nuevo León, se contempla una figura novedosa denominada condominio de terreno urbano, que está constituido por lotes de terreno individual, que son unidades de propiedad exclusiva, en los cuales cada condómino edificará su construcción atendiendo las especificaciones técnicas que establezca la autoridad municipal correspondiente al momento de otorgar la licencia de

---

14 En ambos casos puede encontrarse la clasificación de los condominios según su uso, en los correspondientes artículos 5o de la Ley de Propiedad en Condominio de Inmuebles para el Distrito Federal, y de la Ley de Propiedad en Condominio de Inmuebles para el Estado de Nuevo León.

15 Aclarando que no son las únicas legislaciones locales sobre régimen de propiedad en condominio, que contemplan las clasificaciones mencionadas.

construcción respectiva, así como las normas generales y especiales del condominio[16].

De las clasificaciones legales de los condominios, por su estructura y por su uso, sería posible realizar un análisis de la función social de cada tipo y/o combinación de tipos legales; es decir, atendiendo a las consecuencias sociales del derecho, intencionadas o efectivas, pero particularmente las consecuencias indirectas que corresponden en las actitudes/respuestas de los integrantes de la sociedad, ante una determinada institución jurídica y/o su regulación.

Por ejemplo, la respuesta pretendida por el derecho(o por su creador), mediante la regulación para el establecimiento de un condominio de tipo vertical, puede variar (en aspectos específicos) de la respuesta pretendida por la regulación del establecimiento de un condominio de tipo horizontal. Del mismo modo, podemos tildar de evidente que la respuesta pretendida con la figura del régimen de condominio habitacional, no será igual que la del régimen de condominio industrial.

No es la intención del presente trabajo, emprender tan exhaustivo análisis de cada combinación posible de condominios, no obstante que ya se ha expuesto en cuanto a la función social de la institución en términos generales.

A pesar de lo anterior, el de la voz considero oportuno aprovechar estas líneas para exponer aspectos del régimen de propiedad en condominio vertical de tipo habitacional, en relación con el derecho a la vivienda, por lo que procederé a ello en los siguientes apartados.

Por ahora cerramos este apartado haciendo una breve referencia a la función social del régimen de la propiedad por pisos, desarrollado por el distinguido jurista, Manuel Borja Martínez:

> “*La difusión de una propiedad personal es la función social que cumple en nuestros días la propiedad horizontal*”[17]

---

16 Para un análisis mayor sobre el condominio de terreno urbano, véase: Sepulveda Ferrer, Marcelo. “Análisis del régimen de propiedad en condominio. Nuevos esquemas para su estructuración”. En: El Derecho inmobiliario en México. Ciudad de México. Tirant lo Blanch, 2020.

17 Borja Martínez, Manuel. La función social y la naturaleza jurídica de la propiedad por pisos. Revista de derecho notarial mexicano. Asociación Nacional del Notariado Mexicano, A.C. Año 5, Núm. 12, 1961. Disponible en línea: <

Es conocido que la adquisición de un bien raíz implica un costo alto, especialmente cuando se trata de un inmueble en el centro de la ciudad o "*al menos a una distancia razonable del centro de los negocios*"[18]; y Borja reconoce que la problemática en la dinámica de la oferta y demanda de vivienda, ha vigorizado la utilización de la figura del condominio.

Para este jurista, la figura de la propiedad de casa por pisos (mediante el condominio), permite la difusión de la propiedad horizontal (cada piso o departamento de una edificación), sin que se pierda el sentido personal e individualizado de propietario y facilitando el acceso económico a tales bienes.

IV. DERECHO A LA VIVIENDA

El derecho a la vivienda se encuentra consagrado en el séptimo párrafo del artículo 4o de la Constitución Política de los Estados Unidos Mexicanos:

> "*Toda familia tiene derecho a disfrutar de vivienda digna y decorosa. La Ley establecerá los instrumentos y apoyos necesarios a fin de alcanzar tal objetivo.*"

En la Carta Magna se expresan los adjetivos de digna y decorosa, para establecer parámetros mínimos para la configuración de ese derecho fundamental. En cientos de aulas de nuestro país, los catedráticos del derecho han explicado a sus alumnos que el derecho fundamental en comento, no implica la entrega gratuita de una casa, sino que, el Estado se encuentra obligado a proveer a la población con mecanismos suficientes para que los individuos o familias, puedan acceder a una vivienda, sin que esto implique necesariamente que sea propia.

El Consejo Nacional de Evaluación de la Política de Desarrollo Social (Coneval), ha expuesto las implicaciones de la definición del derecho a la vivienda digna y decorosa:

---

https://revistas-colaboracion.juridicas.unam.mx/index.php/derecho-notarial/article/view/5927/5254 > p. 13.

18 Loc. Cit.

> "...el derecho a la vivienda digna y decorosa implica el que los ciudadanos de todos los perfiles económicos y socioculturales tengan la posibilidad de acceder a una vivienda con las siguientes condiciones y características: 1) que no ponga en riesgo la satisfacción de otras necesidades básicas; 2) con seguridad en su tenencia; 3) con materiales y diseño de calidad; 4) bien ubicada y con acceso a servicios básicos y complementarios funcionales y suficientes; 5) emplazada en un barrio seguro, con espacios comunes, áreas verdes y calidad comunitaria; 6) con un diseño que como unidad y como asentamiento atienda a estándares técnicos de calidad y sea aceptable para sus habitantes; y 7) en un hábitat digno, integrado al entorno natural de manera responsable e incorporando tecnologías."[19]

Por otro lado, como se anticipó, el derecho fundamental de acceder a una vivienda, no exige que se acceda en calidad de propietario de una casa, sino que existen diversas modalidades en las que se puede considerar el alcance de tal derecho.

En este sentido, Scoffié señala:

> "*...el derecho a la vivienda no es el derecho a una casa, sino a disponer de opciones diversas para acceder a un lugar donde habitar en distintas modalidades de tenencia —es decir, no solo en propiedad, sino también en arrendamiento o en cooperativas— y para evitar la situación de calle*"[20]

Que el derecho a la vivienda no implique que su tenencia sea en calidad de propietario, no disminuye de ningún modo la relevancia y trascendencia de este derecho fundamental. Por el contrario, debe entenderse como una garantía fundamental, necesaria e indispensable para acceder a los demás derechos humanos[21]. Esto resulta acorde

---

19 Consejo Nacional de Evaluación de la Política de Desarrollo Social. Principales retos en el ejercicio del derecho a la vivienda digna y decorosa. México. 2018. Disponible en línea: < https://www.coneval.org.mx/EvaluacionDS/PP/CEIPP/IEPSM/Documents/Derechos_Sociales/Dosieres_Derechos_Sociales/Retos_Derecho_Vivienda.pdf >

20 Escoffié, Carla. País sin techo.Ciudades, historias y luchas sobre la vivienda. Ciudad de México. Grijalbo, 2023. p. 31

21 Véase tesis aislada: **Acceso a la energía eléctrica. Debe reconocerse como derecho humano por ser un presupuesto indispensable para el goce de múltiples derechos**

a lo dispuesto por el apartado 1 del artículo 25 de la Declaración Universal de los Derechos Humanos, que establece que toda persona tiene derecho a un nivel de vida adecuado que le asegure, así como a su familia, la salud, el bienestar, la alimentación, el vestido, la vivienda, la asistencia médica y los servicios sociales necesarios; así como lo dispuesto por el artículo 12 del Pacto Internacional de Derechos Económicos, Sociales y Culturales, que se refiere al derecho de toda persona al disfrute del más alto nivel posible de salud física y mental, y que los Estados deben adoptar medidas para asegurar la plena efectividad de este derecho; y el artículo 10 del Protocolo Adicional a la Convención Americana sobre Derechos Humanos en materia de Derechos Económicos, Sociales y Culturales "Protocolo de San Salvador", conforme al cual toda persona tiene derecho a la salud, entendida como el disfrute del más alto nivel de bienestar físico, mental y social. De la guisa de estos instrumentos, tenemos inevitablemente que el derecho a la vivienda adecuada, digna y decorosa, representa una condición obligatoria e indispensable para el ejercicio de los demás derechos humanos.

V. CRISIS DE VIVIENDA EN MÉXICO

Las circunstancias de la vivienda en nuestro país, han provocado pronunciamientos de la existencia de crisis en el sector y en el goce de tal derecho humano.

i. Rezago en cumplimiento del derecho humano a la vivienda

En 2019 el CONEVAL publicó el estudio diagnóstico del cumplimiento al derecho a la vivienda, bajo el título: "Principales retos en el ejercicio del derecho a la vivienda digna y decorosa".

De dicho estudio se concluyó que en México hay un rezago habitacional del 45%; y que fueron identificadas desigualdades respecto a

---

fundamentales." Tesis aislada. Amparo Directo. Tribunal Colegiado de Circuito. Tesis: I.3o.C.100 K (10a.). (SJF: 10ª. Época, Libro 61 T II, Dic. 2018, p. 959) Disponible en línea: SCJN https://sjf2.scjn.gob.mx/detalle/tesis/2018528. Registro digital 2018528 (Consulta: Jul.10, 2024).

la disponibilidad de equipamiento, infraestructura básica y de acceso a servicios.

ii. Costo de vivienda en México

Dado a la falta de programas que permitan un enfoque social para el desarrollo de viviendas, el acceso a una vivienda se ha convertido en algo casi inalcanzable. De acuerdo a datos de Onu Habitat:

> *"El 97% de las viviendas en los países desarrollados o en vías de desarrollo no son accesibles financieramente para quienes se destinaron inicialmente, es decir, la vivienda ya no es un un factor de cambio sostenible que promueve la igualdad."*[22]

La vivienda adecuada tiene entre sus características el que sea (o al menos pueda ser) asequible. De acuerdo con los parámetros de la misma Organización de Naciones Unidas, el costo de la vivienda es asequible, si un hogar destina menos del 30% de su ingreso en gastos asociados a la vivienda[23].

De acuerdo con cifras del INEGI, resultado de la encuesta nacional de ocupación y empleo correspondiente al último trimestre del 2023, la mayor parte de los mexicanos reciben un salario promedio de $7,380 pesos al mes[24]. No pretendo hacer números precisos, sin embargo, resulta complicado sostener que a finales del año 2023, una familia en México podía lograr acceder a una vivienda digna, decorosa y adecuada, con menos de $2,500 pesos destinados a ese rubro. Adicional a esto, tómese en consideración que la concentración de los centros de trabajo y de población en las ciudades, con un crecimiento

---

22 Organización de las Naciones Unidas. "Vivienda: inviable para la mayoría", 2020. Disponible en línea: < https://onuhabitat.org.mx/index.php/vivienda-inviable-para-la-mayoria >

23 Organización de las Naciones Unidas. "Elementos de una vivienda adecuada" 2019. Disponible en línea: < https://onuhabitat.org.mx/index.php/elementos-de-una-vivienda-adecuada >

24 Groce, Israel. Sueldo promedio en México: ¿Cuánto ganan los trabajadores en 2024? Buk, México, 14 de junio de 2024. Disponible en línea: < https://www.buk.mx/blog/sueldo-promedio-en-mexico-cuanto-ganan-los-trabajadores-en-2024#:~:text=En%20cuanto%20a%20cifras%2C%20el,en%20los%2011%20mil%20pesos. >

descontrolado de la mancha urbana, alejando la oferta de vivienda de los centros de trabajo.

iii. Abandono de la producción de vivienda social

La asequibilidad en los términos expuestos en líneas precedentes, no necesariamente responde a los costos de la vivienda social en nuestro país. Sin embargo, ésta vendría siendo la oferta de vivienda que puede resultar más alcanzable para la población promedio en México.

Pero, para el pesar del mexicano, la producción de vivienda social ha dejado de ser un segmento al que los desarrolladores deseen enfocar sus esfuerzos e inversiones. Esto aparentemente por que este sector resultaría menos rentable que enfocarse en el desarrollo de oferta de modelos de vivienda media, residencial y residencial plus[25].

VI. CONDOMINIO VERTICAL HABITACIONAL COMO OPCIÓN ANTE LA CRISIS DE VIVIENDA

El panorama parece desalentador, sin embargo resulta idóneo para que los sectores público y privado tomen conciencia de la necesidad de coordinación entre sus actores, para lograr un equilibrio que permita el desarrollo de vivienda adecuada y al alcance del mexicano promedio, ya sea para compra o para renta.

Ahora bien, resulta relevante traer a colación que en 2015 el Estado Mexicano, junto con el resto de los Estados miembros de las Naciones Unidas, aprobó los 17 Objetivos de Desarrollo Sostenible de la denominada Agenda 2030, con los que se busca erradicar la pobreza, proteger al planeta y mejorar las vidas de las personas de todo el mundo. En consecuencia, el 26 de abril de 2017 fue realizada la publicación en el Diario Oficial de la Federación del Decreto por el cual se creó el Consejo Nacional de la Agenda 2030 para el Desarrollo Sostenible.

---

25 Escobar, Samanta. Construcción de vivienda social y económica se desvanece en México. El Economista, México, 24 de agosto de 2023. Disponible en línea: < https://www.eleconomista.com.mx/econohabitat/Construccion-de-vivienda-social-y-economica-se-desvanece-en-Mexico-20230824-0042.html >

El Objetivo de Desarrollo Sostenible número 11, busca lograr que las ciudades sean inclusivas y sostenibles, y uno de sus indicadores es asegurar el acceso a viviendas adecuadas y asequibles para todas las personas. En concordancia, fue promulgada la Ley General de Asentamientos Humanos, Ordenamiento Territorial y Desarrollo Urbano, en el DOF de fecha 28 de noviembre de 2016, la cual, de acuerdo a Fernández:

> "...*incluía precisamente los principios alcanzados en el marco de la Nueva Agenda Urbana, tales como, el Derecho a la ciudad, equidad, coherencia y racionalidad, participación democrática, productividad y eficiencia, resiliencia, seguridad urbana, sustentabilidad ambiental, movilidad y accesibilidad universal entre otros.*
>
> *Con esto, el Estado mexicano ajusto la política urbana implementada en el país a fin de crear modelos urbanos que tuvieran como centro la vivienda y que partieran de la densificación. Situación que claramente demuestra la obligatoriedad de parte del Estado mexicano de garantizar la creación de ciudades compactas y sostenibles, teniendo como eje principal la vivienda y por ende, las personas que en ella habitan.*
>
> ..."[26]

Siendo así que, uno de los medios para lograr la consecución del ODS 11 (Ciudades y Comunidades Sostenibles), es precisamente el principio de ciudad compacta y densificación, para la implementación de modelos urbanos que tengan a la vivienda en el centro del modelo. Estos mismos principios se encuentran en los Lineamientos simplificados para la elaboración de planes o programas municipales de desarrollo urbano[27], que fueron expedidos por la Secretaría de Desarrollo Agrario, Territorial y Urbano, y que conforman una guía para que en la elaboración de los planes municipales de desarrollo urbano, se sigan las pautas para el cumplimiento de los ODS. Entre

---

26 Fernández, Luis. "El mercado inmobiliario en Nuevo León y el derecho humano a una vivienda digna y asequible". En: El Derecho inmobiliario en México. Ciudad de México. Tirant lo Blanch, 2020.

27 Secretaría de Desarrollo Agrario, Territorial y Urbano. Lineamientos simplificados para la elaboración de planes o programas municipales de desarrollo urbano. México, 2020. Disponible en línea: < https://www.gob.mx/cms/uploads/attachment/file/622571/Gui_a_de_Implementacio_n_.pdf >

estos lineamientos, se encuentra que para la elaboración de los planes urbanos municipales, debe observarse el principio de ciudades densas, compactas y mixtas, mediante la compatibilidad entre los usos residenciales, comerciales y centros de trabajo.

El régimen de propiedad en condominio vertical, resulta un instrumento de gran utilidad en la consecución del ODS 11 (Ciudades y Comunidades Sostenibles) y sus lineamientos. Principalmente ante la tendencia de compactar la ciudad, aplicando estrategias de densificación para lograr un mejor aprovechamiento de la infraestructura de la ciudad y contribuir a disminuir la movilización de las personas para llegar a su trabajo, fomentar el uso de transporte público, etcétera.

La construcción de edificios de departamentos para constituirlos en régimen de propiedad en condominio, ya sea de tipo habitacional o de tipo mixto por estar mezclado el uso habitacional con unidades privativas destinadas a giros comerciales o de servicios, podría ser de utilidad para combatir la crisis de vivienda descrita. Esto, siempre y cuando sean implementados apoyos gubernamentales para que estos proyectos sean para vivienda social; y, particularmente, para que sea el Estado el que se haga cargo (al menos subsidiariamente) del mantenimiento de las áreas comunes.

Lo que se propone aquí, no es que se coloquen incentivos únicamente en favor de los desarrolladores y/o constructores de vivienda social[28], que de por sí, sin ellos sería difícil pensar en que aumente la oferta de vivienda social; sino que, existan apoyos económicos para el mantenimiento de largo plazo del condominio. Tampoco deben ser descartados los apoyos de financiación individuales, para que los particulares accedan a la posibilidad de hacerse de un bien raíz.

De poco serviría la proliferación de edificios constituidos en régimen de propiedad en condominio vertical habitacional, con vivienda social; sin el sector de la población a quien se dirige esta oferta de vivienda no pueda acceder a ella (ya sea en compra o en renta). Tampoco sería de gran utilidad si se proporcionan apoyos para la adquisición de una vivienda en condominio, si los costos de adminis-

28 Hoy en día es difícil pensar en que aumente la oferta de vivienda social, sin que existan subsidios de por medio para su construcción, dada la menor rentabilidad de ese segmento del mercado de viviendas.

tración y mantenimiento rebasan las posibilidades de sus habitantes, ya que esto traería a la postre el deterioro del edificio, en particular de las áreas y estructuras comunes, generando así conflictos sociales para los habitantes y/o titulares de unidades privativas, y el abandono paulatino del condominio, generando mayor posibilidad de deterioro del condominio.

Por dar un ejemplo, imaginemos que se requiere la reparación de un elemento común de un condominio de vivienda social, puede ser una escalera; y que esta reparación tiene un costo considerable y que implique un desembolso extraordinario para los habitantes del condominio. Es alta la probabilidad de que esa reparación no sea realizada y que la escalera continúe deteriorándose hasta quedar inservible.

Situaciones similares fueron documentadas respecto de vivienda social condominal en Chile, en donde el desinterés del gobierno para atender la dificultad del mantenimiento a largo plazo del condominio; en conjunto con el desinterés de trabajar con condominios de vivienda social de parte del sector privado que ofrece servicios de administración de condominios, llevó a Organizaciones No Gubernamentales (ONG´s) y diversas organismos de asistencia social, a ejercer un rol de intermediario para solucionar los conflictos de estos regímenes en condominio[29].

Por lo que, dada la necesidad de alcanzar ciudades compactas que permitan una menor movilización de las personas, cercanía de las viviendas con centros de trabajo, mayor uso de transporte público y menos tiempo en traslados, densificación de los centros urbanos que coloque a la vivienda en el centro del modelo urbanístico; aunado a la diversa necesidad de producir vivienda social que genere valor a largo plazo, es que considero que la Comisión Nacional de Vivienda debe diseñar programas que involucren apoyos gubernamentales para:

1. Adquisición de inmuebles para destinar a vivienda social condominal en centros urbanos;
2. Construcción de edificios de vivienda social condominal en centros urbanos;

---

29 Para más sobre el caso de Chile, véase la investigación de Vergara d'Alençon, Luz. "The role of third sector organisations in the management of social condominiums in Chile: The case of Proyecto Propio" 2020. Disponible en linea: < https://www.tandfonline.com/doi/full/10.1080/19491247.2019.1613871 >

3. Administración y mantenimiento ordinario y de largo plazo de los condominios que sean destinados a vivienda social.
4. Generar programas de renta de vivienda social en condominios.
5. Financiar a particulares para la adquisición de vivienda social en condominios.

El diseño de los programas que se proponen, deberán contar con una base normativa y de política pública que sea suficientemente sólida para resistir los embates de los vaivenes políticos. De poco serviría lograr que los costos de mantenimiento de un condominio de vivienda social sean sufragados por el Estado por tres años, cuando lo que se requiere es garantizar la vivienda a largo plazo.

VII. CONCLUSIONES

Encontramos que la figura del régimen de propiedad en condominio. como institución jurídica y que es parte del derecho positivo en México, responde a las finalidades funcionales del derecho conforme a la clasificación de Recasens Siches, particularmente a la función de dar certeza jurídica. Mientras que, en la clasificación de Raz, podemos vincular la institución del condominio tanto a las funciones sociales directas (aplicación del marco normativo de la institución), como las indirectas (la actitud de la población frente al sistema normativo), especialmente estas últimas, ya que, en términos de Borja Martínez, la función social del condominio es la difusión de la propiedad, facilitando económicamente el acceso a la adquisición de un bien inmueble, que si bien en una modalidad de copropiedad, mantiene ese sentido de propietario de manera personal e individualizada.

Fueron expuestos los parámetros del derecho a la vivienda consagrado en la Constitución Política de los Estados Unidos Mexicanos, así como las implicaciones de los calificativos de "digna" y "decorosa" como lo exige el texto Constitucional, aprovechando a su vez, para vincular este derecho a los tratados internacionales suscritos por nuestro país, que implican que la vivienda sea adecuada, así como los alcances de tal locución. Concluyendo que el derecho a la vivienda representa una verdadera garantía fundamental de cuyo cumplimiento dependerá la posibilidad de ejercer otros derechos humanos. Es decir, disfrutar del derecho a la vivienda en los términos expuestos, es una condición indispensable para lograr acceder a otros derechos sociales, económicos y culturales.

Encontramos que se percibe en la actualidad la existencia de una crisis en el sector vivienda, derivado de factores regulatorios, sociales y económicos. Y se ha propuesto adecuar el marco programático que depende de la administración pública federal, para el fomento y ampliación de la oferta de vivienda social. Esto a fin de que resulte más fácilmente alcanzable a la población mexicana, el acceso a una vivienda; pero, sobre todo, la propuesta hecha apunta a las ciudades, a los centros urbanos que albergan una gran cantidad de población.

La propuesta tiene la intención de propiciar el cumplimiento de los Objetivos de Desarrollo Sostenible, en cuanto al derecho a la ciudad. Ya que, resulta claro que la oferta de vivienda social responderá a los incentivos y mecanismos que faciliten al sector privado que se dedica a la producción de vivienda, sobre todo en la medida en que se torne más rentable la construcción de vivienda bajo un régimen de propiedad en condominio en las zonas céntricas de las ciudades. Parte de los esfuerzos del Estado, deben encaminarse a facilitar la rentabilidad para los desarrolladores de vivienda social en condominios, ya que es ingenuo (por decir lo menos) pensar que el mercado inmobiliario va a fluir por pura filantropía, hacia un segmento de mercado que no es el más rentable.

Claro que no se agota la labor del Estado con la sola ampliación de la producción de vivienda social en condominio, sino que, incluso aún más importante serán los esfuerzos para que en la administración y mantenimiento del condominio, el Estado intervenga o aporte los medios para lograr que el condominio perdure en buenas condiciones y se ajuste a las exigencias del derecho fundamental a la vivienda adecuada, digna y decorosa.

Por último y de nuevo en referencia al largo plazo al que se deben direccionar los esfuerzos programáticos del Estado en relación a las propuestas hechas para ampliar el acceso a vivienda social en condominio, deberán realizarse las modificaciones legales que permitan contar con una base normativa y de política pública, que sea suficientemente sólida para resistir los embates de los vaivenes políticos. Se trata de una visión a largo plazo del cumplimiento al derecho a la vivienda digna y decorosa, en favor de múltiples generaciones de mexicanos, y no algo que implique un gran costo público, con beneficios sociales que puedan perder su continuidad por el capricho de quien ostente el poder público temporalmente.

VIII. BIBLIOGRAFÍA

A. DOCTRINA

Borja Martínez, Manuel. **La función social y la naturaleza jurídica de la propiedad por pisos.** Revista de derecho notarial mexicano. Asociación Nacional del Notariado Mexicano, A.C. Año 5, Núm. 12, 1961. Disponible en línea: < https://revistas-colaboracion.juridicas.unam.mx/index.php/derecho-notarial/article/view/5927/5254 >

Consejo Nacional de Evaluación de la Política de Desarrollo Social. **Principales retos en el ejercicio del derecho a la vivienda digna y decorosa.** México. 2018. Disponible en línea: < https://www.coneval.org.mx/EvaluacionDS/PP/CEIPP/IEPSM/Documents/Derechos_Sociales/Dosieres_Derechos_Sociales/Retos_Derecho_Vivienda.pdf >

Escobar, Samanta. **Construcción de vivienda social y económica se desvanece en México.** El Economista, México, 24 de agosto de 2023. Disponible en línea: < https://www.eleconomista.com.mx/econohabitat/Construccion-de-vivienda-social-y-economica-se-desvanece-en-Mexico-20230824-0042.html >

Escoffié, Carla. **País sin techo.Ciudades, historias y luchas sobre la vivienda.** Ciudad de México. Grijalbo, 2023.

Fernández, Luis. "El mercado inmobiliario en Nuevo León y el derecho humano a una vivienda digna y asequible". En: **El Derecho inmobiliario en México.** Ciudad de México. Tirant lo Blanch, 2020.

García Maynez, Gabriel. **Introducción al estudio del derecho.** 53ª ed. México, D.F. Porrúa, 2002.

Groce, Israel. **Sueldo promedio en México: ¿Cuánto ganan los trabajadores en 2024?** Buk, México, 14 de junio de 2024. Disponible en línea: < https://www.buk.mx/blog/sueldo-promedio-en-mexico-cuanto-ganan-los-trabajadores-en-2024#:~:text=En%20cuanto%20a%20cifras%2C%20el,en%20los%2011%20mil%20pesos. >

Lamudi. **Reporte del mercado inmobiliario 2023.** México, 2024. Disponible en línea: < https://www.lamudi.com.mx/journal/reporte-inmobiliario-mexico-2023/ >

Organización de las Naciones Unidas. “**Elementos de una vivienda adecuada**” 2019. Disponible en línea: < https://onuhabitat.org.mx/index.php/elementos-de-una-vivienda-adecuada >

Organización de las Naciones Unidas. “**Vivienda: inviable para la mayoría**”, 2020. Disponible en línea: < https://onuhabitat.org.mx/index.php/vivienda-inviable-para-la-mayoria >

Raz, Joseph. **La autoridad del derecho. Ensayos sobre derecho y moral.** 2ª ed. México, D.F. Universidad Nacional Autónoma de México, Instituto de Investigaciones Jurídicas, Serie G: Estudios Doctrinales, Núm. 62, 1985.

Recasens Siches, Luis. “Las funciones del Derecho”. En: **Anuario de filosofía del derecho (1973-1974). La función del derecho y las ideologías jurídicas.** España. Ministerio de Justicia. Disponible en línea: < https://www.boe.es/biblioteca_juridica/anuarios_derecho/abrir_pdf.php?id=ANU-F-1973-10011300118 >

Secretaría de Desarrollo Agrario, Territorial y Urbano. **Lineamientos simplificados para la elaboración de planes o programas municipales de desarrollo urbano.** México, 2020. Disponible en línea: < https://www.gob.mx/cms/uploads/attachment/file/622571/Gui_a_de_Implementacio_n_.pdf >

Secretaría de Desarrollo Agrario, Territorial y Urbano. **Somos ciudades. Alineando la planeación a la Agenda Global de Desarrollo.** México, 2020. Disponible en línea: < https://www.gob.mx/sedatu/documentos/somos-ciudades-alineando-la-planeacion-a-la-agenda-global-de-desarrollo#:~:text=La%20publicaci%C3%B3n%20%E2%80%9CSomos%20Ciudades.,establecidos%20en%20la%20Agenda%202030. >

Sepulveda Ferrer, Marcelo. “Análisis del régimen de propiedad en condominio. Nuevos esquemas para su estructuración”. En: **El Derecho inmobiliario en México.** Ciudad de México. Tirant lo Blanch, 2020.

Vergara d’Alençon, Luz. “**The role of third sector organisations in the management of social condominiums in Chile: The case of Proyecto Propio**” International Journal of Housing Policy. VOL. 19, NO. 3, 2019. Disponible en linea: < https://www.tandfonline.com/doi/full/10.1080/19491247.2019.1613871 >

B. LEGISLACIÓN

— Constitución Política de los Estados Unidos Mexicanos. (Promulgada Feb. 5, 1917/Marzo 22, 2024)

— Ley General de Asentamientos Humanos, Ordenamiento Territorial y Desarrollo Urbano (D.O.F. Nov. 28, 2016/Abr. 1, 2024)

— Ley de Propiedad en Condominio de Inmuebles para el Distrito Federal (G.O. Ene. 27, 2011/Mar. 24, 2017)

— Ley de Propiedad en Condominio de Inmuebles para el Estado de Nuevo León. (D.O.F. Agos. 14, 1931/Oct. 11, 2023)

— Decreto por el que se crea el Consejo Nacional de la Agenda 2030 para el Desarrollo Sostenible. (D.O.F. Abr. 26, 2017)

— Lineamientos de Operación del Consejo Nacional de la Agenda 2030 para el Desarrollo Sostenible. Disponible en linea: https://www.gob. mx/cms/uploads/attachment/file/334034/7a1._Lineamientos_Consejo_Nacional_de_la_Agenda_2030.pdf

C. JURISPRUDENCIA

— **Test de proporcionalidad de las leyes fiscales. La intensidad de su control constitucional y su aplicación, requieren de un mínimo de justificación de los elementos que lo conforman.** Jurisprudencia. Reiteración. Segunda Sala. Tesis: 2a./J. 11/2018 (10a.). (SJF: 10ª. Época, Libro 51 T I, Feb. 2018, p. 510) Disponible en línea: SCJN https://sjf2.scjn.gob.mx/detalle/tesis/2016133. Registro digital 2016133 (Consulta: Jul.10, 2024)

— **Acceso a la energía eléctrica. Debe reconocerse como derecho humano por ser un presupuesto indispensable para el goce de múltiples derechos fundamentales.”** Tesis aislada. Amparo Directo. Tribunal Colegiado de Circuito. Tesis: I.3o.C.100 K (10a.). (SJF: 10ª. Época, Libro 61 T II, Dic. 2018, p. 959) Disponible en línea: SCJN https://sjf2.scjn.gob.mx/detalle/tesis/2018528 Registro digital 2018528 (Consulta: Jul.10, 2024)

Capítulo 5

MODIFICACIONES AL CONDOMINIO. ¿QUIÉN LAS PUEDE HACER Y CÓMO SE REALIZAN?

Lic. Félix Rogelio Maldonado González

SUMARIO: I. INTRODUCCIÓN. II. CONCEPTO DE MODIFICACIÓN DE UN CONDOMINIO. A) Modificaciones a la Escritura Constitutiva. B) Modificaciones al Reglamento Interno. C) Modificaciones a medidas y disposiciones del Administrador. D) Modificaciones a estructuras y adecuaciones de condominio que no impliquen cambios a la Escritura Constitutiva y al Reglamento Interno y a las disposiciones emitidas por el Administrador. III. PROCEDIMIENTOS PARA LA MODIFICACIÓN DEL CONDOMINIO. A) Procedimiento para la modificación de la Escritura Constitutiva del condominio. 1. Convocatoria a Asamblea General Extraordinaria. 2. Designación de Presidente, Secretario y Escrutadores y reunión de quórum. 3. Quórum de votación de acuerdos del orden del día. 4. Firma de acta, protocolización e inscripción. B) Procedimiento para la modificación del Reglamento Interno del condominio. C) Procedimiento para la modificación a las medidas y lineamientos emitidas por el Administrador del condominio. D) Procedimiento para la modificación de las estructuras y adecuaciones del condominio sin hacer cambios a la Escritura Constitutiva ni al Reglamento Interno. IV. CONCLUSIÓN. V. BIBLIOGRAFÍA.

I. INTRODUCCIÓN

La propiedad sujeta al régimen de condominio es una figura altamente utilizada para una multitud de proyectos inmobiliarios de diversas naturalezas y destinos, sea habitacional, comercial, industrial, etc.

Para constituirse un condominio en el Estado de Nuevo León, la Ley de Propiedad en Condominio de Inmuebles para el Estado de Nuevo León (LPCIENL) prevé que el propietario o propietarios del inmueble o inmuebles a someterse al régimen de condominio deben manifestar su voluntad de celebrar dicho acto jurídico ante un Notario Público, debiendo ser formalizado en una Escritura Pública cumpliendo con los requisitos que dicha ley exige y posteriormente inscribirse en el Registro Público de la Propiedad para darle publicidad al acto.

Ahora bien, estas formalidades se adoptan con la finalidad de dar certeza a los propios condóminos del condominio, es decir, las personas físicas o morales que tenga la propiedad de una o varias Unidades de Propiedad Privativa del mismo, respecto a la ubicación, linderos, colindancias del condominio, la conformación del mismo, definiendo cuáles son las áreas y bienes comunes, el número de Unidades de Propiedad Privativas que hay, su ubicación, dimensiones y respectivo proporción del proindiviso, así como las reglas a las que los condóminos se sujetarán para convivir dentro del condominio, entre otros aspectos.

No obstante, el hacer constar la mencionada declaración unilateral de la voluntad en Escritura Pública y luego inscribirla no implica que ésta no pueda ser modificada en una fecha posterior. Sin embargo, la LPCIENL sí exige un grado de formalidad para poder llevarse a cabo, al señalar quiénes son las personas que pueden realizar cambios a diversos aspectos del condominio, así como también estableciendo cuál es el procedimiento a seguir para poder hacer las modificaciones deseadas, ya sean propiamente a la Escritura Constitutiva, a su Reglamento Interno, etc.

Dentro del presente capítulo, se abordará una explicación acerca de cuáles son los tipos de modificaciones que se pueden realizar a un condominio, quiénes son las personas que pueden realizarlos, así como cuál es el procedimiento a seguir para efectivamente modificarlo.

II. CONCEPTO DE MODIFICACIÓN DE UN CONDOMINIO

Según la Real Academia Española, la palabra "modificar" significa transformar o cambiar algo, mudando alguna de sus características.[1]

1 Disponible en línea: **Real Academia Española** <https://dle.rae.es/modificar> (Consulta 14 de abril de 2024).

Por lo tanto, al hablar sobre la modificación de un condominio, nos estamos refiriendo al acto de transformar o cambiar alguna de las características del mismo. Ahora bien, la LPCIENL no define propiamente qué aspectos de un condominio pueden ser modificados con posterioridad a su constitución, pero sí establece cuáles son los procedimientos y formalidades a seguir para hacer modificaciones a determinados aspectos del mismo.

De un estudio generalizado de la LPCIENL, y en opinión del autor del presente capítulo, se puede apreciar que los tipos de modificaciones que se pueden realizar sobre un condominio se pueden clasificar de la siguiente manera:

A) Modificaciones a la Escritura Constitutiva.

B) Modificaciones al Reglamento Interno.

C) Modificaciones a las medidas y lineamientos emitidas por el Administrador.

D) Modificaciones a estructuras y adecuaciones del condominio sin hacer cambios a la Escritura Constitutiva y al Reglamento Interno.

Habiendo hecho la anterior clasificación, se procede a explicar cada tipo de modificación para efecto de poner al lector en un mejor contexto.

A) Modificaciones a la Escritura Constitutiva

Para poder explicar qué tipo de cambios a un condominio implican la modificación de su Escritura Constitutiva, primeramente es necesario definir en qué consiste la misma. La LPCIENL la define como el documento público, mediante el cual se constituye un inmueble en condominio, así como sus respectivas modificaciones. El doctrinario Francisco Xavier Arredondo Galván lo define como un concepto que tiene una doble connotación. Por una parte, define la Escritura como el texto original de uno o varios actos jurídicos que un Notario hace constar en los folios de su protocolo y que está debidamente firmado por las partes o el otorgante y debidamente autorizado por dicho fedatario. Por otra parte, lo define como la combinación necesaria de los documentos que contienen la síntesis del acto jurídico hecho constar en el protocolo del Notario, firmado por las partes y debidamente autorizado, así como los agregados al apéndice.[2]

El artículo 8 de la LPCIENL señala cuáles con los requisitos mínimos con los que debe contar la Escritura Constitutiva del condominio para ser válida, siendo éstos los siguientes:

> *I. La licencia de construcción o, a falta de ésta, la constancia de regularización de construcción expedida por la autoridad competente.*
>
> *II. La ubicación, dimensiones, medidas, linderos y colindancias del inmueble que se sujetará al Condominio, si éste se ubica dentro de un conjunto o unidad habitacional deberá precisarse su separación del resto de las áreas. Asimismo, cuando se trate de un Condominio Maestro deberán detallarse los límites de los edificios o de las alas, secciones, zonas o manzanas de los Condominios que lo integran.*
>
> *III. Una descripción general de las construcciones.*
>
> *IV. La descripción de cada Unidad de Propiedad Privativa, número, ubicación, colindancias, medidas, áreas y espacios para estacionamiento, si los hubiera, que lo componen.*
>
> *V. El establecimiento de zonas, instalaciones o las adecuaciones para el cumplimiento de las normas decretadas para facilitar a las personas con discapacidad el uso del inmueble.*
>
> *VI. La superficie de cada Unidad de Propiedad Privativa y su porcentaje de Proindiviso en relación al área total del inmueble sometido al régimen de Condominio.*
>
> *VII. Los espacios que se destinarán para Áreas Verdes, los cuales deberán cumplir con los requisitos establecidos en la Ley de la materia.*
>
> *VIII. Las características del Condominio, señalando si su estructura es vertical, horizontal, de terreno urbano o mixta, y si el destino de cada una de las Unidades de Propiedad Privativa es de uso habitacional, comercial o de servicios, industrial o mixto.*

---

2 Arredondo Galván, Francisco Xavier. **El Nuevo Régimen Jurídico del Condominio.** Noviembre, 2002. Disponible en línea: Revista de Derecho Notarial Mexicano. No. 117, Tomo I, 2002. <https://historico.juridicas.unam.mx/publica/rev/indice.htm?r=dernotmx&n=117> (Consulta: 14 de abril de 2024), p. 45.

IX. La descripción de las Áreas Verdes y de las Áreas y Bienes de Uso Común, destino, especificaciones, ubicación, medidas, componentes y todos aquellos datos que permitan su fácil identificación.

X. La forma de designación del Administrador, sus facultades y poderes, así como, en su caso, su derecho a remuneración.

XI. La obligación de los Condóminos de garantizar el pago de las cuotas correspondientes a los fondos de mantenimiento, administración y de reserva, así como cualquier otra que fije la Asamblea General del Condominio. Dicha garantía será determinada por la Asamblea General Ordinaria.

XII. La obligación de los Condóminos de cumplir con el Reglamento Interno y con los deberes que los diversos ordenamientos legales les imponen.

XIII.- Los lineamientos a que se han de sujetar la convocatoria y las facultades de la asamblea general ordinaria y extraordinaria.

XIV.- Los lineamientos para las notificaciones a los condóminos, las facultades del administrador y lo conducente referente a las licencias otorgadas por las autoridades competentes.

Las fracciones antes citadas indican los elementos necesarios que debe contener la Escritura Constitutiva de un condominio. Por lo tanto, si el cambio que se busque implementar involucra alguno de los elementos mencionados, necesariamente se debe modificar la Escritura Constitutiva.

Ahora bien, es necesario hacer una precisión adicional sobre la información que debe contener la Escritura. El artículo 45 de la LP-CIENL, en su último párrafo, contempla la facultad potestativa del constituyente del condominio de elegir si el Reglamento Interno del mismo también deberá formar parte de la Escritura Constitutiva, o si solamente se agregará al apéndice de dicho instrumento. Por lo tanto, si es el caso que el constituyente incorporó el Reglamento Interno a la Escritura, la modificación del Reglamento también significará la modificación de la Escritura Constitutiva.

"Artículo 45.- El Reglamento Interno deberá agregarse en copia certificada al apéndice de la Escritura Constitutiva y entregarse a cada uno de los Condóminos que adquieren, debiendo contener, por lo menos, lo siguiente:

[...]

> ***El Reglamento Interno y sus modificaciones deberán formar parte de la Escritura Constitutiva o estar agregada a su legajo e inscribirse en el Instituto Registral y Catastral del Estado."***

En suma, si el aspecto a variar del condominio se encuentra estipulado en la Escritura Constitutiva, ésta necesariamente se deberá modificar, siguiendo el procedimiento que más adelante se describe.

B) Modificaciones al Reglamento Interno

Para poder explicar qué tipo de cambios a un condominio implican la modificación de su Reglamento Interno, primeramente es necesario indicar cuál es el tipo de información que debe contener. El artículo 45 de la LPCIENL señala cuáles con los requisitos mínimos con los que debe establecer el Reglamento Interno del condominio, siendo éstos los siguientes:

> *I.- Los derechos y obligaciones de los Condóminos referidos a las Áreas y Bienes de Uso Común, así como las limitaciones a que queda sujeto el ejercicio del derecho de usar tales bienes y servicios.*
>
> *II.- Las bases para determinar las contribuciones que por cuotas deben ser aportadas por los Condóminos y Poseedores y que servirán para conformar el fondo de mantenimiento, administración y el fondo de reserva.*
>
> *III.- Las medidas convenientes para la mejor administración, mantenimiento y operación del Condominio, así como las necesarias para integrar Comités de Protección Civil y Seguridad Pública.*
>
> *IV.- Las disposiciones necesarias que propicien la integración, organización y desarrollo de la comunidad.*
>
> *V.- Forma de convocar a Asamblea General y persona que la presidirá.*
>
> *VI.- Forma de designación y obligaciones del Administrador y de los Comités de Administración y de Vigilancia.*
>
> *VII.- Requisitos que deben reunir el Administrador, los miembros del Comité de Administración y los de Vigilancia, así como sus facultades.*
>
> *VIII.- Bases de remuneración, en su caso, del Administrador, así como lo relativo a la fianza que debe otorgar éste, en su caso.*

IX.- Causas para la remoción del Administrador, de los miembros del Comité de Administración y los de Vigilancia.

X.- Las bases para la modificación de la Escritura Constitutiva y del Reglamento Interno.

XI.- El establecimiento de medidas provisionales en los casos de ausencia temporal del Administrador.

XII.- La determinación de criterios para el uso de las Áreas y Bienes de Uso Común, especialmente para aquéllas que deban destinarse exclusivamente a personas con discapacidad, ya sean Condóminos o cualquier ocupante.

XIII.- Determinar, en su caso, las medidas y limitaciones para poseer animales tanto en las Unidades de Propiedad Privada como en las Áreas y Bienes de Uso Común ajustadas a lo establecido en la Ley de Protección y Bienestar Animal para la Sustentabilidad del Estado de Nuevo León.

XIV.- La determinación de criterios para asuntos que requieran para su aprobación un porcentaje mayor de respaldo en caso de votación.

XV.- Las bases para la integración del programa interno de Protección Civil.

XVI.- Las previsiones conducentes para otorgar a terceros las Áreas y Bienes de Uso Común que sean objeto de arrendamiento o que se destinen al comercio, estableciendo la temporalidad y las garantías respectivas para su cumplimiento.

XVII. Las sanciones por incumpliendo a las obligaciones consignadas en esta Ley o el Reglamento Interno.

XVIII.- Las materias que le reserven la Escritura Constitutiva y la presente Ley.

Por lo tanto, cuando se busque modificar algún aspecto del condominio que se encuentre previsto en alguna de las fracciones antes mencionadas, se deberá hacer la correspondiente modificación al Reglamento Interno del condominio.

C) Modificaciones a medidas y disposiciones del Administrador

Un punto poco mencionado en la práctica respecto a las fuentes de derecho que son aplicables para los condóminos de un condominio son las medidas y disposiciones de carácter general que el Administrador puede emitir.

El artículo 38 de la LPCIENL define en su fracción XVII que el Administrador cuenta con la facultad de poder adoptar medidas y emitir disposiciones dentro de sus funciones y con base en la Ley, la Escritura Constitutiva y el Reglamento Interno:

> *"Artículo 38.- Corresponderá al Administrador:*
>
> *[...]*
>
> *XVII.- Realizar las demás funciones y cumplir con las obligaciones que establezcan a su cargo esta Ley, la Escritura Constitutiva, el Reglamento Interno, y demás disposiciones legales aplicables.*
>
> ***Las medidas que adopte y las disposiciones que emita el Administrador dentro de sus funciones y con base en la Ley, la Escritura Constitutiva y el Reglamento Interno, serán obligatorias para todos los Condóminos."***

Estas disposiciones que emite el Administrador son de carácter general y obligatorias para todos los condóminos. Deben estar encaminadas al cumplimiento de las facultades y obligaciones otorgadas al Administrador en el mencionado artículo 38, así como aquellos casos que la Ley, la Escritura Constitutiva y el Reglamento Interno lo permitan.[3] Un ejemplo claro viene siendo aquellas disposiciones que emita el Administrador con el fin de velar por la vigilancia y conservación del buen estado del condominio, así como la debida ejecución de los acuerdos que se aprueben en las Asambleas Generales de Condóminos, obligaciones del Administrador en términos del artículo 38 fracción II y IV de la LPCIENL.

Por lo tanto, las modificaciones que se busquen realizar a este tipo de disposiciones van orientadas principalmente a variar las medidas que un Administrador haya adoptado con el fin de ejecutar los acuerdos aprobados por la Asamblea de Condóminos y en general realizar los actos de administración y conservación del condominio. Medidas y lineamientos que son diversos a los establecidos en la Ley, la Escritura Constitutiva y en el Reglamento Interno del condominio.

---

3 Arredondo Galván, Francisco Xavier. **El Nuevo Régimen Jurídico del Condominio.** Ob.cit. p. 185

D) Modificaciones a estructuras y adecuaciones de condominio que no impliquen cambios a la Escritura Constitutiva y al Reglamento Interno y a las disposiciones emitidas por el Administrador

La regla general para este tipo de modificaciones consiste en que el objeto de la modificación no puede consistir en un punto que se encuentre establecido en la Escritura Constitutiva, en el Reglamento Interno, así como tampoco haya sido objeto de una disposición de carácter general emitida por el Administrador del condominio.

Entre este tipo de modificaciones abarcan cuestiones tales como modificaciones que los propios condóminos busquen realizar dentro de sus Unidades de Propiedad Privativas, siempre que no contravengan las prohibiciones previstas en los artículos 16 y 21 de la LPCIENL, así como la construcción o realización de obras nuevas que no impliquen tener que modificar la descripción general de las construcciones que se establece en la Escritura Constitutiva, tal y como se prevé en el artículo 26 fracción II de la misma.

> *"Artículo 16.- Son derechos de los Condóminos y Poseedores y en general los habitantes del Condominio:*
>
> *[...]*
>
> *VI.- Realizar las obras y reparaciones necesarias al interior de su Unidad de Propiedad Privativa, quedando prohibida toda modificación o innovación que afecte la estructura, muros de carga u otros elementos esenciales del Condominio o que puedan poner en peligro la estabilidad, seguridad, salubridad o comodidad del mismo; de conformidad con las leyes y reglamentos correspondientes; y"*

> *"Artículo 21.- Queda prohibido a los Condóminos, Poseedores y en general, a todo habitante o visitante del Condominio:*
>
> *[...]*
>
> *III.- Realizar obras, edificaciones o modificaciones en el interior de su Unidad de Propiedad Privativa, como abrir claros, puertas o ventanas, entre otras, que afecten la imagen arquitectónica del Condominio o dañen la estructura, muros de carga u otros elementos esenciales del edificio o que puedan perjudicar su estabilidad, seguridad, salubridad o comodidad, por ello, no será*

aplicable tratándose de Condominios el numeral 846 del Código Civil para el Estado de Nuevo León.

V.- Decorar, pintar o realizar obras que modifiquen la fachada o las paredes exteriores desentonando con el conjunto o que contravenga lo establecido y aprobado por la Asamblea General;

X.- Realizar obras en la propiedad privativa que puedan poner en peligro la seguridad y estabilidad física del edificio ocasionando peligro o riesgo a los Poseedores o que no permitan la conservación de zonas comunes o su flora, así como las que realicen los Condóminos en áreas comunes que afecten la comodidad de tránsito del Condominio; las que impidan permanentemente el uso de una parte o servicio común, aunque sea a un solo Poseedor, y las que demeriten cualquier parte exclusiva de una Unidad de Propiedad Privativa."

"Artículo 26.- Para la ejecución de obras en las Áreas y Bienes de Uso Común e instalaciones generales, se observarán las siguientes reglas:

[...]

II.- Para realizar obras nuevas, excepto en Áreas Verdes, que no impliquen la modificación de la Escritura Constitutiva y se traduzcan en mejor aspecto o mayor comodidad, se requerirá acuerdo aprobatorio por Mayoría Simple de la Asamblea General;"

En general, este tipo de modificaciones corresponde a aquellos casos en los que no se encuentre establecido la forma en la que un aspecto particular del condominio se debe regular en los documentos fundatorios del mismo y éste se busque variar o alterar.

III. PROCEDIMIENTOS PARA LA MODIFICACIÓN DEL CONDOMINIO

Habiendo hecho las anteriores descripciones sobre los diferentes tipos de modificaciones que se pueden hacer a un condominio, dentro del presente apartado, se procede a realizar una descripción sobre el procedimiento que se debe seguir para llevar a cabo cada uno de ellos, haciendo mención sobre quién o quiénes son las personas legitimadas para llevar a cabo dichas modificaciones:

A) *Procedimiento para la modificación de la Escritura Constitutiva del condominio*

Para poder describir el procedimiento a seguir para llevar a cabo una modificación a la Escritura Constitutiva del condominio, primero es necesario identificar quién o quiénes son las personas legitimadas para realizar dicha modificación.

De una interpretación conjunta de los artículos 7, 12, 29 y 33 de la LPCIENL, podemos apreciar que existen dos personas o instituciones que pueden hacer modificaciones a la Escritura Constitutiva del condominio. Por regla general, será la **Asamblea General de Condóminos** llevada de forma **extraordinaria** quien puede realizar modificaciones a la Escritura. De forma especial, la LPCIENL establece que, en el caso que ninguna de las Unidades de Propiedad Privativas del condominio han sido transmitidas a un tercero tras la constitución del mismo, será la persona o personas constituyentes del condominio quienes podrán realizar la modificación. A continuación se citan los artículos considerados como más relevantes de los mencionados:

> *"Artículo 7.- En caso de que el condominio original sufra modificaciones, en cuanto al número de Unidades de Propiedad Privativa, ampliación, reducción o destino de Áreas y Bienes de Uso Común,* ***quien constituyó el Condominio o su representante legal o la Asamblea General*** *a través de la persona que la misma designe tendrá la obligación de modificar el régimen ante* Notario Público.
>
> *En ningún caso podrá el constituyente del Condominio hacer modificaciones al proyecto, si ya se ha trasmitido la propiedad de la Unidad de Propiedad Privativa, aunque dicha transmisión no se haya formalizado."*

> *"Artículo 33.- Las* ***Asambleas Generales Extraordinarias*** *tendrán las siguientes facultades:*
>
> *I.-* ***Modificar la Escritura Constitutiva*** *o el Reglamento Interno;*
>
> *[...]"*

Para el segundo caso, no se requiere mayor formalidad más que el o los constituyentes del condominio realicen la modificación ante Notario Público y procedan a inscribirla ante el Instituto Registral y

Catastral en el Estado de Nuevo León en términos del propio artículo 7 y el 12 de la LPCIENL.

Para el caso de la primera, queda claro que para realizar una modificación a la Escritura Constitutiva, se debe celebrar una Asamblea General Extraordinaria. El procedimiento a seguir es el siguiente:

1. Convocatoria a Asamblea General Extraordinaria

Primeramente, se debe realizar la convocatoria a la celebración de la Asamblea General Extraordinaria en los términos previstos en el artículo 29 y 30 de la LPCIENL. Sin embargo, es menester puntualizar una terrible técnica legislativa por parte del legislador que la imposibilita realizar salvo en un caso concreto que más adelante se explica.

El artículo 29 de la multicitada Ley establece que la convocatoria debe ser realizada ya sea por el Presidente o el Secretario de la Asamblea General. Sin embargo, a la vez señala que el Presidente será designado por la propia Asamblea, lo cual genera una contradicción, debido a que es imposible que exista un Presidente de Asamblea antes de ser designado dentro de la misma.

En el caso del Secretario, la fracción II del artículo 29 menciona que será el Administrador quien desempeñará dicho cargo dentro de la Asamblea, salvo que falte, en cuyo caso será ejercido por quien señale el Reglamento Interno o por quien nombre la Asamblea General. No obstante, a consideración del autor de este capítulo, el Secretario al igual que el cargo del Presidente, son cargos que deben ser designados durante la Asamblea, por lo que previo a eso, no existen y por lo tanto no pueden convocar a la Asamblea. Lo anterior máxime que no están dentro de las facultades del Administrador establecidas en la LPCIENL el poder convocar a la Asamblea.

Visto lo anterior, solo existe una forma no convencional para poder convocar a la Asamblea según la LPCIENL. Esta forma consiste en que ante la falta de celebración de la Asamblea General Ordinaria en dos ejercicios consecutivos, el o los condóminos que representen al menos el 25% del proindiviso convoquen a Asamblea, tal y como se prevé en el artículo 29 fracción X.

> *"Artículo 29.- La Asamblea General es el órgano supremo del Condominio que contará con un Presidente, un Secretario y, cuando menos, dos escrutadores.*

[...]

X.- Los Condóminos que representen por los menos un veinticinco por ciento del Proindiviso podrán convocar a Asamblea cuando en dos ejercicios consecutivos no se haya celebrado la Asamblea General Ordinaria; y"

Se considera lo anterior derivado que dicha fracción establece de manera amplia que los condóminos que representen el proindiviso indicado pueden convocar a la Asamblea, sin hacer distinción si esta debe ser ordinaria o extraordinaria, una vez que transcurran dos ejercicios consecutivos sin que se haya celebrado la Asamblea General Ordinaria.

Es por lo anterior que se recomienda, al momento de constituir un condominio, establecer en el Reglamento Interno las reglas para convocar a Asamblea a los condóminos, colocando disposiciones que permitan a figuras como lo es el Administrador o el Presidente del Comité Consultivo y de Vigilancia convocar a las Asambleas, para facilitar el hacer las convocatorias. Lo anterior con fundamento en el artículo 45 fracciones V y VII de la LPCIENL.

"Artículo 45.- El Reglamento Interno deberá agregarse en copia certificada al apéndice de la Escritura Constitutiva y entregarse a cada uno de los Condóminos que adquieren, debiendo contener, por lo menos, lo siguiente:

[...]

V.- Forma de convocar a Asamblea General y persona que la presidirá;

VII.- Requisitos que deben reunir el Administrador, los miembros del Comité de Administración y los de Vigilancia, así como sus facultades;"

Ahora bien, tal convocatoria debe realizarse estableciendo cuál será el orden del día de la Asamblea, así como indicando la hora, fecha y lugar (por regla general dentro del propio condominio, conforme al artículo 29 fracción III de la LPCIENL) en la que se celebrará, debiendo notificarse a los condóminos con por lo menos 10 días naturales de anticipación a la fecha de la Asamblea por medio de una de las siguientes tres formas:

1) Mediante la entrega de la notificación de manera fehaciente al condómino en la Unidad de Propiedad Privativa que le corresponda, en el domicilio que tenga registrado la administración de cada uno.

   Por este medio de comunicación, se debe resaltar el desafortunado hecho que el legislador señaló que la entrega de la notificación debe realizarse de manera fehaciente, sin señalar cuáles serían las formas en las que se pueda dar fe de que el condómino efectivamente recibió la notificación. Por la manera en que se redactó el artículo, la única certeza que se tiene sobre maneras en que se pueda lograr la notificación fehaciente es por medio de recurrir a algún fedatario público actuando en la esfera de su competencia, como lo podría ser un Notario Público. El recurrir al uso de testigos u otros posibles medios de cercioramiento de la entrega de la notificación, por lo tanto, pone en duda la validez de la misma, salvo que se haya establecido en el Reglamento Interno que esa será la manera de realizarse la notificación.

2) Mediante correo electrónico a la dirección electrónica que cada condómino haya indicado para tal efecto, debiendo quedar constancia de dicha notificación en la administración del condominio.

3) Mediante otro medio de comunicación que se establezca dentro del Reglamento Interno del condominio. Visto lo manifestado en los puntos anteriores, se recomienda establecer en el Reglamento los medios que se utilizarán para realizar las notificaciones, para efecto de limitar las incertidumbres mencionadas.

Además de lo anterior, la LPCIENL establece que se deberá fijar la convocatoria en cinco o más lugares visibles del condominio, o en los expresamente establecidos en el Reglamento Interno, en la fecha en que se expida, debiendo levantar acta circunstanciada de lo anterior, firmada por la persona que convoca, por un miembro del Comité Consultivo y de Vigilancia y tres condóminos.

Es menester señalar que el procedimiento para hacer la convocatoria descrita no es necesario en caso de reunirse la totalidad de los condóminos del condominio, ya que la LPCIENL establece en su artículo 31 que dicho requisito es innecesario bajo tales circunstancias.

> *"Artículo 31.- Las Asambleas Generales podrán celebrarse sin necesidad de convocatoria, siempre y cuando al momento de la votación se encuentren presentes el cien por ciento de los Condóminos o sus representantes."*

2. Designación de Presidente, Secretario y Escrutadores y reunión de quórum

Una vez llegada la fecha señalada para la celebración de la Asamblea, en términos del artículo 29 de la LPCIENL, se debe analizar la cuestión de quiénes fungirán como Presidente y Secretario de la Asamblea General, así como quiénes serán designados como escrutadores.

> *"Artículo 29.- La Asamblea General es el órgano supremo del Condominio que contará con un Presidente, un Secretario y, cuando menos, dos escrutadores.*
>
> *[...]*
>
> *I.- Serán presididas por quien designe la Asamblea General y contará con un Secretario cuya función será desempeñada por el Administrador o a falta de éste por quien disponga el Reglamento Interno o por quien nombre la Asamblea General*
>
> *VIII.- El Presidente designará de entre los concurrentes a dos personas que actuarán como escrutadores, a fin de constatar la existencia del quórum;"*

Si en el Reglamento Interno se designó quién será la persona que desempeñará el cargo de Presidente de la Asamblea, será dicha persona quien ejerce el cargo. De lo contrario, será la Asamblea General quien deberá designarlo. Ahora bien, la LPCIENL desafortunadamente no señala cómo debe ser la votación para la elección del Presidente, sino que solamente se limita a señalar que el voto de cada condómino representa el porcentaje del proindiviso del condominio que corresponde a su Unidad de Propiedad Privativa establecido en la Escritura Constitutiva, debiendo las resoluciones ser aprobadas por los condóminos que representen la mayoría simple del proindiviso, salvo en caso que exista un condómino que represente más del 30% del proindiviso del condominio, en cuyo caso será necesario además el voto a favor de la mayoría del porcentaje restante del proindiviso.

"Artículo 29.- La Asamblea General es el órgano supremo del Condominio que contará con un Presidente, un Secretario y, cuando menos, dos escrutadores.

[...]

IV.- El voto de cada Condómino representa el factor de porcentaje del Proindiviso de su Unidad de Propiedad Privativa establecido en la Escritura Constitutiva;

VI.- Las resoluciones de las Asambleas Generales deberán aprobarse por Mayoría Simple, excepto en las que la presente Ley, la Escritura Constitutiva o el Reglamento Interno establezca requieren aprobarse por un porcentaje mayor;

VII.- Cuando un sólo Condómino represente el treinta por ciento o más del Proindiviso, se requerirá, además, el voto a favor de la mayoría del porcentaje restante para que sean válidos los acuerdos;"

Para el caso del Secretario de la Asamblea, el cargo le corresponderá al Administrador por defecto por disposición de Ley. En caso de estar ausente, el cargo lo ocupará quien designe el Reglamento Interno o por quien designe la Asamblea, en los mismo términos a los señalados para el Presidente.

Habiendo hecho lo anterior, al Presidente de la Asamblea designará de entre los condóminos concurrentes a dos quienes fungirán como escrutadores, quienes procederán a asegurarse y dar constancia que se reúne el quórum de asistencia que exige el artículo 30 de la LPCIENL para la celebración de la Asamblea General Extraordinaria. Dicho artículo establece que se debe reunir un quórum de asistencia de por lo menos el 51% del proindiviso, salvo que en la Escritura Constitutiva se haya señalado un porcentaje mayor. Lo anterior enfatizando que la LPCIENL exige que el quórum se reunirá por medio de la asistencia de los condóminos que juntos representen el 51% o más de la parte indivisa del condominio, no la asistencia del número de personas que representen el 51% o más del número total de condóminos.

"Artículo 30.- Las Convocatorias para la celebración de las Asambleas Generales se deberán hacer...

[...]

En las Asambleas Generales Extraordinarias en primera y en ulteriores convocatorias se requerirá, por lo menos, un quórum del cincuenta y un por ciento del Proindiviso, salvo que en la Escritura Constitutiva se establezcan quórums mayores."

Ahora bien, se ha mencionado en numerosas ocasiones la palabra proindiviso en párrafos anteriores, el cual constituye un concepto clave para efectos del tema tratado dentro del presente capítulo. Por lo tanto, para efecto de dejar en claro el significado de dicho término, a continuación se procede a explicarlo:

El propio artículo 2 de la LPCIENL define proindiviso como "*el porcentaje que representa la Unidad de Propiedad Privativa de cada Condómino en relación con el total del inmueble sometido al régimen de Condominio en los términos de la Escritura Constitutiva. El Proindiviso servirá como base para determinar los derechos y obligaciones que le corresponden a cada Condómino sobre las Áreas y Bienes de Uso Común.*"

No obstante que el legislador define proindiviso de la manera citada, la doctrina reconoce que en realidad el término está siendo mal empleado. Jorge Domínguez Martínez hace ver que el legislador confunde la palabra proindiviso con el concepto de copropiedad, ya que una persona no puede ser dueña de un proindiviso, sino que puede ser copropietaria de una parte indivisa de un determinado bien.[4]

El decir que un bien pertenece a un grupo de personas de manera indivisa solamente indica que esas personas comparten derechos de copropiedad sobre la totalidad de dicho bien, ya sea en partes iguales o en diferentes proporciones, pero nunca teniendo un derecho individualizado sobre partes o segmentos determinados del mismo. Por lo tanto, se aprecia que el concepto de proindiviso solamente se refiere a una modalidad de la copropiedad sobre un determinado bien.[5]

---

4 Domínguez Martínez, Jorge A., **El Régimen de Propiedad y Condominio en el Distrito Federal: Regulación legal cada vez más deficiente.** México, Porrúa, 2013. Disponible en línea en: <https://archivos.juridicas.unam.mx/www/bjv/libros/8/3781/1.pdf> (Consulta 12 de abril de 2024), p. 52.

5 Gómez Portugal, Alfonso. **Algunas consideraciones a propósito de la Ley del Régimen de Propiedad en Condominio de Inmuebles para el Distrito Federal.** 2007. Disponible en Revista Mexicana de Derecho, número 9, México, 2007 <http://historico.juridicas.unam.mx/publica/librev/rev/mexder/cont/9/cnt/cnt4.pdf> (Consulta 14 de abril de 2024), p. 83.

Habiendo dicho lo anterior, retornamos a la explicación del quórum de asistencia. Es menester señalar que el artículo 30 LPCIENL menciona que forzosamente se requiere de la asistencia de los condóminos que juntos representen por lo menos el 51% de la parte indivisa del condominio, no siendo factible reducir el quórum exigido para las futuras convocatorias que se realicen en caso de no reunirse el necesario en la primera.

3. Quórum de votación de acuerdos del orden del día

Habiéndose reunido el quórum de asistencia requerido para la Asamblea General Extraordinaria, se procederá a la presentación de los puntos preestablecidos como orden del día, entre ellos el planteamiento de la propuesta para la modificación de la Escritura Constitutiva del condominio. Arribado al punto y una vez presentado, se debe reunir el quórum de votación necesario para aprobar la modificación de la Escritura Constitutiva.

Conforme al artículo 12 de la LPCIENL, cualquier modificación a la Escritura Constitutiva debe ser aprobada por el voto favorable de por lo menos el 65% del proindiviso total del condominio, salvo que en la Escritura Constitutiva se haya pactado un umbral mayor en términos del artículo 29 fracción VI de dicho ordenamiento.

> *"Artículo 12.- La Extinción, así como **cualquier modificación a la Escritura Constitutiva, deberá ser aprobada por lo menos con el voto favorable del sesenta y cinco por ciento del Proindiviso total del Condominio.*** [...]"

> *"Artículo 29.- La Asamblea General es el órgano supremo del Condominio que contará con un Presidente, un Secretario y, cuando menos, dos escrutadores.*
>
> *[...]*
>
> *VI.- Las resoluciones de las Asambleas Generales deberán aprobarse por Mayoría Simple, excepto en las que la presente Ley, la Escritura Constitutiva o el Reglamento Interno establezca requieren aprobarse por un porcentaje mayor;*

Ahora bien, el artículo 29 fracción III de la LPCIENL además exige que si llega a ser el caso que un sólo condómino represente el 30%

o más del proindiviso del condominio, se requerirá además del voto aprobatorio del 65% del proindiviso también el voto a favor de la mayoría del porcentaje restante para ser válido el acuerdo.

> *"Artículo 29.- La Asamblea General es el órgano supremo del Condominio que contará con un Presidente, un Secretario y, cuando menos, dos escrutadores.*
>
> *[...]*
>
> *VII.- Cuando un sólo Condómino represente el treinta por ciento o más del Proindiviso, se requerirá, además, el voto a favor de la mayoría del porcentaje restante para que sean válidos los acuerdos;"*

Esto quiere decir que si existe en el condominio un condómino que represente el 30% del proindiviso, con independencia de que si esté a favor o en contra del acuerdo sometido a aprobación, para ser válido el acuerdo de la Asamblea, se requiere conseguir el voto favorable de la mayoría de los condóminos que representen el otro 70% del proindiviso y que en conjunto sumen al menos el 65% del proindiviso del condominio.

4. Firma de acta, protocolización e inscripción

Habiendo obtenido el número de votos a favor necesarios para llevar a cabo la modificación de la Escritura Constitutiva y una vez concluida la Asamblea, el Presidente, el Secretario y un miembro del Comité Consultivo y de Vigilancia del condominio firmarán el Acta de Asamblea, la cual se debe incluir en el Libro de Actas del condominio y acto seguido, el delegado especial que haya sido designado en la Asamblea para ir a protocolizar el Acta ante Notario Público en términos de los artículos 7 y 29 fracción IX debe proceder al cumplimiento de su cargo. Una vez protocolizada el Acta, dicha Escritura debe ser inscrita ante el Instituto Registral y Catastral en el Estado de Nuevo León por el Administrador del Condominio conforme al artículo 38 fracción XIV.

> *"Artículo 7.- En caso de que el condominio original sufra modificaciones, en cuanto al número de Unidades de Propiedad Privativa, ampliación, reducción o destino de Áreas y Bienes de Uso Común, quien constituyó el Condominio o su representante legal*

o la Asamblea General a través de la persona que la misma designe tendrá la obligación de modificar el régimen ante Notario Público.

En ningún caso podrá el constituyente del Condominio hacer modificaciones al proyecto, si ya se ha trasmitido la propiedad de la Unidad de Propiedad Privativa, aunque dicha transmisión no se haya formalizado."

"Artículo 29.- La Asamblea General es el órgano supremo del Condominio que contará con un Presidente, un Secretario y, cuando menos, dos escrutadores.

IX.- Las actas de las Asambleas Generales Ordinarias serán firmadas por su Presidente, Secretario y por un miembro del Comité Consultivo y de Vigilancia en el Libro de Actas y será necesario protocolizar ante Notario Público e inscribir aquellas que la Asamblea determine. Todas las actas de las Asambleas Generales Extraordinarias deberán protocolizarse ante Notario Público e inscribirse;"

"Artículo 38.- Corresponderá al Administrador:

XIV.- Inscribir la Escritura Constitutiva, así como las escrituras de modificaciones al mismo, en el Instituto Registral y Catastral del Estado;"

B) Procedimiento para la modificación del Reglamento Interno del condominio

Para poder describir el procedimiento a seguir para llevar a cabo una modificación al Reglamento Interno del condominio, primero es necesario identificar quién o quiénes son las personas legitimadas para llevar a cabo dicha modificación.

De una interpretación conjunta de los artículos 10, 29 y 33 fracción I de la LPCIENL, podemos apreciar que será la **Asamblea General de Condóminos** llevada de forma **extraordinaria** quien puede realizar modificaciones al Reglamento Interno.

"Artículo 10.- Cualquier modificación al Reglamento Interno se acordará en Asamblea General Extraordinaria y deberá ser aprobada por lo menos con el voto favorable del cincuenta por ciento del Proindiviso total del Condominio."

> *"Artículo 33.- Las* ***Asambleas Generales Extraordinarias*** *tendrán las siguientes facultades:*
>
> *I.-* ***Modificar la Escritura Constitutiva*** *o el Reglamento Interno;*
>
> *[...]"*

Visto lo anterior, la modificación del Reglamento Interno sigue el mismo procedimiento descrito para la modificación de la Escritura Constitutiva, sin embargo, con algunas diferencias.

Por una parte, el quórum de votación es diferente, ya que el artículo 10 previamente citado establece que es de por lo menos el 50% del proindiviso en lugar del 65% establecido para la Escritura Constitutiva. Lo anterior no obstante que se puede pactar que en el Reglamento Interno se establezca un quórum mayor.

Por otra parte, determinar cuál es el quórum necesario depende también de si el Reglamento Interno se incluyó en el texto de la Escritura Constitutiva o si solo se agregó al apéndice de la misma, según lo establecido en el último párrafo del artículo 45 de la LPCIENL.

> *"Artículo 45.- El Reglamento Interno deberá agregarse en copia certificada al apéndice de la Escritura Constitutiva y entregarse a cada uno de los Condóminos que adquieren, debiendo contener, por lo menos, lo siguiente:*
>
> *[...]*
>
> ***El Reglamento Interno y sus modificaciones deberán formar parte de la Escritura Constitutiva o estar agregada a su legajo e inscribirse en el Instituto Registral y Catastral del Estado."***

Por regla general, el quórum de aprobación para la modificación del Reglamento Interno será de por lo menos el 50% del proindiviso. Sin embargo, si el Reglamento se incluyó en el texto de la Escritura Constitutiva, toda vez que su modificación implica la modificación de la Escritura, se requerirá el quórum de aprobación de por lo menos el 65% del proindiviso.

C) *Procedimiento para la modificación a las medidas y lineamientos emitidas por el Administrador del condominio*

Como mencionamos en apartados anteriores, el artículo 38 de la LPCIENL define en su fracción XVII que el Administrador cuenta con la facultad de poder adoptar medidas y emitir disposiciones dentro de sus funciones y con base en la Ley, la Escritura Constitutiva y el Reglamento Interno, las cuales serán obligatorias para todos los condóminos.

> *"Artículo 38.- Corresponderá al Administrador:*
>
> *[...]*
>
> *XVII.- Realizar las demás funciones y cumplir con las obligaciones que establezcan a su cargo esta Ley, la Escritura Constitutiva, el Reglamento Interno, y demás disposiciones legales aplicables.*
>
> *Las medidas que adopte y las disposiciones que emita el Administrador dentro de sus funciones y con base en la Ley, la Escritura Constitutiva y el Reglamento Interno, serán obligatorias para todos los Condóminos.*
>
> *La Asamblea General, por la mayoría que fije el Reglamento Interno, podrá modificar o revocar dichas medidas y disposiciones del Administrador."*

Ahora bien, de dicha fracción citada, se desprenden dos formas de poder modificar las disposiciones generales que emita el Administrador.

La primera consiste en que **el propio Administrador** emita una nueva disposición general que suplante o deje sin efectos la anterior. Se considera así debido a que la función del Administrador va dirigida a la emisión de disposiciones orientadas a asegurar la debida administración del condominio, así como al cumplimiento de los acuerdos de la Asamblea. Por lo tanto, resulta lógico que el Administrador pueda modificar sus determinaciones para poder cumplir de una manera más eficiente dicha función.

La segunda consiste en que la Asamblea General de Condóminos, por la mayoría que fije el Reglamento Interno, modifique o revoque las medidas y disposiciones emitidas por el Administrador. En caso de no haberse establecido el quórum de votación necesario en el Reglamento, se considera que seguirá la regla general de ser necesario obtener la aprobación en mayoría simple del proindiviso del condominio prevista en el artículo 29 fracción VI de la LPCIENL y, de ser el caso de existir un condómino con una participación igual o mayor al 30% del proindiviso, obtener la aprobación adicional exigida por la fracción VII de ese mismo artículo.

Ahora bien, la institución que tiene la facultad para hacer las modificaciones mencionadas es la **Asamblea General Ordinaria**, en términos del artículo 38 fracción XVII previamente citado y el 32 fracción XIII de la LPCIENL.

> *"Artículo 32.- Las Asambleas Generales Ordinarias tendrán las siguientes facultades:*
>
> *XIII.- Las demás que le confiera esta Ley, la Escritura Constitutiva, el Reglamento Interno y demás preceptos legales aplicables."*

Sigue el mismo procedimiento mencionado en apartados anteriores para las Asambleas Generales de Condóminos, sin embargo, ahora siguiendo los requisitos de quórum exigidos para las Asambleas Ordinarias. El quórum de asistencia, según el artículo 30 de la LPCIENL, por virtud de primera convocatoria es de por lo menos el 51% del proindiviso del condominio y en la segunda convocatoria, se llevará a cabo con los condóminos que se encuentren presentes.

> *"Artículo 30.- Las Convocatorias para la celebración de las Asambleas Generales se deberán hacer cuando menos con diez días naturales de anticipación, salvo que en el Reglamento Interno se establezca un plazo mayor, la Convocatoria deberá indicar el lugar, hora y día en que se celebrará la asamblea, así como el orden del día.*
>
> *[...]*
>
> *Cuando la Asamblea General Ordinaria se celebre en virtud de la primera convocatoria requerirá un quórum del cincuenta y un por ciento del Proindiviso, cuando sea en segunda convocatoria, por no alcanzarse el quorum en la primera convocatoria, la asamblea se llevará a cabo con los Condóminos presentes."*

Ahora bien, el quórum de votación necesario consiste en, según el artículo 38 fracción XVII previamente citado, obtener la mayoría que el Reglamento Interno defina. En caso de no establecerse, será por medio de la regla general prevista en el artículo 29 fracción VI, consistente en obtener el voto favorable de los condóminos que representen por lo menos la mayoría simple del proindiviso del condominio, respetando la regla del requisito adicional en caso de haber un condómino que representen 30% o más del proindiviso.

Ahora bien, la fracción mencionada omite mencionar si dicha mayoría debe ser con respecto de los condóminos presentes al reunirse el quórum de asistencia o si respecta a la totalidad de los condóminos que conforman el condominio. A consideración del autor del presente capítulo, será la mayoría simple del proindiviso representado por los condóminos presentes, al interpretarse de manera sistemática y lógica la disposición de manera conjunta con los artículos que regulan el quórum de asistencia requerido.

Por último, a diferencia de las Asambleas Generales Extraordinarias, las Ordinarias no necesariamente deben ser protocolizadas ante Notario Público y posteriormente inscritas ante el Instituto Registral y Catastral en el Estado de Nuevo León, salvo que la Asamblea lo ordene, bastando su registro en el Libro de Actas de Asamblea del condominio conforme a lo establecido en el artículo 29 fracción IX de la LPCIENL por el Administrador.

> *"Artículo 29.- La Asamblea General es el órgano supremo del Condominio que contará con un Presidente, un Secretario y, cuando menos, dos escrutadores.*
>
> *[...]*
>
> *IX.- Las actas de las Asambleas Generales Ordinarias serán firmadas por su Presidente, Secretario y por un miembro del Comité Consultivo y de Vigilancia en el Libro de Actas y será necesario protocolizar ante Notario Público e inscribir aquellas que la Asamblea determine. Todas las actas de las Asambleas Generales Extraordinarias deberán protocolizarse ante Notario Público e inscribirse;"*

D) Procedimiento para la modificación de las estructuras y adecuaciones del condominio sin hacer cambios a la Escritura Constitutiva ni al Reglamento Interno

Para este tipo de modificaciones, es necesario hacer algunas distinciones entre los tipos de modificaciones que se busquen realizar dependiendo de su objeto.

Si la modificación busca realizarse respecto a un aspecto interno de una de las Unidades de Propiedad Privativa en apego a las limitaciones establecidas en los en los artículos 16 y 21 de la LPCIENL, así como en las que lleguen a existir en el Reglamento Interno, dicho cambio le corresponde **al condómino** realizar, no siendo necesario recibir la aprobación del resto del condominio

Ahora bien, si la modificación que se busca realizar consiste en un aspecto de las fachadas de las Unidades de Propiedad Privativa, de las Áreas Comunes, por ejemplo cambios del color de la pintura o del diseño, y si no se establecen tales características en la Escritura Constitutiva o en el Reglamento Interno, dicha modificación le corresponde a la **Asamblea General de Condóminos llevada de manera ordinaria** conforme a lo dispuesto en el Artículo 26 fracción II, así el artículo 32 de la LPCIENL.

> *"Artículo 26.- Para la ejecución de obras en las Áreas y Bienes de Uso Común e instalaciones generales, se observarán las siguientes reglas:*
>
> *[...]*
>
> *II.- Para realizar obras nuevas, excepto en Áreas Verdes, que no impliquen la modificación de la Escritura Constitutiva y se traduzcan en mejor aspecto o mayor comodidad, se requerirá acuerdo aprobatorio por Mayoría Simple de la Asamblea General;"*

Por lo tanto, el procedimiento a seguir consiste en la realización de una Asamblea General Ordinaria, siguiendo las mismas reglas definidas en el apartado anterior.

IV. CONCLUSIÓN

Del presente capítulo, se abordó una explicación sobre la forma en que se regula la modificación de condominios según la Ley de Propiedad en Condominio de Inmuebles para el Estado de Nuevo León (LPCIENL).

A lo largo de este Capítulo, se desarrolló una explicación sobre el hecho que los condominios, una vez constituidos, pueden ser objeto de ser modificados en diversos tipos de aspectos. Según lo visto, existen distintos tipos de cambios que pueden afectar la situación de derecho y de hecho del condominio.

A consideración del autor del presente capítulo, estos tipos de modificaciones se pueden dividir en cuatro grupos consistentes en cambios a A) la Escritura Constitutiva del condominio, B) al Reglamento

Interno, C) a las medidas y lineamientos emitidas por el Administrador y D) modificaciones a las estructuras y adecuaciones del mismo que no impliquen cambios a los instrumentos antes referidos.

Para la explicación de modificaciones a la Escritura Constitutiva, se realizó una explicación sobre qué es dicho documento y cómo se conforma, describiendo los requisitos mínimos que debe contener, mencionando que al hablarse de éste tipo de cambios, éstos se dan cuando uno de los elementos contenidos en la Escritura se decide modificar.

También se explicó que dichas modificaciones pueden ser realizadas por dos personas o instituciones distintas, siguiendo procedimientos diversos. Por una parte, la Escritura Constitutiva puede ser modificada por medio de los mismos constituyentes en caso de no haber transmitido ninguna Unidad de Propiedad Privativa a algún tercero, debiendo hacer el cambio ante Notario Público y posteriormente proceder a inscribir la modificación ante el Instituto Registral y Catastral en el Estado de Nuevo León. De haberse enajenado una de las Unidad de Propiedad Privativa, la única forma que se puede modificar la Escritura Constitutiva es por medio de una Asamblea General Extraordinaria de condóminos, siguiendo el procedimiento descrito.

Para la explicación de modificaciones al Reglamento Interno del condominio, se explicó cuáles son los requisitos mínimos que debe reunir dicho documento para ser válido, mencionando que al hablarse de éste tipo de cambios, éstos se dan cuando uno de los elementos contenidos en dicho documento se decide modificar.

También se explicó que dichas modificaciones pueden ser realizadas por medio de la Asamblea General Extraordinaria de condóminos, siguiendo el mismo procedimiento seguido para la modificación de la Escritura Constitutiva, solo variando en cuanto al quórum de aprobación necesario para ser válido el acuerdo de la Asamblea de modificación. No obstante lo anterior, se hizo mención también sobre el hecho que el Reglamento Interno puede incluirse dentro del clausulado de la Escritura Constitutiva, en cuyo caso, la modificación del Reglamento deberá realizarse bajo el mismo quórum de aprobación exigido para hacer cambios a la Escritura.

Para la explicación de modificaciones a las disposiciones generales que emita el Administrador del condominio, se explicó en qué consiste dicha función y en qué casos se pueden emitir, aclarándose que su emisión se limita al debido cumplimiento del Administrador de sus facultades, obligaciones y funciones, tales como buscar conservar y mantener el condominio y la cultura condominal, así como la ejecución de los acuerdos tomados en las Asambleas Generales de Condóminos.

También se explicó que dichas modificaciones pueden ser realizadas por medio de dos formas. La primera consistiendo en que el propio Administrador emita una nueva disposición general que suplante la anterior y la segunda en que la Asamblea General Ordinaria de Condóminos acuerde la modificación o revocación de la medida dictada, siguiendo el procedimiento descrito en el respectivo apartado del presente capítulo.

Por último, se explicaron en qué consisten las modificaciones a estructuras y adecuaciones del condominio que no impliquen cambios a la Escritura Constitutiva, al Reglamento Interno y a las disposiciones emitidas por el Administrador. Se mencionó que éstas modificaciones consisten en aquellas que se realicen a determinados aspectos del condominio que no se encuentran regulados en los documentos antes descritos. Entre este tipo de cambios, se hizo énfasis en las modificaciones que los condóminos pueden hacer sobre el interior de sus Unidades de Propiedad Privativas, así como las que la Asamblea General de condóminos puede realizar sobre diversas obras del condominio que no impliquen modificaciones a la construcción general del mismo descrito en la Escritura Constitutiva, tales como cambiar las fachadas del condominio o pintarlo de un diferente color.

Para el caso de las modificaciones que puede realizar el condómino, se señaló que este puede realizar las alteraciones que desee sobre su propiedad siempre que no violente las disposiciones prohibitivas que establezcan tanto el Reglamento Interno del condominio así como de la LPCIENL. Para el caso de las modificaciones que puede realizar la Asamblea General, se mencionó que el procedimiento consiste en la celebración de una Asamblea General Ordinaria, siguiendo el procedimiento descrito en el respectivo apartado.

V. BIBLIOGRAFÍA

Arredondo Galván, Francisco Xavier. **El Nuevo Régimen Jurídico del Condominio.** Noviembre, 2002. Disponible en línea: Revista de Derecho Notarial Mexicano. No. 117, Tomo I, 2002. <https://historico.juridicas.unam.mx/publica/rev/indice.htm?r=dernotmx&n=117> (Consulta: 14 de abril de 2024).

Disponible en línea: **Real Academia Española** <https://dle.rae.es/modificar> (Consulta 14 de abril de 2024).

Domínguez Martínez, Jorge A., **El Régimen de Propiedad y Condominio en el Distrito Federal: Regulación legal cada vez más deficiente.** México, Porrúa, 2013. Disponible en línea en: <https://archivos.juridicas.unam.mx/www/bjv/libros/8/3781/1.pdf> (Consulta 12 de abril de 2024), p. 52.

Gómez Portugal, Alfonso. **Algunas consideraciones a propósito de la Ley del Régimen de Propiedad en Condominio de Inmuebles para el Distrito Federal.** 2007. Disponible en Revista Mexicana de Derecho, número 9, México, 2007 <http://historico.juridicas.unam.mx/publica/librev/rev/mexder/cont/9/cnt/cnt4.pdf> (Consulta 14 de abril de 2024).

Ley de Propiedad en Condominio de Inmuebles para el Estado de Nuevo León. (Promulgación 02 de mayo de 2017/11 de octubre de 2023).

Capítulo 6

PLANEACIÓN DE CONDOMINIOS

Lic. Carolina López Bustamante[1]

SUMARIO: I. INTRODUCCIÓN. II. IMPORTANCIA DE LA PLANEACIÓN. III. ASPECTOS RELEVANTES A CONSIDERAR EN LA PLANEACIÓN DEL CONDOMINIO. IV. CONCLUSIONES. V. BIBLIOGRAFÍA.

I. INTRODUCCIÓN

La planificación en el ámbito de los condominios desempeña un papel fundamental en la promoción de un desarrollo urbano ordenado y sostenible. En un contexto donde la distribución eficiente del suelo urbano es crucial para evitar un crecimiento desorganizado y aprovechar al máximo los recursos disponibles, la necesidad de optimizar el espacio se vuelve evidente, especialmente ante la escasez de terrenos urbanizables.

El crecimiento demográfico y la concentración de población en áreas urbanas han impulsado el desarrollo vertical de las ciudades, con la construcción de edificios de varios pisos. Este cambio en la estructura urbana ha dado lugar a la forma de propiedad horizontal, vertical o mixta, que requiere un marco legal específico para garantizar la convivencia pacífica entre las y los propietarios y prevenir conflictos derivados de las relaciones vecinales.

La planeación y desarrollo de condominios requiere una comprensión profunda de su organización, estructura y operatividad. La Ley de Propiedad en Condominio de Inmuebles para el Estado de Nuevo León establece los requisitos y procedimientos para la constitución

1 Licenciada en Derecho, egresada de la Universidad de Sonora, abogada asociada en Zárate Abogados. carolina@zarateabogados.com

de este régimen de propiedad, proporcionando un marco legal que orienta su establecimiento y gestión.

En este contexto, la importancia de la planificación estratégica se hace evidente, ya que proporciona un enfoque objetivo y sistemático para la toma de decisiones. Lo cual es crucial para definir objetivos claros, diseñar estrategias efectivas y garantizar una gestión adecuada de los ingresos y gastos asociados al condominio.

Además, implica la identificación de las particularidades necesarias para su correcto funcionamiento, como la estructura del Régimen de Propiedad en Condominio, las responsabilidades de cada órgano que lo conforma, la asignación del proindiviso y los derechos de parte indivisa, entre otras. Asimismo, se deben definir las áreas y bienes de uso común, así como los procedimientos para su conservación y mantenimiento. Es necesario establecer medidas para resolver conflictos y sancionar la morosidad en el pago de cuotas de mantenimiento.

En resumen, la planificación de condominios es fundamental para promover un crecimiento urbano organizado y sustentable, así como para garantizar los derechos y deberes de los propietarios en un ambiente de convivencia pacífica y armoniosa.

Este capítulo busca proporcionar una visión general de los aspectos clave previamente señalados, relacionados con la planificación de condominios, con el objetivo de brindar conocimientos que permitan anticipar situaciones y favorecer un desarrollo óptimo para su beneficio.

II. IMPORTANCIA DE LA PLANEACIÓN

Es fundamental llevar a cabo una planificación eficiente del suelo urbano para garantizar una distribución óptima de sus distintos usos y destinos, evitar el crecimiento desorganizado, aprovechar de manera adecuada los recursos disponibles y fomentar un desarrollo urbano más sostenible.

La creciente explosión demográfica y la consiguiente concentración de población en áreas urbanas ha promovido un desarrollo vertical de las ciudades, caracterizado por la construcción de edificios de varios pisos con múltiples departamentos, pertenecientes a diferentes propietarios.[2]

Esta estructura implica que, además de ser propietarios exclusivos de sus respectivos departamentos, los propietarios son copropietarios de partes comunes, como áreas de uso compartido y servicios. Esta compleja forma de propiedad requiere un marco legal específico para preservar la convivencia pacífica entre los copropietarios y prevenir y resolver los conflictos derivados de las relaciones de vecindad.

En ese contexto, resulta importante traer a colación el concepto de condominio, para tal fin se hace una transcripción de lo establecido en el artículo 2° de la Ley de Propiedad en Condominio de Inmuebles para el Estado de Nuevo León:

> *"Artículo 2.- Para efectos de esta Ley se entiende por:*
>
> ...
>
> *CONDOMINIO: El régimen bajo el cual uno o varios propietarios de uno o un grupo de inmuebles establecen una modalidad de propiedad en la que el o los Condóminos tendrán un derecho singular y exclusivo de propiedad sobre las Unidades de Propiedad Privativa y además un derecho de copropiedad sobre las Áreas y Bienes de Uso Común de un inmueble que comparten necesarios para un adecuado uso y disfrute.(...)"*

Por lo tanto, es crucial regular aspectos como la propiedad exclusiva y común, la participación de los propietarios en estas áreas compartidas, sus derechos y obligaciones, el establecimiento de reglamentos internos, así como la formación de la Asamblea General de Condóminos[3], que se abordarán más adelante.

Ahora bien, la propiedad horizontal, vertical o mixta, ha experimentado un crecimiento notable y sostenido en las áreas urbanas,

---

2 Madsen, M. D., Paasch, J. M., & Sørensen, E. M. "**Danish Urban and 3D Property Design**". 2021. Disponible en línea: FIG e-Working Week 2021: Smart Surveyors for Land and Water Management – Challenges in a New Reality. International Federation of Surveyors. <https://www.fig.net/resources/proceedings/2021/2021_05.htm> (Consulta: Abril 10, 2024).

3 Torres Vazquez, Aníbal. "**Propiedad Horizontal**". Abril, 2016. Disponible en línea: Revista Jurídica Docentia et Investigatio. No. 1, 2016 <https://revistasinvestigacion.unmsm.edu.pe/index.php/derecho/article/view/12322/11023> (Consulta: Abril 12, 2024).

siendo cada vez más relevante en la configuración de comunidades cohesionadas. En este contexto, surgen diversos requisitos normativos y necesidades administrativas que, por disposición legal, recaen en la responsabilidad de el o la administradora.[4]

La conversión de edificios de departamentos en condominios significó que para cada unidad de departamentos se formó un bien inmueble individual y al mismo tiempo se formó una propiedad común para las partes restantes de la propiedad.

En este contexto, la planificación o la previsión de condominios se vuelve fundamental y para ello, es primordial comprender en primer lugar su organización, estructura y funcionamiento. Estos conceptos básicos proporcionan el conocimiento necesario para una planeación adecuada y el correcto funcionamiento de estos espacios.

La creación de un proyecto condominal es un gran reto, debido a que en éste se establecen las características del proyecto inmobiliario, en el cual se deben determinar los componentes diferenciadores y aquello que asegure la permanencia del mismo.

En primer lugar, cabe mencionar que del artículo 4° de la Ley de Propiedad en Condominio de Inmuebles para el Estado de Nuevo León[5], se desprenden los lineamientos para la constitución del régimen de propiedad en condominio, un acto jurídico fundamental que regula la coexistencia y el uso compartido de áreas y bienes comunes en inmuebles tanto nuevos como existentes o en proyecto, así como en terrenos urbanos.

La constitución del mismo debe llevarse a cabo ante un Notario Público, lo cual implica que uno o varios individuos, generalmente desarrolladores o inversionistas, formalizan su voluntad de establecer este tipo de propiedad para mejorar su aprovechamiento. En este proceso, dos o más personas, cada una con su derecho privado, utilizan, comparten y acceden a áreas y bienes de uso común, sin menoscabo de su unidad de propiedad privativa. Así, se crea una entidad con personalidad jurídica propia, sujeta a disposiciones legales tanto generales como específicas establecidas en la Ley de Propiedad en Condominio y, de manera supletoria, en el Código Civil vigente para el Estado.

4 Idem.

5 **Ley de Propiedad en Condominio de Inmuebles para el Estado de Nuevo León** (Promulgada Mayo 2, 2017/Oct. 11, 2023)

Para llevar a cabo esta formalización, los desarrolladores o inversionistas deben cumplir previamente con los requisitos establecidos por la autoridad competente, que en este caso es la Secretaría de Desarrollo Urbano. Esto implica obtener la autorización correspondiente para el desarrollo del proyecto, garantizando así el cumplimiento de los ordenamientos, planes y programas en materia de desarrollo urbano aplicables al lugar en donde se ubican los inmuebles.

En la etapa de planeación de un Condominio, se crea el diseño del proyecto inmobiliario, y con ello, se debe hacer un estudio para comprobar que es posible construir el proyecto en el lugar que se pretende; además se debe revisar cuáles son los lineamientos urbanísticos aplicables para que se autorice la construcción del mismo. Es requisito realizar diversos trámites ante las autoridades correspondientes con relación a la solicitud de autorizaciones, permisos y licencias que vayan de acorde al proyecto que se desea y que éste cumpla con lo establecido en los ordenamientos urbanísticos aplicables.

En este sentido, antes de proceder con la constitución del régimen de propiedad en condominio, es imprescindible que los propietarios hayan obtenido las autorizaciones de la autoridad municipal competente para el desarrollo del proyecto inmobiliario. Esto implica haber presentado y completado una solicitud de trámite que incluye documentos como la acreditación de la propiedad, la descripción detallada de las áreas generales, privativas y de uso común, los planos de localización y construcción, así como las licencias y autorizaciones pertinentes relacionadas con el lote o predio en cuestión, como lo son, la autorización de las Factibilidades, la Licencia de Uso de Suelo, Licencia de Construcción y Lineamientos Generales, entre otros requisitos.

Asimismo, se considera importante traer a colación que en la etapa de planeación o bien, de creación del diseño del proyecto inmobiliario, en el caso particular de un Condominio, resulta importante analizar las diversas opciones que existen de estructura para éstos, con la finalidad de asegurarse de que se cumple con las necesidades y características que se pretenden.

En esa tesitura, según lo establece el artículo 5° de la Ley de Propiedad en Condominio de Inmuebles para el Estado de Nuevo

León[6], los Condominios de acuerdo a sus características de estructura, podrán ser:

a) Verticales: Inmueble edificado en más de un nivel en un terreno común con Unidades de Propiedad Privativa y derechos de copropiedad sobre el suelo y demás elementos y partes comunes del inmueble para su uso y disfrute;

  i) Este desarrollo permite la división de una edificación para enajenarla por partes; de no existir el régimen de propiedad de condominio, no habrían dueños de ninguna parte en específico de la edificación.

  Por lo tanto, en un condominio vertical el condómino es propietario exclusivo de una unidad privativa y tiene un derecho de copropiedad sobre las áreas de uso común y el suelo.

b) Horizontales: Aquéllos inmuebles con construcción horizontal donde el condómino tiene derecho de uso exclusivo de una parte del terreno y es propietario de la edificación que se encuentra establecida en el mismo y además titular de un derecho de copropiedad para el uso y disfrute de las áreas de uso común.

  i) Esta clase de desarrollo permite la división del suelo para su enajenación, manteniendo el proyecto de carácter privado.

  De tal manera que, en el condominio horizontal, el condómino tiene un derecho de propiedad exclusiva sobre una parte del terreno y un derecho de copropiedad sobre las áreas comunes.

c) Terrenos urbanos: Lotes de terreno individual, a los cuales se les considera como Unidades de Propiedad Exclusiva, en el que cada condómino edificará su construcción considerando las especificaciones técnicas que se establezca en la licencia de construcción correspondiente aunado a las normas generales y especiales del Condominio.

---

6 Ley de Propiedad en Condominio de Inmuebles para el Estado de Nuevo León (Promulgada Mayo 2, 2017/Oct. 11, 2023)

d) Mixtos: El conformado por condominios verticales y horizontales, que pueden estar constituidos en grupos de Unidades de Propiedad Privativa.

   i) En esta clase de desarrollo, no todos los condóminos tienen los mismos derechos de copropiedad y se permite la creación de proyectos por etapas.

Se hace mención de que los condominios también pueden clasificarse de acuerdo a su uso, lo cual deviene importante conocer, para asegurarse de que el uso que corresponde a la unidad de propiedad privativa es el que se pretende, los cuales podrán ser:

a) Habitacional: Aquellas destinadas a la vivienda.
b) Comercial o de servicios: Unidades de Propiedad Privativa destinadas a un giro o servicio que corresponda según su actividad, por ejemplo: tienda de especialidades como mueblería o restaurantes.
c) Industrial: Las que se destinan a actividades propias del ramo, por ejemplo manufacturas y talleres.
d) Mixtos: En los cuales las Unidades de Propiedad Privativa se destinan a dos o más de los usos señalados anteriormente.

Los condóminos deben considerar que los permisos, licencias y/o autorizaciones que se requieran para operar el giro autorizado y pretendido, deberán tramitarse por su cuenta.

En ese orden de ideas, primeramente se hace mención de que a las organizaciones de condominios se les puede entender como un sistema en el que hay partes que de manera coordinada y en interacción buscan alcanzar objetivos en común o bien, como un conjunto de partes interdependientes que funcionan como un todo dentro de ciertos límites para alcanzar un fin o propósito en común.[7]

Por lo tanto, en un primer momento se deben determinar cuáles son los objetivos precisos y encontrar los medios propicios para lograrlo sin perder de vista que ello sea conforme a derecho. Es así que

---

[7] Solano Rodríguez, Omar Javier. **Diagnóstico del proceso de planeación estratégica en la propiedad horizontal: caso Santiago de Cali-Colombia**, 2011, pág. 145. Disponible en línea: Dialnet. https://dialnet.unirioja.es/servlet/articulo?codigo=3904685 Fecha de consulta: 27 de marzo de 2024.

la planeación es un instrumento de gestión en el que se sigue un proceso lógico, progresivo y coherente, orientado a las acciones futuras que se deben ejecutar.

La planeación proporciona un marco de referencia crucial para la toma de decisiones y es esencial a lo largo de toda la organización. Existen planes a largo y corto plazo, formales e informales; en los dos primeros casos, es necesario desarrollar políticas y procedimientos e integrarlos con las funciones individuales de quienes participan en el proceso organizativo. La proyección futura de la planeación constituye una parte integral de la función administrativa, siendo un aspecto clave para enfrentar un entorno complejo y siempre cambiante, como el que rodea a los conjuntos residenciales sujetos al régimen de condominios.[8]

Para comprender de mejor manera la importancia de conocer las particularidades de las clases de estructura de los condominios, se trae el siguiente ejemplo: la visión del desarrollador es construir un fraccionamiento privado en el que se vendan viviendas de estilo contemporáneo, con un parque privado y áreas deportivas con albercas exclusivas para los condóminos; el desarrollo horizontal le permitirá que cada condómino sea propietario del suelo y edificación de su unidad privativa y a la vez copropietarios de las áreas comunes.

Planificar estratégicamente implica adoptar un enfoque objetivo y sistemático para la toma de decisiones en la organización. Esto puede interpretarse de dos maneras distintas: en primer lugar, la elaboración de un plan sobre las posibles decisiones futuras de una organización y en segundo lugar, diseñar una ruta de acción personal para el futuro. No obstante, en ambos casos, se enfrenta la incertidumbre sobre lo que depara el futuro y cómo actuar de manera adecuada para lograr los objetivos fundamentales.

Por consiguiente, la planeación debe orientar a la organización para aprovechar las oportunidades económicas en beneficio de la comunidad residente en la copropiedad. Esto implica adaptar las estrategias a las necesidades, recursos y capacidades propias, con el fin de ofrecer un potencial atractivo de valorización de las áreas comunes y rentabilidad en las unidades de propiedad exclusiva.

---

8 Idem. (pág. 147)

Además, la planeación debe permitir el análisis de los aspectos que conforman la misión, la definición de objetivos y el diseño de estrategias de desarrollo, así como garantizar un manejo adecuado de los ingresos, el control de los gastos y los costos.

Aunque existen varios modelos para elaborar un plan estratégico, difieren principalmente en el procedimiento o la forma, pero no en los aspectos relevantes para su diseño y desarrollo.[9]

La planeación es una herramienta fundamental que permite a las organizaciones prepararse para afrontar las situaciones futuras, orientando sus esfuerzos hacia metas de desempeño realistas. Por tanto, es menester conocer y aplicar los elementos que intervienen en el proceso de planeación.

Este proceso representa las funciones primarias a las que los administradores están comprometidos, y cuyas responsabilidades principales son tradicionalmente clasificadas en los procesos administrativos. Es un proceso complejo que requiere un enfoque sistemático para identificar y analizar los factores externos a la organización y confrontarlos con sus capacidades.[10]

De esta manera, si bien es cierto el proceso de planificación no es de carácter obligatorio, cuánto más tarde en realizarse ésta, se tendrá menos posibilidad de elaborar estrategias para proteger la rentabilidad y la funcionalidad de los proyectos.

Teniendo en cuenta lo mencionado anteriormente, se puede afirmar que la planificación de condominios representa una herramienta fundamental para alcanzar eficiencias significativas en proyectos inmobiliarios y de condominios. Al tener en cuenta las circunstancias particulares y específicas para su desarrollo, se generan beneficios directos que impactan positivamente en la rentabilidad de los negocios, contribuyendo así a la creación de productos inmobiliarios más competitivos en el mercado.

---

9 Solano, Rodríguez, Omar Javier. **La Administración en la Propiedad Horizontal.** 2021. Cali – Colombia. Editorial Facultad de Ciencias de la Administración de la Universidad del Valle.

10 Koonts, Harold. Weihrich, Heinz. **Administración una perspectiva global.** 14a Edición. México. Editorial Mcgraw-Hill. Disponible en línea:Editorial Mcgraw-Hill <https://frh.cvg.utn.edu.ar/pluginfile.php/22766/mod_resource/content/1/Administracion_una_perspectiva_global_y_empresarial_Koontz.pdf > (Consulta: Abril 12, 2024)

III. ASPECTOS RELEVANTES A CONSIDERAR EN LA PLANEACIÓN DEL CONDOMINIO

Previo al desarrollo de los temas que se sugiere que se analicen en la planeación de un condominio, es importante considerar que la realización de un estudio legal que prevea el cumplimiento regulatorio, así como que organice los derechos, restricciones y responsabilidades que existen dentro del régimen de propiedad en condominio, tiene la finalidad de gestionar posibles intereses en conflicto entre múltiples propietarios de un desarrollo para la correcta operación del mismo.

De manera evidente, es una tarea compleja, pues tal y como fue mencionado anteriormente, el concepto de condominio tiene los beneficios de propiedad, pero al mismo tiempo conlleva los desafíos de administrar una propiedad común. Sin perder de vista que el valor de la unidad de condominio de propiedad individual depende de la organización de éstos sobre la propiedad común.

Por lo tanto, no se debe ser pasivo en el proceso de formación de un condominio, puesto que puede traer como consecuencia una transformación no deseada de los derechos y responsabilidades de propiedad, lo cual puede generar conflictos entre las y los propietarios y entre el o la desarrolladora/propietaria original.

En virtud de lo anterior, en este apartado se comentará sobre diversos aspectos que se deben tomar en consideración en la etapa de planeación, además del análisis de las diversas estructuras de los condominios que fue previamente comentado; los cuales se deberán integrar en la Escritura Constitutiva del Régimen de Propiedad en Condominio, así como en el Reglamento Interno, para la correcta operación de un condominio.

En esa tesitura, las particularidades que se abordarán de manera general en el presente y que son indispensables para el funcionamiento y operación del condominio, son las siguientes:

- La administración del condominio.
- Las áreas comunes y la asignación del proindiviso.
- La Asamblea General y las votaciones.

En primer lugar, al momento de planear la constitución de un régimen de propiedad en condominio, es esencial determinar las facultades con las cuales estará investida su administración, mismas que irán contenidas en el reglamento interno del condominio, a fin de contar con una organización enfocada en generar resultados prácticos con base en la Ley, así como velar por los derechos y obligaciones de los integrantes del condominio, en específico de los condóminos.

Ahora bien, de acuerdo con lo establecido en la legislación correspondiente, resulta fundamental definir de manera clara las responsabilidades de cada cargo para garantizar una planificación efectiva. Esto implica informar adecuadamente y asegurar la participación de las personas pertinentes, conforme a lo dispuesto por la Ley. Entre estas figuras clave se encuentran en la Ley de Propiedad en Condominio de Inmuebles para el Estado de Nuevo León[11], los siguientes:

a) Administrador(a): Una persona física o moral designada por la Asamblea General que debe desempeñar la función de Administración de un Condominio conforme a lo establecido en la Ley y el propio Reglamento Interno.

   Esta puede ser tanto una persona física como una persona moral, en este segundo caso, la empresa pone a disposición trabajadores y trabajadoras, alguien idóneo para desempeñar este cargo, sería alguien con habilidades directivas como lo es el liderazgo, buena comunicación, manejo de estrés y de tiempo,[12] conocimientos claros y concretos de la labor que debe realizar, así como aquellos conocimientos específicos, necesarios y requeridos para las funciones, actividades y responsabilidades que conlleva un condominio.

b) Asamblea General: La conforman todos los Condóminos y es el Órgano Supremo del Condominio; constituye la máxima instancia para la toma de decisiones, en la cual se expresan, discuten y resuelven asuntos de interés propio y común, pudiendo ser Ordinaria o Extraordinaria.

---

[11] **Ley de Propiedad en Condominio de Inmuebles para el Estado de Nuevo León** (Promulgada Mayo 2, 2017/Oct. 11, 2023)

[12] Torres-Flórez, Dagoberto y otros. "**Perfil de los administradores de propiedad horizontal en conjuntos residenciales: sus características sociodemográficas, compensaciones y competencias**". Octubre, 2021. Disponible en línea: Cuadernos Latinoamericanos de Administración. No. 33, 2021 <https://www.redalyc.org/journal/4096/409672512007/409672512007.pdf> (Consulta: Abril 12, 2024).

Los términos para su celebración se establecen en la ley de la materia, en la Escritura Constitutiva y en el Reglamento Interno. Otra razón por la cual se vuelve fundamental la correcta elaboración de los instrumentos que rigen el funcionamiento interno para evitar conflictos y contrario a ello, tener de manera clara los alcances y limitaciones para conservar el orden.

c) Comité Consultivo y de Vigilancia: Son los Condóminos electos en la Asamblea General, que tienen las funciones de vigilar, evaluar y dictaminar el puntual cumplimiento de las tareas del Administrador(a), la ejecución de los acuerdos y las decisiones que sea tomadas en la Asamblea General en todos los asuntos comunes del Condominio. Esta figura nace con la intención de prevenir la afectación directa de los intereses y derechos de los Condóminos.

d) Comités: Este se refiere las instancias de autogestión, son atemporales y no son obligatorias, se conforman por objetivos concretos, conformadas por la organización de Condóminos o Poseedores de las Unidades de Propiedad Privativa para tender servicios complementarios de interés de la Asamblea. Un ejemplo puede ser un Comité de Convivencia para intentar resolver conflictos escuchando a todas las partes involucradas.

Cabe destacar que la ley de la materia establece que las personas que sean parte de la Administración del Régimen en Propiedad de Condominio, en caso de ser Condóminos, deberán acreditar estar al corriente con sus pagos y no se les generará ningún derecho de carácter laboral. En caso de que sean personas externas que brindan su servicio profesional, deberá mediar contrato y éste debe reunir los requisitos fiscales correspondientes.

Aunque la Ley de Propiedad en Condominio de Inmuebles para el Estado de Nuevo León detalla en diversas disposiciones las funciones de la administración mencionados anteriormente, es importante reconocer que lo estipulado en la Escritura Pública, es decir, las disposiciones adicionales establecidas por las y los particulares para mejorar el funcionamiento del condominio según sus intereses y las propias características del proyecto, que cumplan con los requisitos formales para su validez, también deberán ser consideradas.

De lo anterior, es posible advertir que la ley de la materia establece la regulación de las figuras que participan en el Régimen de Propiedad de Condominio, sin embargo existen diversas cuestiones que resulta importante prever situaciones que ésta no establece, preguntándose qué podría pasar y evitar conflictos, pérdidas o consecuencias negativas. Una idea de esto, sería preguntarse, ¿qué va a pasar si fallece el o la administradora, en caso de ser persona física?, ¿quién tomará su lugar de forma inmediata?, ¿en qué momento se deberá asignar a alguien más?

También, es importante establecer si el cargo de el o la administradora podrá ser delegable o no y en cuáles casos; por ejemplo, en el caso que la administradora sea una persona moral, como podría ser una Asociación Civil creada por los mismos condóminos, y en el Reglamento Interno del Régimen se le otorgue la facultad de delegar funciones, ésta a su vez podrá subcontratar a diversa persona física y/o moral para cumplir con dicho cargo.

Asimismo, en esta línea de cuestiones que se deben prever, los desarrolladores suelen ser los administradores del condominio, lo cual resulta lógico, sin embargo, ¿qué pasa cuando todas las unidades de propiedad privativa ya fueron vendidas y empiezan a ocuparlas los condóminos?, ¿cuánto tiempo deberá permanecer el desarrollador como administrador? o bien, ¿en qué momento se podrá designar a un nuevo administrador?

Con relación al segundo punto, se menciona que en el Régimen de Propiedad en Condominio existe la asignación de derechos y deberes para aquéllos bienes comunitarios, ello hace referencia a la asignación del indiviso[13], lo cual se refiere a la situación en la que los propietarios de las Unidades de Propiedad Privativa dentro de un condominio comparten la copropiedad de ciertas áreas comunes del inmueble de manera conjunta e indivisible, como lo son los pasillos, escaleras, áreas verdes u otros espacios que comparten los residentes del condominio.

En esa tesitura, por proindiviso se debe comprender el porcentaje que representa la Unidad de Propiedad Privativa de cada Condómino

---

13 Góngora Nazareno, Francisco Andrés. Mosquera Abadía, Henry Alberto. Arango Espinal, Edwin. "**Administración de Propiedad Horizontal, Sistema de gestión y perfilamiento profesional**". Colombia 2022, Universidad del Valle. Disponible en línea: <https://libros.univalle.edu.co/index.php/programaeditorial/catalog/book/731> (Consulta: Abril 12, 2024)

en los términos que haya sido establecido, lo que sirve de base para establecer los derechos y obligaciones que le corresponden a cada quien.

La unidad de propiedad privativa se divide en bienes de propiedad exclusiva (propiedad divisa) y bienes de propiedad común (propiedad indivisa), dos manifestaciones que están estrechamente ligadas y no pueden separarse en el ámbito jurídico.

En ese orden de ideas, cada bien de propiedad exclusiva constituye una unidad funcional aprovechable según su naturaleza o destino, y su propiedad incluye un porcentaje de participación en los bienes comunes. Aunque los bienes de propiedad exclusiva son fundamentales en los condominios, su propiedad conlleva una cuota de participación en los bienes comunes, ya que estos son necesarios para el uso y disfrute de los bienes exclusivos. Esta cuota de participación en los bienes comunes no puede ser transferida o gravada por separado del bien exclusivo al que está vinculada, excepto en el caso de elementos comunes que hayan sido desafectados y puedan ser enajenados por separado.[14]

Aunque cada propietario tiene su unidad privativa, la propiedad de estas áreas comunes es compartida entre todas y todos los dueños de las unidades en el condominio. Por lo tanto, todos deben participar en su cuidado. En consecuencia, resulta menester establecer la cuota de participación en la que se determine el monto que le corresponde a cada propietario sobre los gastos de los servicios y/o bienes comunes, su conservación, mantenimiento y administración.

Con relación a lo antes expuesto, se considera relevante señalar que el artículo 2° la ley de la materia dispone que las áreas y bienes de uso común son:

> *"Artículo 2.- Para efectos de esta Ley se entiende por: (...)*
>
> *ÁREAS Y BIENES DE USO COMÚN: Las que pertenecen en forma proindiviso a los Condóminos y su uso estará regulado por esta Ley, las del Código Civil vigente para el Estado, la Escritura Constitutiva y el Reglamento Interno, cuyo uso, aprovechamiento y mantenimiento es responsabilidad de los Condóminos y Poseedores. (...)"*

---

[14] Torres Vazquez, Aníbal. "**Propiedad Horizontal**". Abril, 2016. Ob. cit

Es fundamental establecer con claridad cuáles serán las áreas y bienes de uso común dentro de un régimen de condominio. Estas áreas no solo deben ser identificadas, sino que también se debe garantizar su existencia, seguridad y conservación para el uso y disfrute de todos los condóminos.

Es imprescindible que quede claro que estas áreas son de propiedad común y no pueden dejar de serlo, de manera que no surjan dudas sobre las contribuciones que cada propietario debe hacer para su mantenimiento y conservación, con las excepciones debidamente establecidas. Este enfoque garantiza la protección de los derechos de todos los propietarios y evita posibles conflictos o disputas en relación con el uso y disfrute de estas áreas compartidas.

Es crucial también establecer con precisión quiénes serán los responsables de los daños ocasionados en estas áreas comunes y el procedimiento para cobrar los costos asociados. Por lo general, estos costos se distribuyen en proporción al valor de cada piso o departamento, asegurando así una distribución equitativa de las responsabilidades financieras.

Además, se pueden establecer en el Reglamento Interno o en los manuales que del mismo emanen, multas e indemnizaciones según la gravedad de la situación y la necesidad de resolver cada caso de manera adecuada. Esta medida no solo promueve el cuidado y la conservación de las áreas comunes, sino que también protege los derechos de los demás propietarios y garantiza un ambiente armonioso dentro del condominio.

Es posible señalar cuáles serán los supuestos que se deben actualizar o cuáles serán las faltas que por incumplimiento por parte de algún propietario o propietaria, inclusive de sus invitados, puede llevar a la suspensión de beneficios o incluso restringir el acceso a ciertos bienes de uso común dentro del condominio. Esta medida, aunque pareciera ser drástica, se convierte en una herramienta necesaria para garantizar la seguridad y el bienestar de todas y todos los condóminos, así como para mantener el orden y la armonía en la comunidad.

Por otra parte, se debe considerar establecer o regular respecto a los propietarios que éstos no pueden reclamar derechos de uso exclusivo sobre las áreas de uso común, no obstante se puede reconocer la posibilidad de que ciertas partes comunes sean utilizadas exclusivamente por una o varias Unidades de Propiedad Privativa.[15] Se sugiere que éstas solamente sean aquellas que no son indispensables para el funcionamiento general del edificio, para no afectar la operatividad del sistema ni la seguridad.

Un ejemplo de áreas comunes de uso exclusivo pueden ser las terrazas a las que solo puede acceder una Unidad de Propiedad Privativa o los espacios de estacionamiento que su uso puede estar reservado, bodegas, cuartos de servicio, entre otras. Recomendándose su estipulación en los Reglamentos determinando su uso y disfrute para evitar conflictos.

Por último, con relación al tercer punto sobre la Asamblea General y las votaciones, se debe considerar aunque no parezca ser relevante, el regular la forma de convocar y organizar las reuniones de la Asamblea General, determinar cuáles serían las consecuencias de no cumplir con obligaciones, definir la manera con la cual se podrá garantizar transparencia respecto a las decisiones y resultados, o bien, dentro de los Comités, su objetivo y alcance, su composición, cuánto tiempo va durar o si será permanente.

Ahora bien, no debe perderse de vista que se requiere un quórum para la votación de temas de interés de la Asamblea General. En este contexto, resulta relevante anticipar restricciones en cuanto al ejercicio del voto, especialmente cuando una persona, generalmente el desarrollador, tiene el 30% o más del Proindiviso.

Lo anterior, se debe a que, en una votación durante la Asamblea General, la mayoría simple se define como el número de votos que represente más del 50% del Proindiviso presente. Por lo que, no establecer ciertas limitaciones, como requerir el voto a favor de la mayoría del porcentaje restante[16], le permitiría tomar decisiones de manera unilateral o arbitraria y no serían resultado de un proceso deliberativo y consensuado que tome las opiniones y perspectivas de los demás involucrados.

---

15 Barreiro, Pablo R. Gonzalía, María Victoria. "**La asamblea como órgano del consorcio de propiedad horizontal**". Agosto, 2019. Disponible en línea: Revista Electrónica. <https://www.colegio-escribanos.org.ar/biblioteca/cgi-bin/ESCRI/ARTICULOS/74590.pdf > (Consulta: Abril 12, 2024)

16 Artículo 29, fracción VII. **Ley de Propiedad en Condominio de Inmuebles para el Estado de Nuevo León.**

Ahora bien, en relación con la limitación del derecho de voto, es importante destacar que la ley establece una suspensión temporal claramente definida de este derecho. Esta suspensión se actualiza en determinadas circunstancias específicas que están debidamente señaladas en el artículo 34 de la ley en comento, el cual a la letra dice:

> *"Artículo 34.- Se suspenderá su derecho a voto a los Condóminos o Poseedores morosos en la Asamblea General Ordinaria y en la Extraordinaria conservando siempre su derecho a voz en ambas.*
>
> *En las Asambleas Generales Extraordinarias convocadas para modificar la Escritura Constitutiva, extinguir el Condominio o afectar el dominio de las Áreas y Bienes de uso común del inmueble, los Condóminos o Poseedores morosos sí podrán ejercer su derecho a voto.*
>
> *Para efectos de esta Ley se incurre en conducta morosa por:*
>
> *I. Falta de pago de una cuota o más para el fondo de mantenimiento y administración y el fondo de reserva;*
>
> *II. Falta de pago de una Cuota Extraordinaria de acuerdo a los plazos establecidos; y*
>
> *III. Sentencia judicial o laudo administrativo debidamente ejecutoriado, se haya condenado al pago de daños a favor del Condominio y éste no haya sido cubierto.*
>
> *Los Condóminos o Poseedores Morosos no serán considerados para el quórum de instalación de la Asamblea General, estando además impedidos para ser electos como Condómino Administrador o miembros del Comité Consultivo y de Vigilancia."*

De lo anterior, es posible comprender que se suspenderá el derecho al voto a los Condóminos o Poseedores que incurran en las faltas de pago antes señaladas. Por lo tanto, resulta indispensable que dentro de la planificación del Condominio se establezcan de manera clara las obligaciones de pago de las cuotas de mantenimientos y demás gastos comunes, definiendo los plazos de pago y las consecuencias por morosidad, el posible cobro de intereses y demás sanciones. Además, sin perder de vista que los Condóminos o Poseedores morosos no serán considerados para el quórum de instalación de la Asamblea General.

Con relación a lo antedicho, resulta importante determinar dentro del reglamento interno de quién será la obligación de pagar las cuotas y de asistir a las Asambleas Generales, ¿del propietario o del poseedor de la unidad de propiedad privativa? O bien, determinar en qué escenarios deberá ser el primero y en cuáles el segundo?

Respecto a las cuotas ordinarias, extraordinarias y los fondos de reserva en los proyectos de desarrollo de condominios, es crucial considerar que estos proyectos suelen ser prolongados o ejecutados por etapas. Por lo tanto, es fundamental anticipar cómo y cuándo se realizarán éstos cobros. Si se opta por pagos mensuales antes de que las unidades de propiedad privativa estén listas o sin tener certeza sobre la duración de la construcción, podría resultar poco rentable. Se sugiere explorar alternativas o tomar decisiones que beneficien a los condóminos. Una opción viable podría ser establecer un cobro simbólico hasta la finalización del desarrollo, e incluso algunos prefieren cobrar las cuotas hasta que se formalice la escritura de propiedad de la unidad de propiedad privativa.

Asimismo, deben establecerse procedimientos claros y justos para el cobro de las cuotas y las cuotas atrasadas; se pueden incluir notificaciones formales, recordatorios de pago y la posibilidad de recurrir a medidas legales para la recuperación de los pagos pendientes. Aunado a la implementación de mecanismos eficaces que monitoreen y controlen el cumplimiento de las obligaciones de pago por parte de los propietarios o poseedores según sea el caso. Ya que lo comentado en el presente son algunos de los puntos que se deberán integrar en la Escritura Constitutiva del Régimen de Propiedad en Condominio, así como en el Reglamento Interno, para la correcta operación de un condominio.

IV. CONCLUSIONES

Después de un análisis exhaustivo sobre la importancia de la planificación en el contexto de los condominios y la exploración detallada de los derechos, restricciones y responsabilidades que acompañan a su gestión, emerge una conclusión contundente: la planificación efectiva y la organización adecuada son los pilares fundamentales que sustentan el funcionamiento armonioso y eficiente de estos complejos inmobiliarios.

La planificación no se limita únicamente a una cuestión de ordenamiento urbano; va mucho más allá. Se erige como una herramienta esencial para contrarrestar el crecimiento desorganizado de las áreas urbanas y promover un desarrollo sostenible que tenga en cuenta tanto las necesidades presentes como las futuras de la comunidad. En el contexto actual, caracterizado por la escasez de terrenos urbanos disponibles, la planificación eficiente del suelo se convierte en un imperativo para optimizar el uso del espacio disponible y garantizar un desarrollo urbano que sea económicamente viable y respetuoso con el medio ambiente.

Además, la planificación adecuada es esencial para prevenir y resolver conflictos entre propietarios, así como para promover la convivencia pacífica en comunidades multifamiliares. La comprensión clara de los derechos, responsabilidades y restricciones asociados con la propiedad en condominio es crucial para mantener el equilibrio y la equidad entre los miembros de la comunidad, así como para asegurar un ambiente seguro y armonioso en el que todos los residentes se sientan cómodos y respetados.

La identificación y asignación adecuada de las áreas comunes y privativas, así como la definición de los roles y responsabilidades de los diferentes actores involucrados en la gestión del condominio, son aspectos clave que contribuyen significativamente a su buen funcionamiento y mantenimiento a largo plazo. La claridad en cuanto a la titularidad y el uso de estas áreas, así como la transparencia en la asignación de responsabilidades y costos asociados, son esenciales para evitar malentendidos y conflictos entre los propietarios.

En resumen, la planificación efectiva y la comprensión cabal de los aspectos legales, administrativos y sociales relacionados con los condominios son esenciales para asegurar la calidad de vida de sus residentes, promover un ambiente seguro y armonioso, y preservar el valor y la funcionalidad de estas propiedades en el tiempo. Solo mediante un enfoque integral y proactivo hacia la planificación y gestión de los condominios se pueden alcanzar los objetivos de desarrollo urbano sostenible y comunidad cohesionada que tanto se persiguen en la actualidad.

V. BIBLIOGRAFÍA

A. Doctrina

Barreiro, Pablo R. Gonzalía, María Victoria. "**La asamblea como órgano del consorcio de propiedad horizontal**". Revista Electrónica. 2019

Góngora Nazareno, Francisco Andrés. Mosquera Abadía, Henry Alberto. Arango Espinal,

Edwin. "**Administración de Propiedad Horizontal, Sistema de gestión y perfilamiento profesional**". Universidad del Valle 2022.

Madsen, M. D., Paasch, J. M., & Sørensen, E. M. "**Danish Urban and 3D Property Design**".

Smart Surveyors for Land and Water Management – Challenges in a New Reality. International Federation of Surveyors. 2021

Solano Rodríguez, Omar Javier. **Diagnóstico del proceso de planeación estratégica en la propiedad horizontal: caso Santiago de Cali – Colombia.** Fundación Dialnet, Universidad De La Rioja. 2011

Solano, Rodríguez, Omar Javier. **La Administración en la Propiedad Horizontal.** Editorial

Facultad de Ciencias de la Administración de la Universidad del Valle. 2021

Torres-Flórez, Dagoberto y otros. "**Perfil de los administradores de propiedad horizontal en conjuntos residenciales: sus características sociodemográficas, compensaciones y competencias**". 2021.

Torres Vazquez, Aníbal. "**Propiedad Horizontal**". Juridica Docentia et Investigatio. 2016

Koonts, Harold. Weihrich, Heinz. Administración una perspectiva global. 14a Edición. México. Editorial Mcgraw-Hill. 2012

B. Legislación

— **Ley de Propiedad en Condominio de Inmuebles para el Estado de Nuevo León** (Primera publicación en el Periódico Oficial del Estado, el día 02 de mayo de 2017. Última reforma publicada en el POE 11 de octubre de 2023).

Capítulo 7
LA LEGISLACIÓN CONDOMINAL ¿CIVIL O ADMINISTRATIVA?

Lic. Jesús Arguijo González[1]

SUMARIO: I. INTRODUCCIÓN. II. ANTECEDENTES DE LA LEGISLACIÓN CONDOMINAL. III. NATURALEZA JURÍDICA DEL RÉGIMEN EN CONDOMINIO. IV. ÓRDEN PÚBLICO. V. FACULTAD REGLAMENTARIA MUNICIPAL. VI. RESERVA DE LEY. VII. CRITERIOS JURISPRUDENCIALES. VIII. CONCLUSIONES. IX. BIBLIOGRAFÍA

I. INTRODUCCIÓN

En el presente capítulo nos adentraremos en la evolución de la legislación condominal dentro del territorio mexicano. Lo anterior, con la finalidad de resolver una incógnita que en la actualidad surge respecto a las normas jurídicas que regulan al régimen en condominio, si estas son de naturaleza meramente civil o también de carácter administrativo. Situación que de mismo modo nos ayuda a comprender cuales son los límites del Estado, hasta dónde puede regular al régimen en condominio.

Así las cosas, de inicio se expondrán brevemente algunos de los antecedentes más relevantes de la legislación condominal para posteriormente proceder a entender la naturaleza jurídica de la figura del Régimen en Condominio y así dilucidar cuál normativa es la que la rige a la luz del concepto de orden público. Seguido de esto, atenderemos la facultad reglamentaria específicamente respecto a los municipios en correlación al principio de Reserva de Ley con la intención de dilucidar hasta qué punto es reglamentable el Régimen en Condomi-

1 Licenciado en Derecho de la Facultad Libre de Derecho de Monterrey

nio a través de un cuerpo normativo de carácter administrativo. Por último, a manera de cierre, daremos un vistazo a diversos criterios jurisprudenciales en los que se discute si el Régimen en Condominio es de naturaleza civil o administrativa.

II. ANTECEDENTES DE LA LEGISLACIÓN CONDOMINAL

Para el jurista Felipe de la Mata Pizaña, lo que entendemos por régimen de propiedad en condominio dio sus primeros destellos en la Edad Media con los contratos de albergue mediante los cuales se fraccionaba el uso de ciertos inmuebles para otorgarles diversos giros por un tiempo determinado. Situación que se materializa en las costumbres erigidas por Carlos VII y las costumbres de Orleáns. No obstante, es el propio de la Mata Pizaña quien refiere que la figura del régimen de propiedad en condominio no se universaliza sino hasta el nacimiento del Código Napoleónico en el que se reguló a través del capítulo de las servidumbres. Figura que al igual que muchas naciones, llegó a México a través del Código Civil de 1870 que plasma idénticamente el texto del Codigo de Napoleón. Situación que después es ubicada en el capítulo de copropiedad en el Código de 1884 para posteriormente legislarse de manera especial por primera en 1954 hasta la redacción vigente de 1998[2].

A su vez, Xavier Arredondo Galván nos refiere que previo a la existencia del concepto acuñado en el Código de 1954, el concepto de régimen en condominio se regulaba por las disposiciones de servidumbre y medianería de manera analógica, dado que para ese entonces era una práctica poco frecuente. Siendo que con la primera regulación se acepta la teoría dualista de Charles Julliot donde se concibe al régimen en condominio como una modalidad de la propiedad en la que coexisten dos derechos reales, el primero de propiedad indivi-

[2] De la Mata Pizana, Felipe. **Naturaleza Jurídica del Régimen de Propiedad en Condominio del Código de Napoleón a la Legislación Vigente del Distrito Federal en Código de Napoleón. Bicentenario. Estudios jurídicos.** México, Porrúa. 2005. Disponible en línea: Biblioteca Jurídica Virtual UNAM <https://biblio.juridicas.unam.mx/bjv/detalle-libro/4592-codigo-de-napoleon-bicentenario-estudios-juridicos> (Pp.145-148).

dual y exclusiva sobre una unidad y el segundo accesorio e indivisible del primero, representado sobre los elementos comunes del inmueble. Redacción que se fue integrando del Código Civil Federal a cada uno de los Códigos Civiles en cada entidad federativa.[3]

Posteriormente, ese mismo año de la reforma al Código, se pública la norma reglamentaria al artículo 951 del Código Civil denominándose como "Ley Sobre el Régimen de Propiedad en Condominio de los Edificios Divididos en Pisos, Departamentos, Viviendas y Locales", aceptándose intrínsecamente la teoría dualista del francés en el propio nombre dado a la norma en cuestión. Norma la cual muta de una ley reglamentaria a una Ley especial en 1972 con la Ley sobre el régimen de propiedad en condominio de inmuebles para el Distrito Federal y Territorios Federales.[4]

Hasta los antecedentes vistos podemos darnos cuenta que el régimen en condominio nace como una solución dentro de la legislación civil para intentar regular la modalidad dual de la propiedad que surge con dicha figura. Es decir, de primera impresión pareciera ser que el régimen de propiedad en condominio única y sencillamente es una figura de la legislación civil que regula una modalidad de la propiedad sin mayor reparo a otras regulaciones o intervención por parte del Estado. No obstante, dicha situación cambia en el año 1998 cuando se publica la nueva "Ley de Propiedad en Condominio de Inmuebles para el Distrito Federal".

Arredondo Galván nos refiere que desde 1995 un movimiento encabezado por la entonces Asamblea de Representantes del Distrito Federal y la Procuraduría Social del Distrito Federal se erigió con la finalidad de realizar diversas modificaciones a la normativa del régimen de propiedad en condominio a través de una nueva Ley. Principalmente, con la idea de mejorar la calidad de vida condominal a través de la mejora regulatoria de la administración condominal, unidades habitacionales, gobierno condominal y protección civil de los condominios. Ley la cual entró al foco de críticas, ya

3 Arredondo Galván, Francisco Xavier. "*El nuevo régimen jurídico del condominio*". S.F. Disponible en línea: **Revista de Derecho Notarial Mexicano.** No. 117, Tomo I <https://revistas-colaboracion.juridicas.unam.mx/index.php/derecho-notarial/article/view/6881/6184> (Pp. 96-98).

4 Loc. Cit.

que pasó a contener además de normas de orden civil, una serie de disposiciones de naturaleza administrativa. Sin embargo, la crítica no iba orientada hacia que la norma contuviera disposiciones de carácter administrativo, sino que el Congreso de la Unión conociera de una iniciativa de ley propuesta por la asamblea legislativa del distrito federal con disposiciones de carácter civil, cuando en ese tiempo solo el Congreso de la Unión tenía facultades para legislar en materia civil.[5]

De los antecedentes en cita, podemos darnos cuenta que el régimen en condominio de mantenerse como una figura normativa meramente civil, pasó a contener diversas disposiciones normativas de carácter administrativo, como lo es el ejemplo del entonces Distrito Federal (ahora Ciudad de México), en el que se introducían facultades de verificación, sancionatoria y de conciliación a la Procuraduría Social del Distrito Federal. He aquí donde surge la cuestión de preguntarnos si a la fecha la legislación condominal sigue siendo meramente civil, administrativa o una mezcolanza de ambas.

Para dar respuesta a dicha cuestión, resulta necesario abordar múltiples análisis respecto a diversas cuestiones como lo es la naturaleza del régimen en condominio así como las cuestiones constitucionales en cuanto a la facultad de creación de normas en materia condominal o los pronunciamientos de los tribunales al respecto la naturaleza de la normativa condominal. De lo cual, primero resulta pertinente abocarnos a la naturaleza de la figura del régimen en condominio con la intención de entender la finalidad de dicha figura, y así, marcar una pauta inicial respecto hacia dónde va encaminada dicha figura, si lo es ser solamente una figura de carácter civil que regule una modalidad de la propiedad o al día de hoy va mucho más allá. Cuestión que se desarrollará en el próximo apartado.

---

5 Arredondo Galván, Francisco Javier. **La Nueva Ley de Propiedad en Condominio de Inmuebles para el Distrito Federal y sus Reformas y Adiciones.** México, Jurídicas UNAM. S.F>. Disponible en línea: Biblioteca Jurídica Virtual UNAM <http://historico.juridicas.unam.mx/publica/librev/rev/mexder/cont/2/cnt/cnt1.pdf>. Pp.3-5).

III. NATURALEZA JURÍDICA DEL RÉGIMEN EN CONDOMINIO

Felipe de la Mata Pizaña nos explica que en la Ciudad de México, el régimen de propiedad en condominio se entiende de la siguiente manera:

> *"modalidad del derecho real de propiedad por la cual cada uno de los dueños de las unidades de propiedad exclusiva (llamados condóminos) tienen pleno dominio sobre las mismas, conjuntamente con derechos de copropiedad sobre las áreas comunes de un bien inmueble jurídicamente dividido".*[6]

Definición que bien puede acuñarse para el resto del territorio de la república, pues como bien se mencionó con antelación, de la Ley Condominal del Distrito Federal (ahora Ciudad de México) fue la norma base en materia condominal, la cual posteriormente fue replicada en el resto de las entidades federativas. Normas con algunas disidencias en algunos de los estados de la república, pero que en esencia mantienen la misma visión respecto de lo que debe entenderse por régimen de propiedad en condominio.

Ahora bien, de la Mata Pizaña nos explica que desde que inició la regulación de la propiedad en régimen en condominio han circulado por el paso de los años diversas teorías respecto a su naturaleza jurídica (históricas y contemporáneas) las cuales pasan de conceptualizarla como un tipo de servidumbre a considerarla una modalidad de la propiedad en la que existen dos derechos paralelos, el de propiedad y copropiedad. incluso, algunas que la conceptualizan como una personalidad jurídica. Teorías respecto de las cuales con la cual comulga es la teoría dualista de propiedad preponderante, la cual explica que dos derechos reales, copropiedad y propiedad, subsisten indisolublemente en el condominio, pero la propiedad es el derecho principal al que se encuentra unido de manera accesoria la copropiedad de las áreas comunes.[7]

Asimismo, de la Mata Pizaña nos refiere que la norma condominal aplicable en la Ciudad de México acoge la teoría dualista de la

---

6 Ob.Cit. De la Mata Pizana, Felipe. P.145.

7 Ibidem.Pp.148-155

propiedad, lo cual se desprende del párrafo segundo del artículo 8 de la Ley. Esto es así, ya que del referido artículo se desprende que el derecho de copropiedad sobre los elementos comunes del inmueble es accesorio e indivisible del derecho privativo sobre la unidad de propiedad exclusiva, lo que hace imposible su separación, enajenación o alguna imposición de gravamen por separado.[8]

De lo anterior, podemos inferir que la naturaleza jurídica del régimen en condominio reside en una figura meramente civil, creada y orientada a regular una modalidad de la propiedad con dualidad de derechos coexistentes, siendo el derecho de propiedad sobre una unidad privativa y de copropiedad sobre las áreas comunes de un inmueble. Entonces, resulta necesario preguntarnos el por qué se dio esta evolución en la normativa condominal, que orillo al Estado o cuál fue la justificación de este, para empezar a introducir normas de carácter administrativo respecto de una figura que de manera superficial regula una figura civil como lo sería una compraventa o arrendamiento.

Para esto, resulta útil enfocarnos nuevamente a la Ley de Propiedad en Condominio de Inmuebles para el Distrito Federal, norma en la cual por primera vez se introdujeron normas de carácter administrativo sobre dicha figura. Norma de la cual, Arredondo Galván nos dirige a su artículo primero, en el cual se refiere que las disposiciones de la mencionada ley son de orden público e interés público[9]. Calificativo que se le da a la Ley con el cual pareciera que el Estado pretende justificar la adscripción de la materia administrativa sobre dicha materia. Análisis, el cual será materia del próximo apartado.

IV. ÓRDEN PÚBLICO

Respecto del concepto de orden público, el jurista Jorge Alfredo Domínguez Martínez nos explica que por orden público debemos entender aquellas normas y principios con las que se apoya el Estado para velar por los bienes y valores que requieren de su protección, al ser estos de interés general de la sociedad, anteponiendose en todo

---

8 Ibidem. Pp.154-155

9 Ob. Cit. Arredondo Galván, Francisco Xavier. "*El nuevo régimen jurídico del condominio*". Pp. 102-101

momento a los intereses particulares si estos no comulgan con los del interés general.[10]

A lo cual, el mismo Domínguez Martínez refiere que entonces serán de orden público aquellas normas estructurales y orgánicas del Estado; las que regulen la relación entre autoridades. No obstante, el autor refiere que también serán de orden público aquellas normas que regulen la relación Estado inter particular cuando se encuentren en un plano de igualdad, en razón de que se busca proteger el interés general, en razón de que lesionar al Estado sería lesionar al interés general.[11]

Volviendo al calificativo de orden público que se le da a la norma condominal previamente referida, el propio Arredondo Galván infiere que al revestirle dicho calificativo, se reconoce que pueden existir normas que no son de orden público e interés social. A lo cual el jurista se cuestiona si en realidad existe alguna norma que no sea de orden público e interés social. De lo que explica que existen leyes de carácter privado como un código civil, en la que de manera simultánea coexisten normas de orden público y normas de interés particular, entendiendo que por de orden público se entenderán aquellas de carácter irrenunciable por tratarse de normas diseñadas para proteger el interés general sobre el particular. O bien, normas que pretenden proteger los fines que el Estado persigue, como lo es la justicia, seguridad jurídica, paz, el buen funcionamiento de los servicios públicos o la moralidad entre las relaciones entre los particulares[12].

Lo anterior, nos deja entrever que existe un tipo de comodín para que el Estado justifique la utilidad pública de cualquier materia que pretenda regular a través de disposiciones de carácter administrativo con la finalidad de intervenir en su regulación de manera directa; comodín que consiste en agregarle el calificativo de orden público la materia que se pretende regular. Esto se dice así, pues el concepto de

---

10 Domínguez Martínez, Jorge Alfredo. **Orden Público y Autonomía de la Voluntad.** México, Jurídicas UNAM. S.F>. Disponible en línea: Biblioteca Jurídica Virtual UNAM <https://archivos.juridicas.unam.mx/www/bjv/libros/8/3834/9.pdf>. P. 83

11 Ibidem. P. 85.

12 Ob. Cit. Arredondo Galván, Francisco Xavier. "*El nuevo régimen jurídico del condominio*". Pp. 102-101.

orden público resulta en una figura tan amplia y abstracta que resulta muy difícil acotarla, por lo que bastaría con que el Estado infiera que alguna materia de su interés por regular le reviste dicha característica para intervenir. Ahora bien, tomando en cuenta que basta con que el Estado refiera que a alguna materia le reviste una cuestión de carácter público para intervenir a través de la creación de disposiciones administrativas, resulta imperioso atender cual es esta cuestión de orden público que le reviste a la materia condominal, por la cual el Estado optó por intervenir en su regulación y determinar disposiciones de carácter administrativo en la ley condominal.

Respecto a esto, Arredondo Galván nos menciona que mientras una norma de orden público regula la convivencia de la mayoría, una de orden privado regula la convivencia de una persona frente a otra. Razón por la cual el autor estima que a la norma condominal le reviste el calificativo de norma de orden público, en razón de la importancia social que tiene la vida comunitaria en dicha modalidad de la propiedad privada en la que se ven inmiscuido varios derechos de personas y razón por la cual en el entonces Distrito Federal se abogó por la intervención de un órgano administrativo de mediación.[13]

De lo anterior, podemos llegar a la conclusión de que la razón por la cual el Estado comenzó a inmiscuirse en la regulación de los regímenes de propiedad en condominio, intentando tener una participación directa fue por la circunstancia de "orden público" que implica la modalidad de la propiedad de dicha figura jurídica. Es decir, al existir multiplicidad de derechos de diversos ciudadanos (copropiedad como propiedad) inmiscuidos sobre un mismo inmueble, a su pensamiento, esto atiende a un interés general de que dichos regímenes deben encontrarse sujetos a una autoridad.

Razonamiento el cual no es único u homologado en la totalidad del territorio mexicano, pues si bien existen intervenciones por parte de autoridades, como lo son las procuradurías sociales sobre el régimen en condominio en el caso del estado de Querétaro, Sonora o Ciudad de México, también existen casos como el de Nuevo León en el que no existe intervención de alguna autoridad respecto al régi-

---

13 Ob. Cit. Arredondo Galván, Francisco Javier. **La Nueva Ley de Propiedad en Condominio de Inmuebles para el Distrito Federal y sus Reformas y Adiciones.** Pp.18-19

men en condominio y en cambio se mantiene una figura mucho más clásica, más orillada a una figura meramente civil sin disposiciones administrativas.

Así mismo, se considera que el orden público del que subyace la necesidad de regular mediante disposiciones administrativas el régimen de propiedad en condominio nace a raíz del derecho a la vivienda digna y decorosa consagrado en el artículo cuarto constitucional. Esto se dice así, pues basta con observar las novedosas políticas públicas insertas en instrumentos de ordenamiento territorial en los que se aboga por cuestiones de vivienda social o habilitación de espacios verdes o públicos dentro de conjuntos habitacionales, los cuales, necesariamente deberán constituirse a través del régimen de condominio, al ser esta la figura que modula la modalidad de la propiedad en la que comulgan diversos derechos individuales y a la vez comunales de distintos ciudadanos. Siendo, que si bien a través de los instrumentos de ordenamiento territorial no se materializa una intervención directa por parte del Estado, pues el fomento de dichas políticas públicas se realiza a través de recomendaciones compaginadas de incentivos fiscales o apoyos a los desarrolladores; lo que sí nos permite es observar ese interés del Estado de inmiscuirse en la regulación de la figura del regimen en condominio, peculiarmente, a lo que se conoce por "cultura condominal".

Tan es así, que como de la ya ejemplificada ley condominal aplicable a la Ciudad de México, a dicho de Arredondo Galván, en la cual se introduce a la Procuraduría Social (en carácter de autoridad) a la fórmula de la cultura condominal, la cual se encargará de sancionar las acciones cometidas por los condóminos que transgredan la ley condominal así como las regulaciones internas del condominio, lo cual se efectuará respetando las formalidades de un procedimiento formalmente administrativo, conforme a la Ley de Procedimiento Administrativo del Distrito Federal.[14]

Sin obviar las otras intervenciones de la referida autoridad sobre el régimen en condominio, pues como bien lo menciona Arredondo Galván, la Procuraduría Social interviene de tres maneras, a saber:

---

[14] Ob. Cit. Arredondo Galván, Francisco Xavier. "*El nuevo régimen jurídico del condominio*". Pp.194-195.

> *"Como conciliador: si la parte afectada presenta su reclamación ante la Procuraduría Social, esta disposición legal evita engorrosos y una notable pérdida de tiempo que sin duda afecta a la productividad de los ciudadanos.*
>
> *Como árbitro: en caso de que las partes expresamente designen como tal a la Procuraduría Social.*
>
> *Como sancionador: por la via del procedimiento administrativo de aplicación de sanciones".* [15]

De lo anterior, parecería que si bien existen disposiciones de carácter administrativo que regulan la materia condominal, estas se limitan a regular los conflictos condominales, a través de la intervención de una autoridad conciliadora y sancionadora ante infracciones a la ley condominal, dicho límite no resulta ser tan claro. Pues podemos tomar como ejemplo el estado de Querétaro, en el cual el régimen de propiedad dejó de ser regulado a través de una ley civil de carácter especial y en cambio se integró a un capítulo del Código Urbano del Estado de Querétaro, norma de carácter esencialmente administrativo.

Incluso, es de advertirse que la referida norma prevé la sujeción de la constitución del régimen en condominio a una previa previa autorización municipal, como bien lo reza su artículo 214:

> *"Artículo 214. A fin de autorizar un condominio o unidad condominal, las autoridades municipales deberán verificar que los mismos reúnan las condiciones y requisitos en materia de desarrollo urbano, ecología, salubridad y protección civil, previstos en las leyes correspondientes".*

Autorización municipal que tiene por finalidad que el régimen en condominio que se pretende constituir cumpla con los requisitos en materia de desarrollo urbano y diversas. Sin embargo, cabe preguntarnos si acaso dichos cumplimientos no corresponden a cualquier edificación que se pretenda desarrollar, independientemente se trate de una régimen en condominio o no. Se estima que se está realizando una combinación entre distintas materias que resulta un tanto

---

15 Ob. Cit. Arredondo Galván, Francisco Javier. **La Nueva Ley de Propiedad en Condominio de Inmuebles para el Distrito Federal y sus Reformas y Adiciones.** Pp.77-78

perjudicial, pues se está borrando la línea divisoria entre lo que es netamente civil concerniente al régimen condominal en cuanto a su organización y estructura, y lo que es materia administrativa como lo es en tema de desarrollo urbano como lo es el cumplimiento de lineamientos urbanísticos que determine la autoridad municipal.

Tan es así, que volviendo a ejemplificar con el caso del Estado de Querétaro el ya referido Código, incluso limita la modificación del propio régimen en condominio a una nueva autorización municipal.

> *"Artículo 222. Cualquier modificación a la escritura constitutiva del régimen y al reglamento interno del condominio se aprobará por mayoría calificada. La modificación deberá constar en escritura pública e inscribirse en el Registro Público de la Propiedad y del Comercio de la entidad y ante la autoridad municipal correspondiente.*
>
> *Si la modificación implica variación a lo autorizado por la autoridad municipal correspondiente al momento de la constitución del régimen, deberá contar con una nueva autorización de dicha autoridad".*

Cuestión que sucede del mismo modo en el estado de Sonora, como bien se puede observar en el artículo 9 de la Ley de Propiedad en Condominio de Inmuebles para el Estado de Sonora:

> *"Artículo 9.- Cualquier modificación a la Escritura Constitutiva y al Reglamento Interno se aprobará, en Asamblea General, por mayoría simple de por lo menos el cincuenta y un por ciento de votos de la totalidad de los condóminos que representen el cien por ciento del valor nominal del Condominio. La modificación deberá constar en escritura púbica e inscribirse en el Registro Público de la Propiedad y del Comercio. Si la modificación implica variación a lo autorizado por las instancias municipales al momento de la constitución del régimen, se deberá contar con una nueva autorización de las mismas."*

Situación que no acontece en el caso del estado de Nuevo León, pues la constitución de un régimen de condominio es un acto jurídico de carácter meramente civil, cuya constitución queda sujeta únicamente a la formalización mediante notario público (como algunos actos jurídicos de carácter civil), como bien se observa en al artículo 4 de la Ley de Propiedad en Condominio de Inmuebles para el Estado de Nuevo León:

“Artículo 4.- El régimen de propiedad en Condominio puede constituirse en construcciones nuevas o en proyecto, en inmuebles construidos con anterioridad, así como en terrenos urbanos.

La constitución de dicho régimen es el acto jurídico mediante el cual el propietario o propietarios de un inmueble formalizan, ante Notario Público, su voluntad de establecer esa modalidad de propiedad para su mejor aprovechamiento, y en el que, dos o más personas teniendo un derecho privado, utilizan, comparten y acceden a las Áreas y Bienes de Uso Común, asumiendo condiciones que les permiten satisfacer sus necesidades de acuerdo al uso del inmueble, en forma conveniente y adecuada para todos y cada uno, sin demérito de su Unidad de Propiedad Privativa, contando con personalidad jurídica propia aplicándose de manera supletoria el Código Civil vigente para el Estado y rigiéndose por lo establecido en la presente Ley.

Para realizar dicha formalización, él o los propietarios deberán, previamente, cumplir con los requisitos que establezca la autoridad correspondiente, y en su caso obtener la autorización, a efecto de que se garantice el respeto a los ordenamientos, planes y programas en materia de desarrollo urbano aplicables en el lugar de ubicación del o de los inmuebles.”

Lo anterior, sin obviar la lógica obligación de contar con las respectivas autorizaciones en materia de desarrollo urbano para que la edificación sobre la que se pretende materializar el régimen en condominio pueda llevarse a cabo, siendo que se tratan de actos independientes y autónomos uno del otro. De esto, se considera que si bien existen ciertas áreas respecto de la regulación del régimen de propiedad en condominio en las que el Estado puede verse involucrado, como lo es la comunidad condominal, deben existir límites respecto a la libertad de organización, estructura, funcionamiento, diseño y distribución de un régimen en condominio.

Pues considerar correcto que el Estado no encuentre límite alguno respecto a su intervención en la regulación del régimen en condominio, sería limitar la autonomía de la voluntad respecto de un acto jurídico de carácter civil sin un fin de interés público legítimo. Pues basta preguntarnos, qué fin público atiende que una autoridad pueda decidir respecto al diseño de las áreas comunes de un condominio, que decida cuántos cajones de estacionamiento deberá contar cada unidad privativa, o que quede a visto buena de esta alguna modificación a la estructura del condominio. Se puede decir, que necesariamente la autoridad además de atender en cierto grado una sana cultura condominal, solo debería observar que el régimen en condominio cumpla con las directrices en materia de desarrollo urbano, tal y como lo debe efectuar con cualquier otro proyecto, sin que eso implique interferir en su diseño si este no contraviene las disposiciones urbanísticas.

Ahora bien, aterrizada la idea de que una de las justificaciones mediante las que el Estado ha intervenido con la integración de dispositivos de carácter administrativo en la figura del regimen en condominio, ha sido la cuestión del origen público que le reviste a dicha figura en razón de la cultura condominal en la que se ve inmiscuida una comunidad de derechos de diversas personas; resulta pertinente conducirnos a otra interrogante referente a la regulación normativa del régimen del condominio. Es importante determinar qué autoridades se encuentran facultadas para legislar, material o formalmente en materia de regímenes de condominio. Pues si bien es indiscutible la existencia de normativa de carácter administrativo que regula la susodicha modalidad de la propiedad, la cuestión no es tan clara cuando se trata de delimitar la facultad de las autoridades para reglamentar o legislar dicha materia.

Dicha duda nace a raíz de que a la fecha dentro del territorio nacional ya existen incluso reglamentaciones municipales en materia condominal. Tal es el caso del Reglamento en Materia de Convivencia y Administración Condominal para el Municipio de Corregidora, Qro. Cuestión que nos orilla a preguntarnos si existe siquiera algún límite constitucional respecto a qué autoridades se encuentran facultadas para regular el régimen en condominio. Para atender a dicha cuestión, resulta necesario pronunciarnos al respecto de la facultad reglamentaria y el principio de reserva de ley, lo cual se efectuará en los próximos dos apartados.

V. FACULTAD REGLAMENTARIA MUNICIPAL

Respecto a la facultad reglamentaria de los Ayuntamientos, Israel Chaparro Medina nos explica que es aquella facultad municipal de carácter constitucional para desarrollar situaciones de derecho que se encuentran insertas en la ley, mediante la expedición de reglamentos aplicables a la jurisdicción municipal. También acota la facultad reglamentaria municipal a la materia de bando de policía y gobierno, los relativos a las normas contenidas en la Constitución Local, las leyes orgánicas municipales y leyes expedidas para aplicación municipal.[16]

Por otro lado, Juan Manuel Gutierrez Tenorio nos refiere que en palabras de la Suprema Corte de Justicia de la Nación, los ayuntamientos pueden expedir dos tipos de normas reglamentarias, a saber:

> *"a) El reglamento tradicional de detalle de las normas, que funciona similarmente a los derivados de la fracción I del artículo 89 de la Constitución Federal y de los expedidos por los gobiernos de los estados, en los cuales la extensión normativa y su capacidad de innovación está limitada, pues el principio de subordinación jerárquica exige que el reglamento esté precedido por una ley cuyas disposiciones desarrolle complemente o pormenorizar y en las que encuentre en si su justificación y medida; y*
>
> *b) Los reglamentos derivados de la fracción II del artículo 115 constitucional, que tienen una mayor extensión normativa, ya que los Municipios, respetando las bases generales establecidas por las legislaturas, pueden regular con autonomía aquellos aspectos específicos de la vida municipal en el ámbito de su competencia, lo cual les permite adoptar una variedad de formas adecuadas para regular su vida interna, tanto en lo referente a su organización administrativa y sus competencias constitucionales exclusivas, como en la relación con sus gobernados, atendiendo a las características sociales, económicas, biogeográficas, poblacionales, culturales, urbanísticas, entre otras, pues los municipios deben ser iguales en lo que es consustancial a todos —lo cual se logra con la emisión de las bases generales que emite la Legislatura del Estado—, pero tienen el derecho, derivado de la Constitución Federal, de ser distintos en lo que es propio de cada uno de ellos, extremo que se consigue a través de la facultad normativa exclusiva que les confiere la citada fracción II".*[17]

---

16 Chaparro Medina, Israel. **Reglamentación Municipal.** México, Jurídicas UNAM. S.F>. Disponible en línea: Biblioteca Jurídica Virtual UNAM <https://archivos.juridicas.unam.mx/www/bjv/libros/13/6266/1.pdf>. Pp. 11-12).

17 Gutierrez Tenorio, Juan Manuel. **La Facultad Reglamentaria del Municipio, Límites y Alcances en Relación a los Derechos Humanos.** México, Universidad

Es decir, de manera sintetizada existen dos tipos de reglamentos municipales, los primeros, aquellos que nacen por su subordinación de Ley, los cuales la misma ley habilita y faculta a los municipios para desarrollar ciertas situaciones de derecho contempladas de manera general en la ley; y los segundos, aquellos que la propia constitución le otorga a los municipios la facultad originaria de reglamentar y que se encuentran previstos en el artículo 115 constitucional, los cuales van orientados a regular las atribuciones organización y funcionamiento de los ayuntamientos.

Chaparro Medina nos enlista los reglamentos sobre los que los municipios cuentan con competencia constitucional:

> *"a) Los que establezcan y regulen la estructura y funciones de la administración pública municipal centralizada y paramunicipal, incluyendo el reglamento del ayuntamiento;*
>
> *b) Los que tiendan a asegurar la creación, funcionamiento y prestación de los servicios públicos municipales y el ejercicio de las funciones que la Ley confiera al Municipio y al propio Ayuntamiento;*
>
> *c) Los que refieran a las facultades en materia de obra pública, desarrollo urbano, fraccionamientos, zonificación, vivienda y ecología;*
>
> *d) Los que tengan por materia la construcción, inspección y vigilancia de inmuebles y otorgamientos de licencias, permisos y autorizaciones.*
>
> *e) Los que atiendan la asistencia y salud pública, incluyendo venta de bebidas alcohólicas;*
>
> *f) Los que regulen las actividades de los habitantes del Municipio, en un marco de respeto al derecho, la paz pública y la tranquilidad, que propicien el desarrollo de la vida comunitaria, incluyendo diversiones, espectáculos, comercio, establecimientos fijos o ambulantes, centros nocturnos, juegos permitidos y otros;*
>
> *g) Reglamentos que estructuran los órganos de participación y colaboración ciudadana.*

Ibero León. S.F. Disponible en linea EPIKEIA Derecho y Politica <https://epikeia.iberoleon.mx/numeros/25/facultad-reglamentaria-municipio-derechos-humanos.pdf> (p.10-11)

h) Cualquier otro que le permita ejercer sus competencias y cumplir con sus fines".[18]

De los tipos de reglamento enlistados, podría intentarse encajar la materia condominal en alguno de las fracciones c) o d), no obstante, como bien referimos anteriormente, creemos que la materia condominal si bien se encuentra relacionada con la materia de desarrollo urbano y construcción (pues mientras la materia de desarrollo urbano regula los lineamientos urbanísticos aplicables a las viviendas, la materia condominal regula un tipo de vivienda, llamemoslo comunitaria o compartida); son materias completamente independientes una de la otra. Pues si bien la edificación de un proyecto condominal se encuentra sujeta al cumplimiento de las normas de carácter urbanístico, cualquier otra edificación o proyecto inmobiliario que no le revista el carácter de régimen en condominio también se encuentra sujeto al cumplimiento de dicha normativa. Por lo que se considera que no puede ser un parámetro para intentar regular la estructura, organización y funcionamiento de un régimen en condominio a través de normas urbanísticas.

Ahora bien, hay que destacar la facultad reglamentaria referida en el inciso h) previamente citado, en la que faculta a los municipios para reglamentar cualquier tópico que le permita ejercer sus competencias y cumplir con sus fines, del cual debe debe decirse que pareciera que funciona como un comodín para los municipios de reglamentar cualquier materia, pues bastaría con la consideración de estos de que se trata de una materia necesaria que le permita ejercer sus competencias y cumplir con sus fines. Sin embargo, se estima que dicha habilitación a los municipios se encuentra acotada a las competencias que en Ley le faculten. Lo cual nos lleva al primer tipo de reglamento al que hace alusión Gutiérrez Tenorio el cual el jurista entiende como reglamento tradicional, el cual funciona como instrumento jurídico que detalla una ley la cual faculta su reglamentación.

No obstante, debe decirse que dicho tipo de reglamento no es irrestricto sino que se encuentran sujetos a ciertos límites los cuales Gutiérrez Tenorio anuncia:

---

18 Ob. Cit. Chaparro Medina, Israel. **Reglamentación Municipal**. P. 22.

"1) No pueden estar en oposición a la Constitución General ni a las de los Estados, así como tampoco a las leyes federales o locales;

2) En todo caso, deben adecuarse a las bases normativas que emitan las legislaturas de los Estados; y,

3) Deben versar sobre materias o servicios que le correspondan legal o constitucionalmente a los Municipios".[19]

Límites, los cuales de manera sintetizada atienden a la sujeción de los reglamentos a las leyes en sentido estricto, lo cual es el conocido principio de Reserva de Ley. Aspecto el cual se atenderá en el siguiente aspecto.

VI. RESERVA DE LEY

Miguel Carbonell, nos explica que el Principio de Reserva de Ley puede entenderse de la siguiente manera:

"La reserva de ley puede entenderse como la remisión que hace normalmente la Constitución y de forma excepcional la ley, para que sea una ley y no otra norma jurídica la que regule determinada materia. En otras palabras, se está frente a una reserva de ley cuando, por voluntad del constituyente o por decisión del legislador, tiene que ser una ley en sentido formal la que regule un sector concreto del ordenamiento jurídico".[20]

Por otro lado, el Centro de Información Jurídica explica que la mayoría de la doctrina concuerda que las normas que contienen reservas de ley, tienen como principal destinatario los órganos que producen el derecho, lo crean y no aquellos encargados de su aplicación (los que lo reglamentan). Del mismo modo refiere que las reservas son normas sobre la competencia que se asigna a un órgano determinado para dictar normas en una materia concreta.[21]

---

19 Ob.Cit. Gutiérrez Tenorio, Juan Manuel. **La Facultad Reglamentaria del Municipio, Límites y Alcances en Relación a los Derechos Humanos.** P.10-11

20 Carbonell, Miguel, *"Sobre la reserva de ley y su problemática actual"*, Vinculo Jurídico. Revista de la **Facultad de Derecho de la Universidad Autónoma de Zacatecas**, México, No. 42, Abril – Junio 2000, p. 33.

21 Centro de Información Jurídica en Línea. **Principio de Reserva de Ley en Materia Administrativa.** México, CIJL, S.F. Disponible en línea CIJL <https://cijulen-

Por otro lado, Carbonell estima que la reserva de ley cumple con una doble función; primero, una función liberal mediante la cual se limita el poder estatal tutelando los derechos de los ciudadanos; segundo la función democrática, en razón de que a través de la reserva se ratifica el dominio regulatorio al poder legislativo, representantes tanto de las mayorías como de las minorías del Estado.[22]

Por otro lado, el Centro de Información Jurídica determina que la reserva de ley sujeta tanto al legislador como a la administración, en el sentido de que el Estado sólo puede ejercer sus potestades normativas por conducto del Legislativo, lo que se consagra cuando se establece que una materia se regulará por ley reglamentaria o se establecerá mediante ley. Asimismo, refiere que la reserva de ley puede ser absoluta o relativa. Absoluta cuando es de exclusiva regulación una materia a través de una ley formal y por lo tanto no puede ser regulada por otra norma que no sea ley en sentido estricto. Por otro lado, la reserva relativa, permite que otras fuentes regulen la materia, pero tiene que ser la propia ley (formal) que de manera expresa permita su regulación y determine los límites y directrices sobre los que se encuentra sujeta la norma reglamentaria, es decir, la fuente secundaria siempre quedará subordinada a los parámetros previstos en la ley.[23]

De lo anterior, podemos sustraer dos puntos respecto al principio de reserva de Ley que resultan importantes para el análisis pretendido:

1. La reserva de ley limita constitucionalmente ciertas materias que exclusivamente podrán ser reguladas vía ley en estricto sentido.
2. La reserva de ley también infiere que para que se permita la creación de una norma reglamentaria, en los casos en que no exista una limitación constitucional, la propia ley de manera expresa debe permitir esto, atendiendo siempre a que la norma reglamentaria siempre se sujetara a las directrices de la ley originaria.

---

linea.ucr.ac.cr/portal/descargar.php?q=MzY4OQ⇒ Pp. 3-4.

22 Ob. Cit. Carbonell, Miguel, "*Sobre la reserva de ley y su problemática actual*", P. 33

23 Ob. Cit. Centro de Información Jurídica en Línea. **Principio de Reserva de Ley en Materia Administrativa.** P. 4.

De esto, debe advertirse que no existe limitación constitucional alguna respecto a la materia condominal, por lo que podría decirse que las autoridades municipales sobrepasan este primer obstáculo para encontrarse en aptitudes de reglamentar en materia condominal. No obstante, no significa que estos puedan ejercer sin mayor inconvenientes sus facultades reglamentarias, ya que debe encontrarse habilitado por una ley en sentido estricto.

Tal es el caso del Reglamento en Materia de Convivencia y Administración Condominal para el Municipio de Corregidora, Querétaro, pues dicho reglamento nace en razón de que el Código Urbano del Estado de Querétaro habilita a los municipios a reglamentar en materia condominal, tal y como lo advierte su artículo 216:

> "*Artículo 216. La constitución del régimen de propiedad en condominio es el acto jurídico formal que el propietario o propietarios de un inmueble, instrumentan ante notario público declarando su voluntad de establecer esa modalidad de propiedad para su mejor aprovechamiento.*
>
> *El régimen de propiedad en condominio se constituirá **de acuerdo a la reglamentación municipal correspondiente**".*
>
> (énfasis añadido).

Lo cual se ratifica con los considerandos del Reglamento en Materia de Convivencia y Administración Condominal para el Municipio de Corregidora, Querétaro, mediante los cuales se justifica su facultad reglamentaria sobre dicha materia:

> "*2. De igual manera, **los artículos 115 fracción II de la Constitución** Política de los Estados Unidos Mexicanos; 2, 30 fracción I, 146 de la Ley Orgánica Municipal del Estado de Querétaro, que establece que los Ayuntamientos **están facultados para organizar su funcionamiento y estructura, así como la regulación sustantiva y adjetiva en las materias de su competencia, a través de Bandos, Reglamentos,** Decretos, Acuerdos, Circulares y demás documentos que contengan disposiciones administrativas de observancia general y obligatoria en el Municipio.*
>
> *3. Así mismo, con el artículo 148 de la Ley Orgánica Municipal del Estado de Querétaro y 117 del Reglamento Interior del Ayuntamiento de Corregidora, Qro., los cuales hacen mención sobre las modificaciones en las condiciones políticas y socioeconómicas*

de los Municipios, en virtud de su crecimiento demográfico, surgimiento y desarrollo de actividades productivas, modificaciones en las condiciones políticas y múltiples aspectos de la vida comunitaria, los ***Ayuntamientos deberán adecuar su reglamentación municipal, con el fin de preservar su autoridad institucional y propiciar el desarrollo armónico de la sociedad.***

…

6. ***El crecimiento de desarrollos condominales hace impostergable la inclusión de una instancia que sea la encargada de velar el cumplimiento del presente reglamento****, de atender las inconformidades y problemáticas entre condóminos, resolverlas a través de procedimientos claros y concisos, pero, sobre todo, de abocarse a promover una cultura de respeto y tolerancia entre éstos.*

7. En el Municipio de Corregidora, con más de doscientos mil habitantes; tenemos la responsabilidad de ***mejorar la convivencia entre todos los sectores sociales, políticos y productivos*** *que tomen el deber de contribuir con reflexiones, consensos y propuestas normativas para* ***mejorar la calidad de vida de aquellos ciudadanos que habitan (o habitarán) en desarrollos de régimen de propiedad en condominio para una sana convivencia.***

8. Que el ***artículo 254 del Código Urbano del Estado de Querétaro Regula el Régimen de Propiedad en Condominio en el Estado*** *y señala que los derechos y obligaciones de los condóminos* ***se regirán por las disposiciones que se señala*** *el Código urbano del Estado de Querétaro, en el Código Civil del Estado de Querétaro,* ***y el Reglamento Municipal.***

9. Que el objetivo principal del Reglamento es ***dar solución a la problemática actual de los condominios y prever futuros problemas a través de la organización funcional*** *en cada uno de los condominios, pues es ésta la clave para propiciar la gobernabilidad en nuestro Municipio".*

(énfasis añadido).

Del fragmento en cita, podemos observar que el Municipio de corregidora para justificar la legitimidad de su reglamento en materia de convivencia condominal, primero aboca a su facultad reglamentaria prevista en el 115 constitucional, posteriormente refiere que es el Código Urbano del Estado de Querétaro (ley en sentido estricto que regula el condominio) que lo habilita a reglamentar en dicha materia y por último, justifica que la materia a reglamentar se torna en materia de interés público, pues la sociedad está interesada en mejorar la calidad de vida de aquellos ciudadanos que habitan (o habitarán) en desarrollos de régimen de propiedad en condominio y coexistan en una sana convivencia.

De lo anterior, podemos concluir que hasta cierto punto los Municipios por principio de reserva de ley no se encuentran limitados para reglamentar en materia de condominio, siempre y cuando sea el caso que la ley en sentido estricto que regula la materia condominal habilite su reglamentación, siendo que el reglamento se sujetará a las directrices de la ley en cuestión.

VII. CRITERIOS JURISPRUDENCIALES

Por último, una vez clarificados los puntos anteriores del presente análisis respecto a la evolución de la ley condominal en retrospectiva a los límites de la intervención del Estado para regular dicha figura de carácter civil con disposiciones de carácter administrativo. Siempre es imperioso voltear a ver de qué manera se han pronunciado los tribunales al respecto. Razón por la cual, en el presente apartado abordaremos algunos criterios jurisprudenciales mediante los cuales se ha discutido la naturaleza jurídica de la materia condominal.

Así, de primeras nos encontramos ante un criterio que se pronuncia en favor de determinar que la materia condominal es de naturaleza civil:

> *"COMPETENCIA POR MATERIA PARA CONOCER DEL RECURSO DE QUEJA INTERPUESTO CONTRA EL AUTO QUE DESECHA DE PLANO LA DEMANDA DE AMPARO INDIRECTO EN LA QUE SE SEÑALA COMO AUTORIDAD RESPONSABLE AL ADMINISTRADOR DE UN CONDOMINIO CON MOTIVO DE ACTOS U OMISIONES RELACIONADOS CON UN INMUEBLE QUE SE ENCUENTRA BAJO ESE RÉGIMEN. SE SURTE EN FAVOR DE UN TRIBUNAL COLEGIADO DE CIRCUITO EN MATERIA CIVIL (LEGISLACIÓN DEL ESTADO DE GUERRERO).*

Hechos: *Se promovió juicio de amparo indirecto en el que* ***se señaló como autoridad responsable al administrador de un condominio, al que se reclamaron actos cuya naturaleza jurídica deviene de la relación que le une con el quejoso como propietario de un inmueble que se encuentra sujeto al régimen de propiedad en condominio.*** *El Juez de Distrito desechó de plano la demanda, por lo que el condómino interpuso recurso de queja.*

Criterio jurídico: *Este Tribunal Colegiado de Circuito determina que* ***si en un juicio de amparo indirecto se reclaman del administrador de un condominio, por parte de uno o más condóminos, cuestiones propias del acuerdo de voluntades implícito o explícito derivado de la relación condominal, esos actos u omisiones corresponden a la materia civil, pues dada su naturaleza jurídica de índole privada, generan obligaciones y derechos entre las partes,*** *al constituir circunstancias propias de la vida interna del régimen de propiedad en condominio;* ***motivo por el cual, la competencia para conocer del recurso de queja interpuesto contra el auto que desecha de plano la demanda corresponde a un Tribunal Colegiado de Circuito en Materia Civil.***

Justificación: *Lo anterior, porque conforme a los artículos 1, 2, 4, 5 y 7 de la Ley de Propiedad en Condominio para el Estado de Guerrero Número 557, la constitución del régimen de propiedad en condominio es el acto jurídico formal y material, mediante el cual se establece esa modalidad de propiedad para el mejor aprovechamiento de un inmueble en el que dos o más personas teniendo un derecho privado utilizan y comparten áreas o espacios de uso y propiedad común asumiendo condiciones que les permitan satisfacer sus necesidades de acuerdo al destino y uso dado al inmueble en la forma conveniente y adecuada para todos y cada uno, sin demérito de su propiedad exclusiva; por tanto,* ***las cuestiones propias de un acuerdo de voluntades implícito o explícito derivado de las pretensiones relacionadas con un bien inmueble dentro de un condominio, dada su naturaleza jurídica, son de índole privada, pues cada titular disfrutará de sus derechos en calidad de propietario, en términos del Código Civil del Estado Libre y Soberano de Guerrero Número 358.*** *En consecuencia, si en un juicio de amparo indirecto se reclaman actos del administrador de un condominio por la posible afectación de los derechos de los condóminos, la competencia para conocer del recurso de queja interpuesto contra el auto que desecha de* *plano la demanda corresponde a un Tribunal Colegiado de Circuito en Materia Civil".*[24]

(Énfasis añadido).

El criterio llega a dicha conclusión, pues estima que al ser el régimen de condominio una figura de carácter civil, las cuestiones que surjan a raíz de dicho acuerdo de voluntades necesariamente deberán ser tratadas como cuestiones de carácter civil. Conforme a dicho criterio, pareciera ser que es fácil advertir el límite de la materia condominal al carácter civil. Pues los conflictos que puedan surgir a raíz de un régimen de propiedad, solo afectan a las partes.

Cuestión que se reafirma con el siguiente criterio, que determina que las disputas respecto a las áreas comunes de un condominio, no pueden ser reclamadas como actos de autoridad, pues las cuestiones atinentes a las áreas comunes han sido decididas en consenso mayoritario de la partes, tal como cualquier otro acto acto civil:

> ***"CONDOMINIO. NO ES AUTORIDAD, PARA EFECTOS DEL JUICIO DE AMPARO, SI SUS ACTOS NO SON UNILATERALES, DE IMPERIO Y SUS FUNCIONES NO ESTÁN DETERMINADAS POR UNA NORMA GENERAL (LEGISLACIÓN DEL ESTADO DE JALISCO).***
>
> *De la intelección del artículo 5o., fracción II, de la Ley de Amparo vigente, se desprende que, para los efectos del juicio de amparo, es autoridad responsable aquella que ordena, ejecuta o trata de ejecutar el acto que crea, modifica o extingue situaciones jurídicas en forma unilateral y obligatoria. Asimismo, en su párrafo segundo se establece que a los particulares les revestirá dicho carácter cuando realicen actos equivalentes a los de esa naturaleza que afecten*

---

[24] **COMPETENCIA POR MATERIA PARA CONOCER DEL RECURSO DE QUEJA INTERPUESTO CONTRA EL AUTO QUE DESECHA DE PLANO LA DEMANDA DE AMPARO INDIRECTO EN LA QUE SE SEÑALA COMO AUTORIDAD RESPONSABLE AL ADMINISTRADOR DE UN CONDOMINIO CON MOTIVO DE ACTOS U OMISIONES RELACIONADOS CON UN INMUEBLE QUE SE ENCUENTRA BAJO ESE RÉGIMEN. SE SURTE EN FAVOR DE UN TRIBUNAL COLEGIADO DE CIRCUITO EN MATERIA CIVIL (LEGISLACIÓN DEL ESTADO DE GUERRERO).** Tesis Aislada. Queja. Tribunal Colegiado del Vigésimo Primer Circuito. Clave XXI.1o.P.A.1 K *(SJF: 11a época, T V, Mayo, 2022, p, 4570).* Disponible en línea: SCJN <https://sjf2.scjn.gob.mx/detalle/tesis/2024554>.

derechos en los mismos términos y cuyas funciones estén determinadas por una norma general. Por su parte, el Código Civil para el Estado de Jalisco, en su artículo 1019 dispone que el órgano máximo del condominio es la asamblea de condóminos, quien es la encargada de determinar sus funciones. Ahora bien, ***si en la demanda de amparo se señala como autoridad responsable a un condominio, reclamándole una cuestión atinente a la disposición de un área común, la cual fue autorizada mediante asamblea ordinaria del referido conglomerado, debe colegirse que dichos actos no son equivalentes a los de una autoridad, pues además de haberse realizado en un plano de igualdad*** *(es decir, entre particulares y bajo un régimen jurídico preestablecido),* ***y de tratarse de una relación de coordinación y no de supra a subordinación, en el aprovechamiento del haber patrimonial de dicho conjunto, debe decirse, además, que con ellos no se crean, modifican o extinguen de manera unilateral, situaciones que afecten la esfera legal del quejoso, dado que para su realización fue necesario el consenso de la mayoría de los condóminos,*** *a través de su órgano supremo,* ***descartándose así que dicha persona jurídica se rija de acuerdo con disposiciones de carácter general, a fin de poder equipararse a una autoridad, propiamente dicha; tampoco es imperativo el reseñado acto reclamado, porque si bien es cierto que prevalece la voluntad de la mayoría en la toma de decisiones, también lo es que ello responde a las necesidades comunes y, por último, no es coercitivo, habida cuenta que, aun cuando es inminente su realización, obedece al ejercicio legítimo del régimen jurídico al que pertenece".***[25]

(Énfasis añadido).

Sin embargo, dicha línea parece desaparecer cuando otros criterios han determinado que existen ciertas cuestiones del régimen en condominio que sí pueden ser consideradas como actos de autoridad y por lo tanto se sujetan al derecho administrativo. Tal es el caso del

[25] **CONDOMINIO. NO ES AUTORIDAD, PARA EFECTOS DEL JUICIO DE AMPARO, SI SUS ACTOS NO SON UNILATERALES, DE IMPERIO Y SUS FUNCIONES NO ESTÁN DETERMINADAS POR UNA NORMA GENERAL** (LEGISLACIÓN DEL ESTADO DE JALISCO). Tesis Aislada. Queja. Tribunal Colegiado del Tercer Circuito. Clave III.4o.C.33 C *(SJF: 10a época, T III, Enero, 2015, p, 1859)*. Disponible en línea: SCJN <https://sjf2.scjn.gob.mx/detalle/tesis/2008335>.

siguiente criterio en el que aborda del estudio los actos u omisiones de la procuraduría social de la Ciudad de México, que determina que son actos de carácter administrativo los que ejerce dicha autoridad respecto al régimen en condominio:

> *"COMPETENCIA PARA CONOCER DEL JUICIO DE AMPARO INDIRECTO PROMOVIDO CONTRA ACTOS U OMISIONES DE LA PROCURADURÍA SOCIAL DE LA CIUDAD DE MÉXICO (PROSOC) EN EL PROCEDIMIENTO DE APLICACIÓN DE SANCIONES, PREVISTO EN LA LEY DE PROPIEDAD EN CONDOMINIO DE INMUEBLES PARA EL DISTRITO FEDERAL. CORRESPONDE A UN JUEZ DE DISTRITO EN MATERIA ADMINISTRATIVA.*
>
> ***Hechos:** Los Tribunales Colegiados de Circuito contendientes decidieron **qué Juzgados de Distrito son competentes para conocer** de las demandas de amparo indirecto que se promuevan **contra actos u omisiones de la Subprocuraduría de Derechos y Obligaciones de Propiedad en Condominio, de la Procuraduría Social de la Ciudad de México,** en un procedimiento administrativo de aplicación de sanciones, **si uno en materia administrativa o en materia civil.***
>
> ***Criterio jurídico:** La Primera Sala de la Suprema Corte de Justicia de la Nación concluye que la competencia para conocer de la demanda de amparo indirecto promovida contra actos u omisiones de la Subprocuraduría de Derechos y Obligaciones de Propiedad en Condominio de la Procuraduría Social de la Ciudad de México, **en el marco del procedimiento sancionador, corresponde a un Juez de Distrito en Materia Administrativa.***
>
> ***Justificación:** Esta Suprema Corte de Justicia de la Nación ha determinado que **la competencia para conocer del juicio de amparo indirecto se fija conforme a la naturaleza del acto reclamado; en consecuencia, el conocimiento del amparo promovido contra actos u omisiones en el marco del procedimiento sancionador previsto en la Ley de Propiedad en Condominio de Inmuebles para el Distrito Federal, compete a un Juez de Distrito en Materia Administrativa** pues, conforme a la legislación aplicable, dicho procedimiento y la actuación de la autoridad, tienen naturaleza administrativa, ya que **a pesar de que se ventilan obligaciones y derechos relacionados con el régimen de propiedad en condominio, no se trata de prestaciones de carácter civil entre***

> ***los particulares, sino de concretar las facultades regulativas de la autoridad, encaminadas a garantizar los objetivos de política pública, en torno a dicho régimen.*** *Lo anterior es así, ya que el procedimiento de aplicación de sanciones es uno característico y propio de las facultades administrativas de la Procuraduría Social, que es diferente a los procedimientos de conciliación y arbitraje que se ventilan ante ella; incluso, como se precisa en el reglamento de la ley de la materia, el procedimiento sancionador inicia después de agotadas esas otras instancias. Así,* ***es claro que, en el citado procedimiento sancionador, la Procuraduría Social actúa como autoridad, en un plano de supra-subordinación, además de que el mismo concluye con la imposición de una sanción administrativa***"[26].
>
> (Énfasis añadido).

Conclusión a la que se arriba en el criterio en cita, pues se estima que si bien se ventilan obligaciones y derechos relacionados con el régimen de propiedad en condominio, no se trata de prestaciones de carácter civil entre los particulares, sino del ejercicio de las facultades regulativas de la autoridad, encaminadas a garantizar los objetivos de política pública, en torno a dicho régimen.

De lo anterior, podemos inferir que si bien el régimen en condominio nace como una figura netamente civil con la finalidad regular una modalidad de la propiedad, a la fecha dicha ha evolucionado a raíz del intervencionismo Estatal que pretende regular ciertos aspecto de la vida condominal como lo es el aspecto de convivencia, al aparentemente ser esto de interés público, y por lo tanto, ya no podemos desconocer la dualidad persistente en el régimen en condominio respecto de sus disposiciones algunas veces y en la mayoría de carácter civil y algunas otras de carácter administrativo. Tan es así que nuestros

---

26 **COMPETENCIA PARA CONOCER DEL JUICIO DE AMPARO INDIRECTO PROMOVIDO CONTRA ACTOS U OMISIONES DE LA PROCURADURÍA SOCIAL DE LA CIUDAD DE MÉXICO (PROSOC) EN EL PROCEDIMIENTO DE APLICACIÓN DE SANCIONES, PREVISTO EN LA LEY DE PROPIEDAD EN CONDOMINIO DE INMUEBLES PARA EL DISTRITO FEDERAL. CORRESPONDE A UN JUEZ DE DISTRITO EN MATERIA ADMINISTRATIVA.** Jurisprudencia. Contradicción de Tesis. Primera Sala. Clave 1a./J. 8/2021 *(SJF: 11a época, T II, Julio, 2021, p, 1631)*. Disponible en línea: SCJN <https://sjf2.scjn.gob.mx/detalle/tesis/2023319>.

tribunales ya han reconocido que si bien la figura del regimen en condominio se trata de una figura de carácter civil, al día de hoy existen ciertos casos en los que las autoridades intervendrán en su desarrollo por lo que también habrá ciertos encuentros con normas de carácter administrativo en su regulación.

VIII. CONCLUSIONES

Primera: El régimen de propiedad en condominio es una figura que en un inicio nace de los ordenamientos juridicos de caracter civil con la idea de regular la modalidad de la propiedad en la que coexisten dos tipos de derecho reales, uno de propiedad sobre la unidad privativa y otro de copropiedad sobre las áreas comunes. Por lo tanto, pareciera que su regulación debería permanecer meramente en lo civil.

Segunda: Posteriormente, con el apogeo del uso del régimen de condominio existe un interés por parte del Estado para regular administrativamente ciertas cuestiones respecto de la propiedad del regimen en condominio bajo la bandera de que es de interés público que se regulen la cultura condominal al existir la colisión de diversos derechos de personas.

Tercera: En razón de lo anterior, el régimen de condominio deja de ser una figura regulada únicamente por el ordenamiento civil y comienzan a expedirse ciertas disposiciones de carácter administrativo que regulan algunas cuestiones del condominio, principalmente, las relativas a las de convivencia, cultura condominal y conflictos que pueden surgir entre condóminos o entre el régimen y condóminos.

Cuarta: La justificación de expedir disposiciones de carácter administrativo respecto al régimen en condominio, surge del aparente interés público de que exista una calidad de vida de aquellos ciudadanos que habitan (o habitarán) en desarrollos de régimen de propiedad en condominio para una sana convivencia, por lo que surge la obligación del Estado de velar por esta.

Quinta: Dicho interés público va aparejado con las novedosas políticas públicas en materia de vivienda, como lo es la vivienda social o asequible, orientadas a un mejor ordenamiento y aprovechamiento del suelo a través de regímenes en condominio en los que se busque ciudades compactas, con facilidades de servicios publicos, espacios publicos, etc. Pues entre estas políticas, también resulta importante la convivencia condominal.

Sexta: No obstante, si bien se encuentran correlacionado ambas materias en cierto grado, debe advertirse que son independientes una de otras, pues el régimen en condominio no deja de ser un figura de carácter privado, que si bien se encuentra sujeta al cumplimiento de las normas en materia de desarrollo urbano (como cualquier otra edificación), eso no significa que el Estado puede interferir en la estructura, organización y funcionamiento del régimen.

Séptima: Por lo tanto, se estima que como límite a la reglamentación administrativa en materia de régimen en condominio debe ser aquella que implique un interés general de la sociedad como lo es la cultura condominal, su convivencia y resolución de conflictos, como se ha hecho a través de procuradurías sociales que fungen como autoridad mediadora, conciliadora y sancionadora. Pero ir más allá, por ejemplo que la autoridad pretende sujetar a su discreción la manera en que se constituye un régimen digamos la distribución de estacionamientos o áreas comunes no se encuentra dentro del parámetro del interés general, sino que se encuentre en el campo de la autonomía de la voluntad de las partes que se someten a un régimen de condominio, pues solo a estos le afecta y es de su interés de que manera se organiza y estructura el régimen (bajo la perspectiva de que cimpla con los lineamientos ubranisticos aplicables).

Octava: Como facultad reglamentaria municipal, se estima que de manera enunciativa en la constitución no se habilita a los municipios para regular el régimen de propiedad en condominio, pero de mismo modo no existe una prohibición expresa, lo mismo sucede a la luz del principio de reserva de ley, pues constitucionalmente no existe alguna prohibición expresa de que la materia condominal deba regularse exclusivamente a través de una ley en estricto sentido.

Novena: Sin embargo, se considera que para que un municipio se encuentre habilitado para reglamentar en materia de régimen en condominio, tiene que ser la ley en sentido formal en materia condominal que de manera expresa lo habilite para reglamentar la norma, evidentemente sujeto a las directrices que la propia ley establezca.

Décima: Como bien se mencionó en el cuerpo del presente, es previsible la existencia de una mezcolanza entre el régimen de propiedad en condominio y lo concerniente al derecho urbanístico (lineamientos urbanísticos, construcción, etc.) que resulta difícil de seccionarlos en algunas situaciones, tal es el caso que las autoridades en repetidas ocasiones confunden sus límites. Dicho esto, se estima que si bien ambas materias se encuentran correlacionadas, el límite al que se encuentra la reglamentación es que la autoridad municipal verifique y ratifique el cumplimiento normativo urbanístico dentro del régimen en condominio, sin que la autoridad pueda intervenir respecto a la tenencia dentro del condominio.

IX. BIBLIOGRAFÍA

A. DOCTRINA

De la Mata Pizana, Felipe. **Naturaleza Jurídica del Régimen de Propiedad en Condominio del Código de Napoleón a la Legislación Vigente del Distrito Federal en Código de Napoleón. Bicentenario. Estudios jurídicos.** México, Porrúa. 2005. Disponible en línea: Biblioteca Jurídica Virtual UNAM <https://biblio.juridicas.unam.mx/bjv/detalle-libro/4592-codigo-de-napoleon-bicentenario-estudios-juridicos> (Consulta: Abril 01, 2024).

Arredondo Galván, Francisco Xavier. *"El nuevo régimen jurídico del condominio"*. S.F. Disponible en línea: **Revista de Derecho Notarial Mexicano.** No. 117, Tomo I <https://revistas-colaboracion.juridicas.unam.mx/index.php/derecho-notarial/article/view/6881/6184> (Consulta: marzo 01, 2024).

Arredondo Galván, Francisco Javier. **La Nueva Ley de Propiedad en Condominio de Inmuebles para el Distrito Federal y sus Reformas y Adiciones.** México, Jurídicas UNAM. S.F. Disponible en línea: Biblioteca Jurídica Virtual UNAM <http://historico.juridicas.unam.mx/publica/librev/rev/mexder/cont/2/cnt/cnt1.pdf> (Consulta: Febrero 06, 2024).

Domínguez Martínez, Jorge Alfredo. **Orden Público y Autonomía de la Voluntad.** México, Jurídicas UNAM. S.F. Disponible en línea: Biblioteca Jurídica Virtual UNAM <https://archivos.juridicas.unam.mx/www/bjv/libros/8/3834/9.pdf> (Consulta: Marzo 30, 2024).

Chaparro Medina, Israel. **Reglamentación Municipal**. México, Jurídicas UNAM. S.F>. Disponible en línea: Biblioteca Jurídica Virtual UNAM <https://archivos.juridicas.unam.mx/www/bjv/libros/13/6266/1.pdf> (Consulta: Abril 10, 2024).

Gutierrez Tenorio, Juan Manuel. **La Facultad Reglamentaria del Municipio, Límites y Alcances en Relación a los Derechos Humanos.** México, Universidad Ibero León. S.F. Disponible en linea EPIKEIA Derecho y Politica <https://epikeia.iberoleon.mx/numeros/25/facultad-reglamentaria-municipio-derechos-humanos.pdf> (Consulta: Marzo 30, 2024).

Carbonell, Miguel, *"Sobre la reserva de ley y su problemática actual"*, Vinculo Jurídico. Revista de la **Facultad de Derecho de la Universidad Autónoma de Zacatecas,** México, No. 42, Abril – Junio 2000.

Centro de Información Jurídica en Línea. **Principio de Reserva de Ley en Materia Administrativa.** México, CIJL, S.F. Disponible en línea CIJL <https://cijulenlinea.ucr.ac.cr/portal/descargar.php?q=MzY4OQ=> (Consulta: Marzo 25, 2024).

B. LEGISLACIÓN

— **Constitución Política De Los Estados Unidos Mexicanos.** (Promulgación Feb. 5, 1917/Mayo 29, 2023).

— **Ley de Propiedad en Condominio de Inmuebles para el Estado de Nuevo León.** (P.O.Mayo 02, 2017/ Oct. 11, 2023).

— **Ley de Propiedad en Condominio de Inmuebles para el Distrito Federal.** (P.O. Enero 27, 2011/ Marzo 24, 2017).

— **Ley de Propiedad en Condominio de Inmuebles para el Estado de Sonora.** (P.O. Dic. 19, 2016/ Junio 21, 2018).

— **Código Urbano del Estado de Querétaro** (P.O. Mayo 21, 2012/ Mayo 21, 2022).

— **Reglamento en Materia de Convivencia y Administración Condominal para el Municipio de Corregidora, Qro.** (P.O. Dic. 04, 2019)

C. JURISPRUDENCIA

— CONDOMINIO. NO ES AUTORIDAD, PARA EFECTOS DEL JUICIO DE AMPARO, SI SUS ACTOS NO SON UNILATERALES, DE IMPERIO Y SUS FUNCIONES NO ESTÁN DETERMINADAS POR UNA NORMA GENERAL (LEGISLACIÓN DEL ESTADO DE JALISCO). Tesis Aislada. Queja. Tribunal Colegiado del Tercer Circuito. Clave III.4o.C.33 C *(SJF: 10a época, T III, Enero, 2015, p, 1859)*. Disponible en línea: SCJN <https://sjf2.scjn.gob.mx/detalle/tesis/2008335> (Consulta: Marzo 25, 2024).

— COMPETENCIA POR MATERIA PARA CONOCER DEL RECURSO DE QUEJA INTERPUESTO CONTRA EL AUTO QUE DESECHA DE PLANO LA DEMANDA DE AMPARO INDIRECTO EN LA QUE SE SEÑALA COMO AUTORIDAD RESPONSABLE AL ADMINISTRADOR DE UN CONDOMINIO CON MOTIVO DE ACTOS U OMISIONES RELACIONADOS CON UN INMUEBLE QUE SE ENCUENTRA

BAJO ESE RÉGIMEN. SE SURTE EN FAVOR DE UN TRIBUNAL COLEGIADO DE CIRCUITO EN MATERIA CIVIL (LEGISLACIÓN DEL ESTADO DE GUERRERO). Tesis Aislada. Queja. Tribunal Colegiado del Vigésimo Primer Circuito. Clave XXI.1o.P.A.1 K *(SJF: 11a época, T V, Mayo, 2022, p, 4570).* Disponible en línea: SCJN <https://sjf2.scjn.gob.mx/detalle/tesis/2024554> (Consulta: Abril 05, 2024).

— **COMPETENCIA PARA CONOCER DEL JUICIO DE AMPARO INDIRECTO PROMOVIDO CONTRA ACTOS U OMISIONES DE LA PROCURADURÍA SOCIAL DE LA CIUDAD DE MÉXICO (PROSOC) EN EL PROCEDIMIENTO DE APLICACIÓN DE SANCIONES, PREVISTO EN LA LEY DE PROPIEDAD EN CONDOMINIO DE INMUEBLES PARA EL DISTRITO FEDERAL. CORRESPONDE A UN JUEZ DE DISTRITO EN MATERIA ADMINISTRATIVA.** Jurisprudencia. Contradicción de Tesis. Primera Sala. Clave 1a./J. 8/2021 *(SJF: 11a época, T II, Julio, 2021, p, 1631).* Disponible en línea: SCJN <https://sjf2.scjn.gob.mx/detalle/tesis/2023319> (Consulta: Marzo 05, 2024).

Capítulo 8

ESTRUCTURAS PARA EL FINANCIAMIENTO DE PROYECTOS EN CONDOMINIO

Lic. Priscila Vieyra Solís[1]

SUMARIO: I. INTRODUCCIÓN. II. PROYECTOS INMOBILIARIOS EN MÉXICO. a. Patrimoniales. b. De percepción de rentas. III. PROYECTOS INMOBILIARIOS Y LA PROPIEDAD EN CONDOMINIO. IV. ESTRUCTURAS DE FINANCIAMIENTO PARA PROYECTOS INMOBILIARIOS. a. El contrato de fideicomiso y la captación de recursos de particulares. b. Apalancamiento bancario. c. La preventa. V. CONCLUSIÓN. VI. BIBLIOGRAFÍA.

I. INTRODUCCIÓN

El presente artículo de investigación versa sobre las estructuras legales comúnmente utilizadas para financiar proyectos inmobiliarios en México. Dichas estructuras representan algunas de entre otras formas más que oscilan en la práctica inmobiliaria y se abordan por ser las más frecuentemente empleadas. Cabe señalar que no son excluyentes entre sí y que cada una tiene sus características particulares, en el entendido que no comparten la misma reglamentación, limitaciones y restricciones en su aplicación.

Se pretende precisar de cada una de ellas su fundamento jurídico y los requisitos técnico legales que se deben de cumplir para poder

---

1 Licenciada en Derecho por la Facultad Libre de Derecho de Monterrey, Maestra en Administración con acentuación en Finanzas por la Universidad Regiomontana de Monterrey (U-erre), Profesora de Asignatura en la Universidad de Monterrey (UDEM), Consejera activa del Comité Directivo de la Barra Mexicana Colegio de Abogados, Capítulo Nuevo León 2024-2026 y actualmente asociada en Zárate Abogados.

aprovechar la estructura. Asimismo, se comentarán sus limitaciones y restricciones, con el objetivo de que la figura se aproveche de forma correcta, al amparo de lo establecido en la legislación, esto, en virtud de que conforme avanza la práctica inmobiliaria se ha observado que es frecuente que se desnaturalice la figura y se abuse de su flexibilidad.

Dicho lo anterior, se procederá a resaltar en cada una de las estructuras legales para el financiamiento de proyectos inmobiliarios, cómo es que se utilizan en los proyectos que específicamente concluyen en un régimen de propiedad en condominio, es decir, aquellos que primordialmente pertenecen a los proyectos de tipo patrimoniales.

El objetivo consiste en transmitir al lector los dos tipos principales de proyectos que podemos encontrar en México, haciendo énfasis en qué consiste cada uno de ellos y la distinción que se observa al momento de su clasificación para determinar cuándo sí, hablando desde el ámbito del negocio inmobiliario, se requiere la constitución de un régimen de propiedad en condominio.

Es preciso mencionar que la investigación aquí desarrollada se hizo con base en la regulación vigente al momento de su elaboración, por lo que alguna modificación a las disposiciones jurídicas podrían afectar el sentido de las conclusiones allegadas. Lo anterior a sabiendas de que la legislación inmobiliaria está constantemente en cambio.

El contenido del sumario se adaptó de dicha forma con el objetivo de llevar al lector de lo general a lo específico, partiendo de que se hablará primeramente de los proyectos inmobiliarios en México, desde qué son hasta su clasificación en patrimoniales y de percepción de rentas.

Posteriormente, se relacionarán el tipo de proyecto patrimonial estudiado en el inciso I. con el tema objeto de estudio de este libro, es decir, el régimen de propiedad en condominio. Dicho análisis se realizará al amparo de la legislación de Nuevo León.

Para concluir con las estructuras legales de financiamiento empleadas, tales como la captación de recursos económicos de particulares en uso del contrato de fideicomiso de desarrollo inmobiliario y la figura de fideicomitente y fideicomisario adherente, y el apalancamiento bancario. Por otro lado, se hablará de la denominada preventa en la práctica inmobiliaria y como es que la legislación de protección al consumidor ha dictado las normas en este sentido con el objetivo de preservar la certeza jurídica en la venta de inmuebles.

II. PROYECTOS INMOBILIARIOS EN MÉXICO

Durante los últimos años, el desarrollo de proyectos inmobiliarios en México ha representado gran parte de la fuerza económica del país. Conforme avanza el desarrollo urbano, se van creando modelos de negocio novedosos que requieren de una estructura legal, no sólo financiera, para lograr un posicionamiento en el mercado.

Existe una gran oferta de inmuebles en ciudades que se han expuesto a adaptar legislación versátil para los diferentes tipos de proyectos que puedan existir, y en definitiva ha ocasionado un mercado bastante competitivo. Monterrey es un ejemplo, es una ciudad que aunque le falta mucho por recorrer ha logrado en gran parte de sus municipios establecer proyectos con usos mixtos, alturas tal vez impensables en otros lugares y diseños impactantes.

Los proyectos inmobiliarios han sido una solución práctica a la necesidad de la vivienda y ahora también, pasaron a ser en un negocio que promueve la inversión en bienes inmuebles.

Expresado lo anterior, los proyectos inmobiliarios se reducen para efectos de esta investigación a dos tipos. El primero son los proyectos inmobiliarios de carácter patrimonial o identificados también como proyectos patrimoniales; y el segundo tipo son los proyectos inmobiliarios para percibir rentas, o también identificados como proyectos de percepción de rentas. Y se preguntarán ¿por qué esta clasificación? Porque representa el objeto del negocio que adquiere el inmueble, según su uso y sus componentes.

a. Patrimoniales

Para comenzar el análisis de este tipo de proyectos inmobiliarios, habrá que abordar el concepto de patrimonio, lo que etimológicamente proviene del latín patrimonium, que suponía que eran todos los bienes o el conjunto de cosas corporales que el hijo adquiere por herencia de sus ascendientes; en sentido figurado según su autor significa actualmente *"todos los bienes que pertenecen a una persona adquiridos por cualquier título"*[2].

El patrimonio es un atributo de la personalidad y de acuerdo con el diccionario jurídico se puede encontrar que, consiste en un conjunto de bienes, derechos, deberes y obligaciones susceptibles de apreciación pecuniaria, es decir, valuables en dinero, que constituyen una universalidad jurídica[3].

Habiendo revisado dichas definiciones podemos observar que el patrimonio representa bienes que pertenecen a una persona (física o moral). Siguiendo esa línea por bienes podemos entender de los clasificados como bienes o como inmuebles. De esto concluimos que los bienes inmuebles son susceptibles de pertenecer a personas y sumando a lo anterior lo que dicta el diccionario jurídico, dichos bienes inmuebles son objeto de valoración en dinero.

Ahora bien, en el sistema jurídico mexicano las personas, físicas y morales, son titulares de un patrimonio y tienen intereses protegidos por el ordenamiento jurídico, aunado a que la persona titular tiene el poder de obrar sobre su patrimonio, es decir, sobre su bien inmueble para el caso específico.

Habiendo analizado el concepto de patrimonio, procedo a explicar lo que se debe de entender por proyecto patrimonial. De entrada su objetivo principal recae en abonar al patrimonio de la persona que adquiere, en este caso el inmueble. Tiene como fin transmitir con intenciones de que alguien adquiera, la titularidad de un bien inmueble.

Básicamente nos encontramos frente a este tipo de proyectos cuando el desarrollador pretende la venta del proyecto a terceros, el proyecto pudiendo consistir en casas, departamentos, bodegas industriales, locales comerciales, entre cualquier otro más. La idea con lo anterior es que se desarrolle el proyecto en su totalidad y estando en condiciones jurídicas para lograr su venta, se venda. Si

---

2 Herrera Villanueva, J.J. (2014). *El Patrimonio*. México, D.F. Biblioteca Jurídica Virtual del Instituto de Investigaciones Jurídicas de la UNAM, p. 68.

3 "Patrimonio". Instituto de Investigaciones Jurídicas (1998). *Diccionario Jurídico Mexicano* (11 ed.). Editorial Porrúa y Universidad Nacional Autónoma de México, México.

el proyecto es exitoso en su venta y está apegado a su presupuesto original, se gozará de una ganancia y a su vez un tercero adquirente obtendrá un incremento en su haber patrimonial.

El número de compraventas va en función del proyecto, tal vez sea una torre de 50 departamentos o una plaza comercial con 5 locales. Lo importante a destacar en este tipo de proyectos es que eventualmente se sumará al patrimonio de una persona. La determinación del precio de venta de los inmuebles considero es un riesgo que asume el desarrollador, toda vez que estimarlo superior o inferior a lo que demanda el mercado incide en la dificultad o facilidad de su venta, evidentemente existen estudios que lo soportan.

Más adelante podremos observar que los proyectos patrimoniales concluyen en la constitución de un régimen de propiedad en condominio, y esto con el objetivo de individualizar la propiedad inmueble y lograr la efectiva venta de la misma. Si esto no sucediera así, y se pretendiera la pluralidad de compraventas, se tendría que hacer bajo un régimen de copropiedad y de entrada, no habría distinción física entre lo que corresponde a cada comprador. A diferencia del régimen de condominio, en donde se detalla con precisión la unidad privativa y se separa de la que se comparte entre los propietarios, tal es el caso de las áreas de uso común.

b. De percepción de rentas

En contraposición a los proyectos patrimoniales, tenemos los proyectos de percepción de rentas. Se identifican así toda vez que la participación en un proyecto de este tipo genera la percepción para el inversor de un flujo constante de rentas. Si trasladamos este tipo de proyectos a un ámbito de oferta pública podemos encontrar que básicamente se refieren a lo que se conoce hoy en día como Fideicomiso de Infraestructura y Bienes Raíces (referido como FIBRA).

La FIBRA es un vehículo destinado al financiamiento para la adquisición y/o construcción de bienes inmuebles, que tienen como su fin último el arrendamiento o la adquisición del derecho de recibir ingresos que provienen del arrendamiento de dichos bienes inmuebles.

El inversor, obtiene pagos periódicos, producto del arrendamiento de los inmuebles y a su vez, y según el comportamiento económico, recibe ganancias de capital por la plusvalía del inmueble. Ahora, para el aportante del terreno, las FIBRAs permiten el financiamiento de activos inmobiliarios mediante la emisión de certificados en el Mercado de Valores, a través de oferta pública, distribuida entre el gran público inversionista.

La FIBRA, es un proyecto destinado a rentas y se materializa mediante un contrato de fideicomiso, pero no se abordará en esta investigación. Lo que me es importante mencionar es que entre ésta y el proyecto de percepción de rentas del que hablamos en este inciso radica una diferencia sustancial, misma que consiste en que, la FIBRA es un instrumento creado con el fin de emitir Certificados Bursátiles Fiduciarios Inmobiliarios (conocidos como CBFI) los cuales circulan en la Bolsa Mexicana de Valores (BMV), lo que le da naturaleza pública. Mientras que los proyectos de percepción de rentas aquí abordados tienen una estructura legal representada a su vez en un contrato de fideicomiso pero para desarrollo inmobiliario, lo que es un instrumento de carácter privado, teniendo por ello ciertas limitaciones en su actuar jurídico, mismas que se encuentran en la legislación mexicana.

A diferencia del proyecto patrimonial, el proyecto de percepción de rentas no tiene fines de vender de lo que respecta al resultado del desarrollo, sino que la intención es que se otorgue el uso y goce temporal del inmueble resultante a un tercero y a cambio de esto se generen rentas en favor de los fideicomisarios, las cuales serán distribuidas en proporción a la aportación realizada al patrimonio del fideicomiso.

El fideicomiso es el vehículo ideal para la integración de esta estructura legal, y como se abordará más adelante, representa también un vehículo de apoyo para el propio financiamiento de los proyectos inmobiliarios, con independencia de que sean patrimoniales o que sean de percepción de rentas.

A manera de concluir este apartado, es preciso mencionar que este tipo de proyectos naturalmente no concluyen en la constitución de un régimen de propiedad en condominio. Evidentemente no quedan eximidos de dicha posibilidad pero como tal el negocio no lo exige, y sería en todo caso absorber costos innecesarios.

III. PROYECTOS INMOBILIARIOS Y LA PROPIEDAD EN CONDOMINIO

Habiendo visto lo anterior, procederé a comentar la relación que guardar los proyectos patrimoniales con el régimen de propiedad en condominio, así como a comentar aspectos generales sobre su naturaleza jurídica, su constitución, el reglamento interno, la comercialización y publicidad de proyectos en condominio y la escrituración a terceros.

El análisis se realizará con base en la Ley de Propiedad en Condominio de Inmuebles para el Estado de Nuevo León, por lo que se limita a lo aplicable para dicho Estado.

La ley establece que el condominio consiste en un régimen bajo el cual uno o varios propietarios de inmuebles establecen una modalidad de propiedad. Esto significa que dicho régimen constituye un régimen especial de la propiedad. En el mismo, cada condómino tiene un derecho singular y exclusivo de propiedad sobre lo que en la Ley se define como "unidades de propiedad privativa" y además tienen un derecho de copropiedad sobre las "áreas y bienes de uso común", bajo el entendido que ese derecho de copropiedad a su vez va inmerso en la unidad de propiedad privativa pos así contar con un porcentaje de proindiviso sobre las áreas y bienes de uso común.

Con ello desprendemos que coexisten tanto el derecho real de propiedad como el derecho de copropiedad, el primero con las unidades de propiedad privativa definidas como los lotes de terreno, departamentos, casas, locales, áreas o naves y elementos anexos que le correspondan sobre el cual el condómino tiene un derecho de propiedad de uso exclusivo y el segundo con las áreas y bienes de uso común, las cuales pertenecen en forma proindivisa a los condóminos.

Por ello, los terceros adquirentes de un proyecto patrimonial estarían recibiendo como objeto de la compraventa una unidad de propiedad privativa y las áreas y bienes de uso común de forma indivisa. Bajo ese entendido retomamos la necesidad de negocio de someter el proyecto a este tipo de régimen y con ello establecer un plan de acción en lo que respecta a la tramitología considerando este objetivo.

El régimen puede constituirse en construcciones nuevas o en proyecto, en inmuebles construidos con anterioridad así como en terrenos urbanos, no obstante, en la práctica inmobiliaria para lo que respecta al Estado de Nuevo León, en las fases de planeación su constitución se puede encontrar al final.

Ahora bien, de acuerdo con el artículo 4 de la citada Ley, podemos observar que:

> *"La constitución de dicho régimen es el acto jurídico mediante el cual el propietario o propietarios de un inmueble formalizan, ante Notario Público, su voluntad de establecer esa modalidad de propiedad para su mejor aprovechamiento, y en el que, dos o más personas teniendo un derecho privado, utilizan, comparten y acceden a las Áreas y Bienes de Uso Común, asumiendo condiciones que les permiten satisfacer sus necesidades de acuerdo al uso del inmueble, en forma conveniente y adecuada para todos y cada uno, sin demérito de su Unidad de Propiedad Privativa, contando con personalidad jurídica propia aplicándose de manera supletoria el Código Civil vigente para el Estado y rigiéndose por lo establecido en la presente Ley."*

Establece la Ley que para proceder con esa formalización se debe de obtener una autorización, de la cual no se hace posterior mención, por lo que dicha autorización hoy en día está sujeta a los criterios de la autoridad. Lo anterior, resulta motivo determinante para proceder a realizar la constitución del condominio hasta el final, como se había comentado previamente.

Se ha vuelto un tema controversial, ya que mientras la constitución del régimen no esté completa los vendedores se ven en imposibilidad de llevar a cabo la formalización de la compraventa de los inmuebles resultantes del proyecto y justamente porque jurídicamente están en imposibilidad de escriturar algo inexistente. La existencia del inmueble objeto de transacción es simultánea a la existencia del régimen en todas sus etapas, en el entendido de que en el mismo es donde se hace su descripción detallada y posterior asignación de expediente catastral en lo individual.

Con respecto al reglamento interno, este representa el instrumento regulatorio del condominio, y contiene las bases para una sana convivencia entre los condóminos del mismo. El reglamento es obligatorio para quienes adquieren el carácter de condómino, y hasta para quienes de alguna forma jurídica tienen la posesión de una unidad de propiedad privativa.

Es frecuente encontrar en la práctica condominial la existencia de pluralidad de reglamentos para un mismo proyecto, para lo que me es importante mencionar, que ninguno salvo por el reglamento interno está reconocido en la Ley de condominios del Estado. De ello que su obligatoriedad es cuestionable, por lo que considero que sería un tema meramente convencional entre los condóminos.

El éxito de este tipo de proyectos recae en gran parte en la comercialización y publicidad del mismo. Dentro del proceso de planeación es importante preguntarse cuándo es oportuno comenzar a publicitar el proyecto y realizar las gestiones de comercialización. Además de la necesaria evaluación de mercado es importante voltear a ver el momento legalmente oportuno para realizarlo, ya que hoy en día es un aspecto que requiere puntual atención por la regulación en materia de protección al consumidor.

Para efectos de este análisis me refiero con publicitar a la acción de dar a conocer el proyecto al público en general por medios de difusión masivos, y que cualquier persona tenga acceso a su información. Y por comercialización, ahora sí que a las gestiones tendientes a concluir en la compraventa del proyecto. Ambas actividades hoy en día están reguladas.

Con ello me remito a la reciente Norma Oficial Mexicana NOM-247-SE-2021, en adelante como la NOM, que versa sobre las prácticas comerciales y los requisitos de la información comercial y la publicidad de bienes inmuebles destinados a casa habitación, así como los elementos mínimos que deben contener los contratos relacionados. Si bien es cierto que previo a su publicación en el Diario Oficial de la Federación ya existía, y muchos años atrás, regulación del tipo en la Ley Federal de Protección al Consumidor, esta NOM específicamente detalla las actividades en el ámbito de publicidad y comercialización.

Retomando el tema del tiempo oportuno para comenzar con las gestiones de publicidad y comercialización, y con base lo establecido en dicha NOM, se puede concluir que se tiene que hacer un análisis de la condición legal que guarda el inmueble así como del avance técnico y de gestoría que lleve el proyecto. Se infiere de la NOM que la publicidad de proyectos sobre inmuebles que no cuentan con licencias, permisos o autorizaciones no es viable, puesto que dentro de las condiciones establecidas encontramos que la publicidad debe ser veraz, comprobable y clara, no puede inducir al error o confusión. Esto, puesto que la falta de veracidad en la publicidad dará lugar a exigir el cumplimiento de lo ofrecido y de no ser posible, dará lugar a la aplicación de bonificaciones, compensaciones y sanciones, según sea el caso.

¿Qué sucede con los proyectos que se publicitan sin contar con las licencias, permisos o autorizaciones pertinentes de la autoridad? Muy probablemente estarán en imposibilidad de cumplir con la oferta que se realiza al consumidor y quedarán expuestos a lo establecido previamente.

En lo que respecta a la comercialización, podemos entenderla como esa gestión de atender al consumidor de forma personalizada e individual y suscribir un documento jurídico en donde se comprometa la transacción de compraventa. Las prácticas para comercializar también son objeto de la NOM. Al ya ser atendido por un vendedor de forma personal será indispensable que la información que se transmita cumpla con la veracidad, comparabilidad y claridad, por lo que nos lleva a concluir en lo mismo que para la publicidad, un proyecto sin permisos, licencias y autorizaciones no es comercializable.

Hasta aquí podemos preguntarnos ¿qué sucede si se le comenta al consumidor que el proyecto efectivamente se encuentra en etapa de obtención de las licencias, permisos y autorizaciones? La respuesta es, es viable hasta ese punto, no obstante se verán impedidos en materializar en un documento jurídico los acuerdos de la comercialización.

Las opciones que presenta la NOM de actos jurídicos para materializar el compromiso son: contrato de promesa o preparatorio de compraventa, contrato de preventa en la compraventa, contrato de compraventa, de casa habitación o terreno y el contrato de intermediación que no es objeto de este análisis en particular. Adicional a ello, incluye un apartado que regula los actos jurídicos previos a la formalización de la compraventa, el cual contempla aquellos actos sin denominación, distintos a los previamente enlistados.

Los anteriores comprendidos dentro de la clasificación de contratos de adhesión y deben de cumplir con lo establecido en el numeral 6 de la comentada NOM, para lo que la fracción XV. indica:

> "*XV. El proveedor debe contar con las* ***autorizaciones, licencias o permisos*** *expedidos por las autoridades correspondientes para la construcción, relativas a las especificaciones técnicas, seguridad, uso de suelo, la clase de materiales utilizados en la cons-*

trucción; servicios básicos con que cuenta, ***así como todos aquellos con los que debe contar de conformidad con la legislación aplicable.*** *En el caso de inmuebles usados que no cuenten con dicha documentación, se debe indicar expresamente en el contrato la carencia de éstos;"*

En esta línea de ideas, me remito a lo señalado respecto de la autorización referida en la Ley de condominios y dejo una interrogante en la investigación, ¿la autorización para la constitución del condominio es uno de los requisitos a incluir en los contratos de adhesión? La excepción la encontramos en los inmuebles usados, pero el análisis realizado versa sobre proyectos de desarrollo nuevos.

El análisis referente a la NOM es exclusivamente para inmuebles destinados a casa habitación, por lo que el resto de los destinos quedan eximidos de lo aquí establecido, sin embargo no quiere decir que su publicidad y comercialización no esté regulada pues para ese tipo de proyectos habrá que revisar la Ley de la materia.

Por último, para lo que refiere el tema de la escrituración, me remito a lo antes dicho respecto a la posibilidad jurídica de materializar la operación de compraventa. Como se había comentado, ésta solo será posible una vez que el inmueble resultante del proyecto exista jurídicamente hablando, no sólo materialmente y ello sucederá hasta en tanto se culmine con las etapas del régimen de propiedad en condominio. De ello que, cualquier acto tendiente de materializar la transacción que no contenga la condición de la existencia de dicho régimen será objetable ante un conflicto por la inexistencia del objeto.

IV. ESTRUCTURAS DE FINANCIAMIENTO PARA PROYECTOS INMOBILIARIOS

En este último apartado, se abordarán los esquemas jurídicos de financiamiento para los proyectos en condominio, cabe señalar que no son exclusivos para el tipo de proyecto patrimonial. Por otro lado, se hablará de la denominada preventa en la práctica inmobiliaria y como es que la legislación de protección al consumidor ha dictado las normas en este sentido con el objetivo de preservar la certeza jurídica en la venta de inmuebles.

a. El contrato de fideicomiso y la captación de recursos de particulares

Esta primera estructura, es meramente legal y resulta en utilizar como vehículo asociativo entre las partes que intervienen, el contrato de fideicomiso. Para dar inicio, es preciso distinguir del resto de los tipos de fideicomisos, el fideicomiso de desarrollo inmobiliario. Dicho fideicomiso se dividirá de forma detallada en los componentes necesarios para lograr encuadrar todas las características jurídicas que radican sobre éste, sin incurrir en alguna ilegalidad y lograr exitosamente la captación de los recursos para el desarrollo del proyecto. Es menester, considerando que existen ciertas limitaciones y restricciones que se suscitan en la práctica jurídica que ponen en riesgo, no sólo el cumplimiento del contrato, sino al proyecto inmobiliario, y en algunas ocasiones hasta al desarrollador.

Más adelante, se planteará lo que respecta a la captación de recursos privados, lo que para efectos de este trabajo se traducirá en las aportaciones de capital de los particulares, personas físicas o morales, al proyecto inmobiliario, a cambio de la obtención de los beneficios obtenidos del resultado del desarrollo, llámese inmuebles resultantes del proyecto o algún porcentaje sobre su comercialización.

Los componentes se desglosan en tres: el terreno sobre el cual se realizará el proyecto, el levantamiento de capital privado de particulares, es decir, la inversión de capital de personas para cubrir con los costos y gastos de desarrollo, y por último, los beneficios, los cuales se plantean según si el proyecto es patrimonial o bien, de percepción de rentas de conformidad con lo explicado en apartado anterior. Para este artículo, nos limitaremos a comentar sobre los proyectos patrimoniales.

Siguiendo la definición legal otorgada por la Ley General de Títulos y Operaciones de Crédito se puede concluir que el fideicomiso inmobiliario es aquel que dentro de sus fines se encuentra llevar a cabo el desarrollo de un proyecto inmobiliario, ya sea habitacional, comercial o de servicios, industrial o bien, de usos mixtos.

El esquema del fideicomiso inmobiliario básicamente consiste en la aportación al patrimonio del fideicomiso un terreno explotable constructivamente hablando, en consecuencia quien aporta dicho terreno adquiere la calidad de fideicomitente y evidentemente la calidad de fideicomisario, pues espera obtener un beneficio por su aportación del terreno.

Cabe mencionar que no forzosamente se requiere el acto de aportación de éste por parte de una persona, puesto que es válido que el mismo fideicomiso adquiera el inmueble, por lo que dentro de sus fines se establecería la compra de éste. Siendo importante mencionar que para que el fideicomiso sea de tipo inmobiliario, el desarrollo del proyecto se deberá de llevar con el inmueble formando parte del patrimonio de éste.

Ahora bien, el desarrollo del proyecto se atiende por quien adquiere el carácter de desarrollador. Lo común es que comparezca como fideicomitente, radicando su aportación en el mismo desarrollo inmobiliario. Es posible que el desarrollador quede fuera del fideicomiso, no obstante, el fideicomiso estaría suscribiendo un contrato de desarrollo con éste, contrato que sigue las formalidades de un contrato de prestación de servicios a cambio del pago de un fee de desarrollo, es decir un honorario por el desarrollo.

Posteriormente, vienen los inversionistas de capital, quienes adquieren también la calidad de fideicomitente y fideicomisario. Son fideicomitentes, puesto que aportan dinero líquido al patrimonio del fideicomiso y son fideicomisarios porque reciben beneficios de los frutos del proyecto. Con ello, hablamos de la estructura legal de financiamiento, porque su aportación económica representa una inversión de riesgo al proyecto, la cual es utilizada para los gastos relacionados a la construcción y desarrollo del inmueble. Como la participación bajo este esquema no es definitiva desde la constitución del fideicomiso, a este tipo de inversores se les conoce como adherentes, puesto que se van adhiriendo como parte al fideicomiso conforme avanza su ejecución.

El proyecto inmobiliario requiere capitalizarse a fin de que pueda desarrollarse, cabe la posibilidad de que el proyecto no sólo requiera capital para su desarrollo, sino también para la adquisición del terreno. Por lo que la participación en el proyecto se presta para ser objeto de comercialización.

Lo anterior ya que el fideicomiso puede recibir recursos económicos, los cuales se destinen al proyecto para lo que se otorgan beneficios a cambio de esta aportación de capital. En consecuencia, es que se vuelve relativamente sencilla la invitación de terceras personas a participar y entonces, dichas personas adquieren una calidad simulada de inversionistas. Y me refiero a simulada puesto que, a pesar de ser una operación de inversión, no se está frente a un instrumento de inversión reconocido por la Ley de Mercado de Valores (LMV), Ley de Fondos de Inversión (LFI), Ley de Instituciones de Crédito (LIC) o bien, por la propia Comisión Nacional Bancaria y de Valores (CNBV).

Ahora bien ¿cómo funciona este esquema de levantamiento de capital para el proyecto? Primeramente, se determina el capital de inversión requerido para el proyecto inmobiliario, y se establece en contrato de fideicomiso, el cual incluye, costos, y gastos administrativos y operativos, en algunas ocasiones el costo del terreno per se. Es preciso señalar que la figura a la cual se refiere mi investigación, si bien sigue una estructura muy similar a la del Fideicomiso de Inversión de Capital Privado (FICAP), el cual se encuentra regulado en los artículos 192 y 193 de la Ley del Impuesto Sobre la Renta, no es la misma. El fideicomiso al que asiste este trabajo es específicamente administrativo de desarrollo inmobiliario.

El esquema que se plantea para el levantamiento del capital, es básicamente la comercialización de los derechos fideicomisarios que derivan del fideicomiso. Es decir, se vende un beneficio resultante del proyecto el cual está consagrado en el derecho que se adquiere. Estos derechos pueden contener ingresos económicos provenientes del resultado de la venta del proyecto, también patrimonio conformado por bienes inmuebles, claro, esto para los proyectos patrimoniales. Lo que jamás podrá comprometer son cuestiones tales como, rendimientos o intereses. Lo importante aquí es transmitir que para la legalidad del esquema, el adherente deberá sumarse al riesgo del proyecto, por lo que no tiene garantía respecto a su ganancia, pero si respecto de su capital aportado.

Los adherentes, celebrarán un convenio de adhesión con el fideicomiso, o con la persona designada para estos efectos pudiendo ser el desarrollador, a fin de que se les reconozca como tal y formen parte del mismo, adquiriendo en este convenio sus derechos y sus obligaciones. Ahora bien, la participación de terceros no es desmesurada e ilimitada, de hecho le resulta aplicable a su comercialización ciertas limitantes y restricciones, las cuales se abordarán a continuación.

Primero que nada, es la LMV la cual tiene por objeto proteger los intereses del público inversionista, en ese sentido en su artículo 1, se señalan las actividades que se encuentran reguladas por dicha Ley, de entre las cuales no se encuentra la comercialización de derechos fideicomisarios bajo el esquema antes planteado, por lo que por ningún motivo se deberá ostentar dicha actividad como una en donde se comercialicen valores al público inversionista, ya que de hacerlo, se estaría promoviendo una actividad equivoca, lo que podría generar sanciones administrativas, incluso penales.

Ahora en la LIC, se establecen diversas disposiciones relativas a las hipótesis normativas de las actividades relacionadas con la captación de recursos del público en el territorio nacional. Para efectos de lo dispuesto en esta Ley, se considera servicio de banca y crédito la captación de recursos del público en el mercado nacional para su colocación en el público, mediante actos causantes de pasivo directo o contingente, quedando el intermediario obligado a cubrir el principal y en su caso, los accesorios financieros de los recursos captados.

En consecuencia, a excepción de que se sea una institución de banca y crédito, no se puede comprometer con un tercero que forme parte del público la entrega de accesorios financieros respecto de los recursos captados. Por tal motivo, es que quien participa bajo este esquema, forzosamente tendrá que asumir riesgo en la operación. Otro punto de riesgo a considerar, se encuentra en el artículo 5 BIS de la LFI, el cual señala textualmente:

> *"Artículo 5 BIS.- Las expresiones sociedades de inversión, fondos de inversión, portafolios de inversión* ***u otras que expresen ideas semejantes*** *en cualquier idioma, por las que puedan inferirse el ejercicio de las actividades reservadas por esta Ley a los fondos de inversión, no podrán ser usadas en el nombre, denominación social, razón social, publicidad, propaganda o documentación de personas y establecimientos distintos de los propios fondos de inversión a que se refiere esta Ley ....*
>
> *se exceptúa de lo dispuesto en el párrafo anterior, a las demás personas que sean autorizadas por la Comisión para estos efectos, siempre no realicen operaciones propias de los fondos de inversión u operadoras, distribuidoras y valuadoras señaladas."*

Por lo que, se estaría en riesgo de incurrir en una violación a la norma en cuanto se estuviera usando cualquier concepto financiero o relacionado para lograr conformar el importe deseado, tanto en los medios de publicidad o mercadotecnia de la empresa, incluso del fideicomiso, así como en la denominación, en todo caso del desarrollador inmobiliario.

b. Apalancamiento bancario

En algunas ocasiones, el esquema de levantamiento de capital privado no resulta suficiente para cubrir los costos y gastos del proyecto inmobiliario, por lo que la atracción de un mayor capital pasa a ser una necesidad inminente.

Además, la comercialización de los derechos fideicomisarios puede resultar una labor algo compleja, más por el entendimiento que se debe de tener respecto de la figura de fideicomiso para, tanto poder otorgar la tranquilidad y seguridad al inversor, como para poder comprender en qué consiste. Un vendedor debe conocer su producto.

El fondeo del proyecto indiscutiblemente puede radicar total o parcialmente en el apalancamiento bancario, ya sea un tipo patrimonial o de percepción de rentas. Es común toparse con que los préstamos bancarios suelen ofrecer el capital requerido a tasas mucho menores que las que buscan los inversores de capital particular, por lo que, mientras la Tasa Interna de Retorno (TIR) resulte mayor que la tasa de interés del préstamo, será una buena opción recurrir al banco. Lo complicado recae en el tema de la garantía que por política, el banco debe asegurar del deudor para su ejercicio dado el incumplimiento.

Para este tipo de préstamos el banco requerirá el inmueble objeto de desarrollo como garantía de pago. Considerando que el préstamo se solicita a través del desarrollador, quien evidentemente no cuenta con la libertad jurídica de otorgar en garantía toda vez que no es su propiedad incluso aunque se encuentre ya fideicomitido, será que deberá de constar la anuencia por escrito del aportante del terreno, lo que negocial mente puede ser complicado.

La alternativa crediticia hoy en día se llama crédito puente, es un tipo de financiamiento que apalanca el flujo de efectivo por el periodo que dure la construcción. Es decir, el vencimiento del crédito va en función al tiempo que dure la construcción y en todo caso la venta del proyecto, por ello la liberación de la garantía antes comentada se hace en función de la escrituración del proyecto. Recordemos que el pago por el inmueble resultante que representa gran parte del ingreso se realiza contra la escrituración, esto, ya que es frecuente que los compradores a su vez soliciten sus propios créditos hipotecarios para cubrir el valor de la unidad.[4]

c. *La preventa*

Para concluir el trabajo de investigación, hablaré de la denominada preventa en la práctica inmobiliaria y como es que la legislación de protección al consumidor ha dictado las normas en este sentido con el objetivo de preservar la certeza jurídica en la venta de inmuebles. Forma parte de los medios de financiamiento de los proyectos inmobiliarios porque es utilizada con dicho objetivo en el día a día. No obstante lo anterior, no es una figura legalmente reconocida por el derecho común.

Además del apalancamiento bancario, en México es común que como medio de fondeo se utilicen también las preventas, claro, esto para los proyectos de tipo patrimoniales por el hecho de que concluyen en una compraventa. Breve regulación se puede encontrar en la Ley Federal de Protección al Consumidor.

La NOM define el contrato de adhesión de preventa de bienes inmuebles como sigue:

> ***".13 contrato de adhesión de preventa de bienes inmuebles***
>
> *modalidad de los contratos de compraventa de bienes inmuebles, sujeto a una condición suspensiva consistente en que el proveedor se obliga a construir un inmueble y el consumidor acuerda realizar un pago anticipado por concepto de contraprestación, generalmente a un precio preferente o en condiciones diferentes a las correspondientes a un inmueble construido. En ocasiones, se utiliza la modalidad del contrato de promesa de compraventa."*

---

4 Santeliz Cambray, Anibal. **Desarrollo de Proyectos Inmobiliarios de Vivienda en Condominio.** Tesis para obtener el grado de maestro. Ciudad Universitaria, México, Distrito Federal, Diciembre de 2005. Disponible en línea: Repositorio Institucional de la UNAM https://repositorio.unam.mx/contenidos/desarrollo-de-proyectos-inmobiliarios-de-vivienda-en-condominio-119426?c=pjLR54&d=false&q=*:*&i=1&v=1&t=search_0&as=0 (consulta: Abril 08, 2024) Pg. 68.

De ello que es exclusiva para bienes inmuebles y que su utilización tiene como objeto un inmueble que a la celebración del contrato no está construido. Además, se asume que se realizará un pago anticipado y que dicho pago se caracteriza por ser preferente o diferente a si ya estuviera el inmueble construido. Bajo ese entendido y en cumplimiento al resto de los requisitos que señala la misma NOM de forma generalizada para todos los contratos de adhesión, es que es viable celebrar contratos de preventa.

Es interesante la forma en que se equipara la preventa con lo que representa el contrato de promesa de compraventa, infiero que se realizó de esa manera por la posibilidad jurídica de condicionar la promesa a la construcción del inmueble objeto de transacción.

Para quienes optan por capitalizar bajo la utilización de la preventa deberán de considerar que si bien no es necesaria la construcción del inmueble, sí es necesaria su proyección con certeza. Esto porque es obligación del vendedor exhibir de manera notoria las características del inmueble. Lo anterior, en definitiva implica contar con los permisos, autorizaciones y licencias correspondientes.

V. CONCLUSIÓN

Para el desarrollo de proyectos inmobiliarios es muy importante distinguir el tipo de proyecto, tanto si eres desarrollador, si eres inversionista o si eres comprador del mismo. En definitiva, la distinción del tipo, permite conocer el modelo de negocio seguido para el proyecto, y por ende entender el alcance de los beneficios que se generarán.

Los proyectos patrimoniales, con independencia del uso que se les de, son aquellos que culminan en la constitución de un régimen de propiedad en condominio, esto por la individualidad que se requiere para lograr el objetivo de venta del resultado del proyecto.

A mi parecer jurídico, el contrato de fideicomiso y los denominados adherentes representan a gran parte de los proyectos en nuestro país, en sí, el contrato de fideicomiso, gracias a su flexibilidad y adaptabilidad, permite que los distintos modelos de negocio sean empleados. El fideicomiso inmobiliario es una alternativa real de capitalización e indiscutiblemente un mecanismo de financiamiento. Creo que esto tiene mucho que ver con la laxa legislación que permite viabilizar las alternativas, y que en definitiva, no se pueden materializar mediante otra figura legal, o tal vez sí, pero no con la seguridad jurídica que envuelve el fideicomiso.

La captación de recursos privados de particulares mediante la comercialización de beneficios consagrados en los derechos fideicomisarios ha permitido el desarrollo de grandes proyectos en México. Reitero, que es preciso conocer las limitaciones y restricciones para levantar capital que a manera resumida comprenden:

- Los derechos no comprenden valores que circulen en le mercado, ostentarse como tal sería ilegal;
- Las actividades de captación de recursos del público comprometiendo accesorios financieros es una actividad reservada para las instituciones de banca y crédito, por lo que garantizar interés o rendimientos como parte de la actividad económica sin ser una institución en términos de la Ley, sería ilegal;
- Por último, a pesar de que el fideicomiso funcione como un fondo de recursos para un mismo destino, no es propiamente un fondo de inversión, por lo que declararlo de tal manera en medios de publicidad y promover la inversión bajo esta figura es ilegal, puesto que no se pueden emplear conceptos reservados para las actividades de la LFI.

VI. BIBLIOGRAFÍA

A. DOCTRINA

Herrera Villanueva, J.J. (2014). *El Patrimonio*. México, D.F. Biblioteca Jurídica Virtual del Instituto de Investigaciones Jurídicas de la UNAM.

"Patrimonio". Instituto de Investigaciones Jurídicas (1998). *Diccionario Jurídico Mexicano* (11 ed.). Editorial Porrúa y Universidad Nacional Autónoma de México, México.

Santeliz Cambray, Anibal. **Desarrollo de Proyectos Inmobiliarios de Vivienda en Condominio.** Tesis para obtener el grado de maestro. Ciudad Universitaria, México, Distrito Federal, Diciembre de 2005. Disponible en línea: Repositorio Institucional de la UNAM https://repositorio.unam.mx/contenidos/desarrollo-de-proyectos-inmobiliarios-de-vivienda-en-condominio-119426?c=pjLR54&d=false&q=*:*&i=1&v=1&t=search_0&as=0.

B. LEGISLACIÓN

— **Código de Comercio** (P.O. 07 octubre 1889/ 28 marzo 2018).

— **Código Fiscal de la Federación** (P.O. 31 diciembre 1981/ 12 noviembre 2021).

— **Ley de Fondos de Inversión** (P.O. 04 julio 2001/ 24 enero 2014).

— **Ley de Instituciones de Crédito** (P.O. 18 julio 1990/ 24 enero 2024).

— **Ley de Propiedad en Condominio de Inmuebles para el Estado de Nuevo Léon.** (P.O. 02 mayo 2017/ 11 octubre 2023).

— **Ley del Impuesto Sobre la Renta** (P.O. 11 diciembre 2013/ 12 noviembre 2021).

— **Ley del Mercado de Valores** (P.O. 20 diciembre 2005/ 24 enero 2024).

— **Ley Federal de Protección al Consumidor** (P.O. 24 diciembre 1992/ 12 abril 2019).

— **Ley General de Títulos y Operaciones de Crédito** (P.O. 27 agosto 1932/ 22 junio 2018).

— **Norma Oficial Mexicana Prácticas comerciales-Requisitos de la información comercial y la publicidad de bienes inmuebles destinados a casa habitación y elementos mínimos que deben contener los contratos relacionados. NOM-247-SE-2021.** Secretaría de Economía (México). D.O.F. Marzo 22, 2022. Disponible en línea. Diario Oficial de la Federación https://www.dof.gob.mx/nota_detalle.php?codigo=5646251&fecha=22/03/2022#gsc.tab=0

Capítulo 9

EXCLUSIVIDAD DE RENTAS EN EL RÉGIMEN DE PROPIEDAD EN CONDOMINIO

Lic. Janeth Medina Beltrán[1]

SUMARIO: I. INTRODUCCIÓN. II. DERECHOS DE PROPIEDAD PRIVADA Y POSESIÓN DE LOS CONDÓMINOS. III. ARRENDAMIENTO DE UNIDADES DE PROPIEDAD PRIVATIVA. IV. CLÁUSULA DE EXCLUSIVIDAD DE RENTAS EN REGLAMENTOS DE RÉGIMEN DE PROPIEDAD EN CONDOMINIO. i. Autorización para el cobro de rentas. ii. Renuncia al derecho de arrendar la unidad de propiedad privativa. V. CONCLUSIONES. VI. BIBLIOGRAFÍA.

I. INTRODUCCIÓN

Como derecho inherente del ser humano, lo que se eleva a la definición de derecho humano, se contempla la propiedad, la cual nos faculta para ostentar el uso, goce, disfrute y disposición de un bien, en principio de lo establecido específicamente en México por la Constitución Política de los Estados Unidos Mexicanos en su artículo 27, el cual menciona que:

> *"Artículo 27: La propiedad de las tierras y aguas comprendidas dentro de los límites del territorio nacional corresponde originalmente a la nación.* ***La cual ha tenido y tiene el derecho de transmitir el dominio de ellas a los particulares, constituyendo la propiedad privada"****.*
>
> *(Énfasis añadido)*

---

1 Licenciada en Derecho por la Facultad de Derecho y Criminología de la Universidad Autónoma de Nuevo León, Asociada en el despacho Zárate Abogados, coordinadora de la Comisión de Jóvenes Barristas de la Barra Mexicana Colegio de Abogados Capítulo Nuevo León.

Originándose con ello la denominada propiedad privada, misma que permite a los particulares, en este caso personas físicas y/o morales, adquirir en propiedad bienes muebles e inmuebles mediante las figuras reguladas en los códigos civiles aplicables.

Así pues, al momento en que un particular adquiere en propiedad un bien determinado, independientemente de que éste sea mueble o inmueble, dicho particular está obteniendo el derecho de usar, gozar, disfrutar y disponer de dicho bien, en los términos y condiciones que mejor le convenga, siempre y cuando no afecte derechos de terceros o la ley.

Con motivo de lo anterior, el objeto de estudio del presente capítulo abordará los derechos que otorga la propiedad privada en favor de los particulares al momento de adquisición de un bien inmueble, específicamente de la adquisición de una unidad de propiedad en condominio.

Esclareciendo que, a causa de la adquisición de dicha propiedad, al propietario de la unidad en condominio, el condómino, le es investida la "posesión originaria" de tal unidad de propiedad en condominio, misma que se estudiará en el primer subtema del presente capítulo y la cual es susceptible de transmisión en favor de terceros como "posesión derivada", con base en lo establecido en el Código Civil para el Estado de Nuevo León, a través de diversas figuras entre las cuales se encuentra el arrendamiento.

En dicha figura de arrendamiento, es que nos encontramos con que, además del condómino, existen dos personas facultadas en términos de la ley para transmitir en favor de terceros la posesión derivada de una unidad de propiedad privativa (en representación del condómino), las cuales son (i) el arrendador autorizado y (ii) la persona autorizada por disposición de ley.

Sin embargo, al establecer que únicamente las tres personas previamente identificadas, quienes son el condómino, el arrendador autorizado y la persona autorizada por disposición de ley, son las que están legitimadas para arrendar una unidad de propiedad en condominio en términos del Código Civil para el Estado de Nuevo León, es que toma sentido estudiar en el presente capítulo si la asamblea general del condominio puede otorgar los siguientes facultades a la administración de un régimen de propiedad en condominio a través del reglamento interno del condominio:

1. Cobrar las rentas que se generen por el arrendamiento de una unidad de propiedad privativa (sin ser arrendador autorizado) o,
2. Restringir al condómino la transmisión de la posesión derivada de su unidad de propiedad privativa en favor de terceros, contra la firma de la escritura pública de propiedad en donde el condómino adquiera la unidad de propiedad en condominio.

Por lo anterior, se destacan como objetivos principales del presente capítulo los siguientes:

1. Estudiar la facultad de la asamblea general y la administración de un régimen de propiedad en condominio para limitar los derechos de propiedad y posesión del condómino de una unidad de propiedad privativa, y,
2. Proveer las herramientas suficientes para detectar si la asamblea general y la administración de un régimen de propiedad en condominio están violando el derecho de propiedad y posesión originaria del condómino; mediante la aplicación de una metodología deductiva.

II. DERECHOS DE PROPIEDAD PRIVADA Y POSESIÓN DE LOS CONDÓMINOS

El Código Civil para el Estado de Nuevo León, sin que con ello se entienda que los códigos civiles de los demás estados de la república distan de regularlo, determina que uno de los atributos de la personalidad de las personas físicas y morales es el patrimonio, entendiéndose con ello que tanto las personas físicas como las personas morales somos susceptibles de adquirir bienes en propiedad privada, sean estos muebles o inmuebles, sin clasificación de su naturaleza.

Bajo ese orden de ideas, es menester distinguir cuál es la definición de patrimonio, misma que en palabras del autor Rojina Villegas, es:

> "*El conjunto de obligaciones y derechos susceptibles de una valorización pecuniaria (...) que estará siempre integrado por un*

conjunto de bienes, de derechos y además por obligaciones y cargas (...)"[2].

Con ello en mente, al ser el patrimonio un conjunto de obligaciones y derechos, resulta importante determinar cuáles son los derechos que otorga la propiedad privada (en adelante denominada únicamente como "propiedad") sobre un bien, los cuales consisten en el (i) uso, (ii) goce, (iii) disfrute y (iv) disposición de dicho bien[3].

Ahora bien, si eliminamos de dichos elementos a la disposición del bien, nos encontramos con los elementos de la posesión de los bienes, como lo son el uso, goce y disfrute[4].

En la práctica, tales elementos de la posesión van investidos dentro de la denominada "posesión originaria", ya que el propietario es la persona quien, vaya la redundancia, posee de forma original el bien.

Por tal motivo, al momento en que este propietario transmite la posesión del bien en favor de un tercero, la nueva posesión que ostenta tal tercero se convierte en una posesión derivada; ya que el nuevo poseedor del bien no es su propietario, independientemente de la figura que en su caso se opte para transmitir la posesión. Esto, con fundamento en el artículo 791 del Código Civil para el Estado de Nuevo León, que menciona lo siguiente:

> *"Artículo 791.- Cuando en virtud de un acto jurídico el propietario entrega a otro una cosa, concediéndole el derecho de retenerla, temporalmente en su poder en calidad de usufructurario, arrendatario, acreedor pignoraticio, depositario, u otro título análogo, los dos son poseedores de la cosa. **El que la posee a título de propietario tiene una posesión originaria, el otro, una posesión derivada".***
>
> *(Énfasis añadido)*

Al hablar de las figuras mediante las cuales se transmite la posesión derivada, cabe mencionar que en el derecho civil mexicano se

2 Rojina Villegas, Rafael. Compendio de Derecho Civil II Bienes, Derechos Reales y Sucesiones. México, Universidad Nacional de México, 1963/2008, p. 7.

3 Sánchez-Cordero Dávila, Jorge A. Introducción al Derecho Mexicano Derecho Civil. México, UNAM, 1981, p. 31.

4 Avendaño Valdez, J. La posesión y sus elementos. Derecho PUCP. 1961. Disponible en <https://doi.org/10.18800/derechopucp.196101.002> (Consulta Abril 06, 2024). Pág. 14.

contemplan diversos medios para efectuar tal transmisión, sin embargo, para efectos del presente capítulo únicamente nos centraremos en algunos de los medios que transmiten la posesión derivada de los *bienes inmuebles*, como son los identificados a continuación:

- Contrato de arrendamiento: Una de las partes denominada arrendador concede a otra persona denominada arrendatario el uso y goce temporal del bien inmueble, y el arrendatario se obliga a pagar un precio cierto por dicho uso y goce temporal.
- Contrato de subarrendamiento: Mediante autorización del arrendador, el arrendatario transmite el uso y goce del inmueble a un tercero, denominado subarrendatario.
- Contrato de comodato: "*Uno de los contratantes se obliga a conceder gratuitamente el uso de una cosa no fungible, y el otro contrae la obligación de restituirla individualmente*"[5].
- Depósito: "*El depositario se obliga hacia el depositante a recibir una cosa, mueble o inmueble que aquél le confía, y a guardarla para restituirla cuando la pida el depositante*"[6].

Con base en lo antes expuesto, cada una de las figuras mediante las cuales se transmite la posesión derivada de un bien inmueble equipara derechos en favor de su propietario. Por ejemplo, en el caso del arrendamiento y subarrendamiento el pago de un precio cierto, y en el caso del comodato la restitución del bien inmueble.

Sin embargo, al encontrarse tales figuras reguladas como un contrato en el Código Civil para el Estado de Nuevo León, son susceptibles de cargar con más derechos de los identificados en su definición, como lo es la situación del contrato de arrendamiento, que se visualiza en el título sexto del multicitado código civil, mismo que en adelante será denominado como "Código Civil".

En dicho título, se dispone de forma enunciativa más no limitativa como derechos y facultades del propietario de un bien inmueble, los siguientes:

- Dar en arrendamiento el bien inmueble.
- Recibir el pago de la renta en la forma y tiempo convenidos, o bien, hasta la devolución del bien inmueble arrendado.

---

5 Artículo 2391 del Código Civil para el Estado de Nuevo León.

6 Artículo 2410 del Código Civil para el Estado de Nuevo León.

- Cobrar y recibir el pago por los daños ocasionados al bien inmueble arrendado.
- Exigir la rescisión del contrato de arrendamiento, por operar alguna causal de las identificadas en el artículo 2383 del Código Civil.

Dado lo previamente dicho, cabe recalcar una facultad y un derecho inherentes al propietario de un bien inmueble, quien ostenta el carácter de arrendador: (i) la facultad de dar en arrendamiento el bien inmueble y (ii) el derecho de recibir el pago de la renta. Esto, con el fin de estudiarlos en los posteriores subtemas del presente capítulo.

Retomando el propósito del presente subtema, el cual consiste en exponer los derechos de propiedad privada y posesión de los condóminos, es que toma sentido el comenzar a introducir la figura de condómino, en virtud de ya haberse expuesto cuáles son los derechos de propiedad y posesión de un propietario de bienes inmuebles.

Así pues, el condómino, con base en la Ley de Propiedad en Condominio de Inmuebles para el Estado de Nuevo León, es "*la persona física o moral que tenga la propiedad de una o varias Unidades de Propiedad Privativa en un inmueble afecto a Condominio*"[7], al cual indistintamente en el presente capítulo podemos definir como el propietario de un bien inmueble, al ser las unidades de propiedad privativa bienes inmuebles.

Con motivo de lo anterior, al ser dicho condómino el propietario de una unidad de propiedad privativa, sus derechos de propiedad y posesión sobre dicha unidad de propiedad privativa son los que corresponden al propietario de un bien inmueble, y por tal cuestión un condómino tiene los siguientes derechos de propiedad y posesión sobre una unidad de propiedad privativa:

Derechos de propiedad:

- Uso.
- Goce.
- Disfrute.
- Disposición.

---

7 Artículo 2 de la Ley de Propiedad en Condominio de Inmuebles para el Estado de Nuevo León.

Derechos de posesión:

- Uso.
- Goce.
- Disfrute.

Siendo capaz entonces, de dar en arrendamiento la unidad de propiedad privativa de la cual es propietario.

III. ARRENDAMIENTO DE UNIDADES DE PROPIEDAD PRIVATIVA

Con base en lo expuesto en el subtema previo, se desprende que el contrato de arrendamiento de unidades de propiedad privativa, de conformidad con el Código Civil, es un contrato mediante el cual una de las partes denominada *arrendador* concede a otra persona denominada *arrendatario* el uso y goce temporal de una unidad de propiedad privativa, y el arrendatario se obliga a pagar un precio cierto por dicho uso y goce temporal en favor del arrendador.

Dado lo anterior, es menester desmembrar quiénes son las personas, sean físicas o morales, legitimadas para tomar el carácter de arrendador de unidades de propiedad privativa con base en el Código Civil, las cuales se identifican a continuación:

Persona	Tipo de posesión	Fundamento legal
1. Propietario de la unidad de propiedad privativa.	Originaria.	Artículo 791 del Código Civil.
2. Arrendador autorizado (*el que no fuere dueño de la unidad de propiedad privativa, siempre y cuando tenga facultad para celebrar el contrato de arrendamiento por autorización del dueño o por disposición de la ley*).	Derivada.	Artículos 791 y 2295 del Código Civil.
3. *Persona física que no fuere dueño de la unidad de propiedad privativa, siempre y cuando tenga facultad para celebrar el contrato de arrendamiento por disposición de la ley* (el albacea de una sucesión testamentaria es un ejemplo de ello).	Derivada.	Artículos 791 y 2295 del Código Civil.

Por lo tanto, las personas identificadas en la tabla anterior son quienes, con base en el fundamento legal previamente mencionado, están legitimadas para percibir el pago de las rentas que se generen durante el arrendamiento.

Tomando sentido entonces que cuando personas físicas y/o morales pretendan percibir el pago de rentas, y éstas no sean **a**) el propietario de la unidad de propiedad privativa, **b**) el arrendador autorizado o **c**) la persona autorizada por disposición de ley, el cobro de dicha renta no se estará efectuando con base en lo dispuesto por el Código Civil, debiendo existir un soporte legal que garantice la razón por la cual dicha persona física y/o moral está recibiendo el pago de una renta sin ser el propietario del bien inmueble en cuestión.

En ese supuesto, la posible figura legal que garantice el pago de la renta en favor de un tercero, sería la cesión de los derechos de cobro por parte del propietario del inmueble en favor de dicho tercero, lo cual se estudiará en el subtema siguiente.

IV. CLÁUSULA DE EXCLUSIVIDAD DE RENTAS EN REGLAMENTOS DE RÉGIMEN DE PROPIEDAD EN CONDOMINIO

Establecido que los propietarios de unidades de propiedad privativa son quienes originalmente (i) pueden arrendar en carácter de arrendador su respectiva unidad de propiedad privativa, al contar con su posesión originaria, y por ende (ii) percibir el pago de la renta que se genere, cobra relevancia argumentar tal preposición con base en la Ley de Propiedad en Condominio de Inmuebles para el Estado de Nuevo León, en lo sucesivo como la "Ley de Propiedad en Condominio", la cual indica:

> *"Artículo 19.- El Condómino puede* ***usar, gozar*** *y disponer de* ***su Unidad de Propiedad Privativa****, con las limitaciones y modalidades de esta Ley, la Escritura Constitutiva, el Reglamento Interno y demás leyes aplicables."*
>
> *(Énfasis añadido)*

Resultando pues, que la Ley de Propiedad en Condominio reconoce que los derechos de uso y goce de las unidades de propiedad privativa, referentes a la posesión originaria de las mismas, corresponden al condómino.

Argumentado lo anterior, y siguiendo el estudio de la ley en comento, es importante fundar cuáles instrumentos del régimen de propiedad en condominio, a los que se encuentran sujetas las unidades de propiedad privativa, regulan los términos de su arrendamiento.

De este modo, al remontarnos al artículo 3 de la Ley de Propiedad en Condominio[8], se determina que son dos instrumentos internos del condominio los que rigen su estructura, organización y funcionamiento, los cuales se identifican a continuación:

- Escritura Constitutiva.
- Reglamento interno.

Mismos que de conformidad con la Ley de Propiedad en Condominio, a fin de considerarse como válidos o efectivos, deben inscribirse en el Instituto Registral y Catastral del Estado de Nuevo León, para efecto de que los condóminos cumplan con su contenido, ya que ambos instrumentos contemplan obligaciones a cargo de los condóminos. El segundo de ellos, con fundamento en el artículo 45 de la Ley de Propiedad en Condominio.

Al visualizar dicho artículo, la Ley de Propiedad en Condominio se limita a que la única obligación que tienen los condóminos de unidades de propiedad privativa frente al condominio, con respecto al arrendamiento de dicha unidad de propiedad privativa, consiste en las previsiones conducentes para otorgar en favor de terceros las áreas y bienes de uso común que sean objeto de arrendamiento. Esto, debiéndose incluir en el reglamento interno del régimen de propiedad en condominio.

Sin especificar que (i) deban regularse las previsiones conducentes para otorgar en favor de terceros el área privativa de una unidad de propiedad en condominio, o (ii) alguna otra obligación adicional que proporcione en favor del condominio, su asamblea general o la administración del condominio un beneficio económico sobre dicho arrendamiento; por endes razones, ya que ni la asamblea general ni la

---

8 *"Artículo 3.- Los derechos y obligaciones de los Condóminos se regirán por las disposiciones de la presente Ley, las del Código Civil vigente para el Estado, las de otras leyes aplicables, la Escritura Constitutiva y el Reglamento Interno."*

administración del condominio ostentan derecho de propiedad alguno sobre la respectiva unidad de propiedad privativa.

A causa de lo antes expuesto, podemos comenzar a estudiar la *exclusividad de rentas*, de la cual existe nula regulación, y que prácticamente consiste en la facultad que se reserva la asamblea general del condominio para instruir a la administración de un régimen de propiedad en condominio, en adelante como "la administración de un condominio" o "la administración del condominio", para efectos de:

- Cobrar las rentas de los arrendamientos de unidades de propiedad privativa, sin necesidad de la intervención del propietario de la respectiva unidad de propiedad privativa, o bien,
- Prohibir a los condóminos el arrendamiento en favor de terceros de su unidad de propiedad privativa.

En la práctica condominal, ésta facultad se concede en alguna cláusula del reglamento interno del condominio por los desarrolladores de los condominios, al no existir prohibición expresa en la Ley de Propiedad en Condominio. Ya que éstos son quienes adquieren en primer lugar la calidad de propietarios del total de las unidades de propiedad en condominio que conforman al régimen de propiedad en condominio, lo cual se identifica en la escritura constitutiva de dicho régimen, consolidándose como integrantes de la asamblea general y posteriormente son estos mismos desarrolladores quienes venden individualmente cada una de las unidades de propiedad privativa en favor de particulares, sean personas físicas y/o morales.

Al momento en que dichas personas físicas y/o morales adquieren en propiedad una unidad de propiedad en condominio, lo cual hacen a través de la firma de una escritura pública de propiedad, materializando la figura legal denominada compraventa, los compradores se sujetan al contenido del reglamento interno del condominio, así como al contenido de sus respectivas cláusulas, previamente elaborados por el desarrollador en su calidad de integrante de la asamblea general; ya que (i) el artículo 19 de la Ley de Propiedad en Condominio[9] esta-

---

9 *"Artículo 19.- El Condómino puede usar, gozar y disponer de su Unidad de Propiedad Privativa, con las limitaciones y modalidades de esta Ley, la Escritura Constitutiva, el Reglamento Interno y demás leyes aplicables."*

blece que los condóminos pueden usar, gozar y disponer de su unidad de propiedad privativa con base en el reglamento interno del condominio, y (ii) contra la firma de la escritura pública de compraventa se adjunta una copia del reglamento interno en cuestión. A continuación se describen de forma enunciativa más no limitativa algunos elementos de dicha facultad:

- Prohibición al condómino para arrendar su unidad de propiedad privativa (prohibición para transmitir la posesión derivada).
- Aplicación de penalidades a cargo del condómino en caso de que la administración del condominio descubra el arrendamiento de la unidad de propiedad privativa en favor de terceros.

Sin embargo, pese a que la ley de propiedad en condominio determina que los condóminos sólo pueden disfrutar de su unidad de propiedad privativa con base en las limitaciones que establece el reglamento interno del condominio y dicho reglamento interno les es proporcionado a los condóminos como un anexo de su escritura pública de propiedad, es importante cuestionarnos,

- ¿La sujeción como condómino, contra la firma de la escritura pública de propiedad, justifica la cesión de derechos de cobro en favor de la administración del condominio? o bien,
- ¿La sujeción como condómino, contra la firma de la escritura pública de propiedad, justifica la renuncia al derecho de arrendar su unidad de propiedad privativa en favor de terceros?

La opinión y respuesta de la autora del presente capítulo es: **no.** El hecho de convertirse en condómino contra la firma de la escritura pública de propiedad únicamente representa la sujeción del condómino a las reglas de convivencia y funcionamiento del régimen de propiedad en condominio, más no representa la autorización del condómino en favor de la administración del condominio para efectos de (i) cobrar las rentas que se generen por el arrendamiento de su unidad de propiedad privativa o (ii) renunciar a su derecho de transmitir la posesión derivada de su unidad de propiedad privativa en favor de terceros.

Esto, ya que tal autorización o renuncia, debería versar de la siguiente manera:

i. Autorización para el cobro de rentas

En lo que respecta a la autorización para el cobro de rentas en favor de la administración del condominio, se considera que ésta debe ir emparejada contra (i) la cesión del derecho de cobro de renta por parte del condómino en favor de la administración del condominio, o bien, (ii) la designación de la administración del condominio como arrendador autorizado.

Y con base en el Código Civil, la incorporación del reglamento interno del condominio como anexo en la escritura pública de compraventa no cumple con los requisitos de forma y fondo de una cesión de derechos, ni con los requisitos de cesión de derechos que se identifican en la Tesis I.3o.C.135 C que se desglosa a continuación:

> ***"CESIÓN DE DERECHOS EN FORMA GRATUITA DE BIENES INMUEBLES (DERECHOS REALES). DEBE REGULARSE POR LAS DISPOSICIONES DEL CONTRATO DE DONACIÓN.*** *La cesión de derechos tiene un carácter variable, en virtud de que es la fuente o causa eficiente de distintos contratos o figuras jurídicas en general. Es decir, como la cesión de derechos puede ser a título oneroso o gratuito, puede dar lugar a una compraventa, si hay un precio cierto y en dinero a cambio del derecho cedido; a una donación, si es a título gratuito; y así a diversas figuras jurídicas como la permuta, aportación de sociedad, etcétera. Luego entonces, la cesión de derechos es un contrato cambiante porque asume la forma de diversos contratos, quedando sujeto su perfeccionamiento a las formalidades expresamente establecidas en el capítulo que se regula. De lo anterior se tiene que cuando no se está realizando una cesión de créditos sino una cesión de derechos reales, no puede aplicarse el capítulo I "De la cesión de derechos" a que alude el título tercero "De la transmisión de las obligaciones" (artículos 2029 al 2050 del Código Civil del Distrito Federal), sino que debe regularse en forma concreta por la figura que más se asemeje, siendo que, en el caso, al ser una cesión de derechos reales en forma gratuita, debe regularse por las disposiciones relativas al capítulo I del título cuarto, relativo a las donaciones; por lo que de conformidad con los artículos 2332, 2340, 2341, 2342, 2345 y 2346 del citado Código Civil, se colige que uno de los requisitos para el perfeccionamiento de la donación es la aceptación del donatario, la cual debe ser, tratándose de inmuebles, en forma escrita*

y en vida del donante; por tanto, si dicho documento carece de ese requisito, no puede considerarse que se perfeccionó como contrato de donación, máxime que en este tipo de contratos la aceptación debe ser en forma expresa y por escrito y no se perfecciona mediante el consentimiento tácito"[10].

De tal forma, al decir que el condómino "cede los derechos de cobro de rentas de los contratos de arrendamiento en favor de la administración del condominio, por el simple hecho de tener conocimiento que existe un reglamento interno del condominio", estamos cayendo en la nada jurídica, toda vez que el perfeccionamiento de la cesión de derechos no se materializa con el conocimiento de la existencia del reglamento interno del condominio y sus respectivas cláusulas.

Sino que se materializa hasta en tanto el condómino y la administración del condominio celebren un convenio de cesión de derechos por escrito, siguiendo las formalidades que el Código Civil establece para los contratos de donación.

Así como tampoco se materializa la designación de la administración del condominio como arrendador autorizado, en virtud de que dicha designación debe versar sobre una designación expresa del condómino en su calidad de propietario. Y con base en el artículo 1803 del Código Civil Federal, de ser expresa, tal designación debe visualizarse en un documento por escrito emitido por el condómino:

> *"Artículo 1803.- El consentimiento puede ser expreso o tácito, para ello se estará a lo siguiente:*
>
> *I.- **Será expreso cuando la voluntad se manifieste verbalmente, por escrito**, por medios electrónicos, óptico o por cualquier otra tecnología, o por signos inequívocos, y*
>
> *..."*
>
> *(Énfasis añadido)*

Determinando entonces que, por el simple hecho de tener conocimiento que existe un reglamento interno del condominio, el condómi-

---

10 **CESIÓN DE DERECHOS EN FORMA GRATUITA DE BIENES INMUEBLES (DERECHOS REALES). DEBE REGULARSE POR LAS DISPOSICIONES DEL CONTRATO DE DONACIÓN.** Tesis Aislada. Amparo directo. Tribunales Colegiados de Circuito. Clave I.3o.C.135 C. Registro digital: 198797.

no no está designando expresamente a la administración del condominio como arrendador autorizado, para efecto de cobrar las rentas que se generen del arrendamiento de su unidad de propiedad privativa.

ii. Renuncia al derecho de arrendar la unidad de propiedad privativa

En cuanto a la renuncia del condómino a su derecho de transmitir la posesión derivada de su respectiva unidad de propiedad en condominio, cabe resaltar en primer lugar cuáles bienes forman parte de la unidad de propiedad privativa de un condominio, y para ello tomaremos como base el artículo 45 de la Ley de Propiedad en Condominio, que dice:

> *"Artículo 45.- El Reglamento Interno deberá agregarse en copia certificada al apéndice de la Escritura Constitutiva y entregarse a cada uno de los Condóminos que adquieren, debiendo contener, por lo menos, lo siguiente:*
>
> ...
>
> *XVI.- Las previsiones conducentes para otorgar a terceros las Áreas y Bienes de Uso Común que sean objeto de arrendamiento o que se destinen al comercio, estableciendo la temporalidad y las garantías respectivas para su cumplimiento.*
>
> ..."

De la lectura literal del artículo en cuestión, podemos determinar que el legislador únicamente encomienda a la administración de un condominio la regulación de los arrendamientos que operen sobre los bienes de uso común del condominio, más no así sobre los bienes de unidad de propiedad exclusiva.

Lo anterior, toda vez que la propiedad de la unidad de propiedad privativa contempla los siguientes elementos:

- Propiedad de parte divisa: Es la propiedad que se aplica sobre la unidad de propiedad exclusiva (departamento o local).
- Propiedad de parte indivisa: Es la copropiedad que se aplica sobre las áreas y bienes de uso común del condominio[11] (como puede ser el lobby, área de alberca, asadores, entre otros).

---

11 Bendersky, Mario J. Introducción al Estudio de la Propiedad Horizontal. Facultad de Derecho de la Universidad de Buenos Aires. 1964. Disponible en línea:

En lo que respecta a la primera, y como previamente se ha identificado, la propiedad sobre la unidad de propiedad exclusiva consiste en un derecho de propiedad pleno[12], con base en el artículo 830 del Código Civil, el cual determina:

> *"Artículo 830.- El propietario de una cosa puede gozar y disponer de ella con las limitaciones y modalidades que fijen las leyes".*

Siendo entonces una modalidad de la propiedad en condominio sobre la cual la asamblea general y la administración del condominio no ostentan derecho de propiedad alguno, teniendo como consecuencia que dicha asamblea general y administración no cuenten con capacidad legal alguna para prohibir o limitar al condómino de una unidad de propiedad privativa el arrendamiento de su parte divisa.

En cuanto al estudio de la segunda, la copropiedad de parte indivisa, es que ahora sí toma relevancia la posición del legislador, ya que la Ley de Propiedad en Condominio sí faculta a la asamblea general del condominio para incluir en el reglamento interno disposiciones que regulen el arrendamiento de los bienes de uso común del condominio, toda vez que la parte indivisa representa las partes comunes del condominio que se comparten y utilizan por todos los condóminos.

En resumen, sobre la parte indivisa los condóminos no ostentan "propiedad plena", sino que adquieren la calidad de "copropietarios", en términos del Código Civil:

> *"Artículo 935. Hay copropiedad cuando una cosa o un derecho pertenecen pro-indiviso a varias personas."*

Y considerando que un condómino es entonces copropietario de la parte indivisa que conforma su unidad de propiedad privativa, es que toma sentido especificar que únicamente en lo que respecta a dicha parte indivisa, la asamblea general del condominio sí tiene facultades para incluir regulaciones en el reglamento interno de condominio so-

---

<http://www.derecho.uba.ar/publicaciones/lye/revistas/26/introduccion-al-estudio-de-la-propiedad-horizontal.pdf> (Consulta: Abril 04, 2024). Pág. 23.

12 Arredondo Galván, Xavier. El Nuevo Régimen Jurídico del Condominio. Noviembre 2002. Disponible en línea: Revista de Derecho Notarial Mexicano. No. 117, Tomo I, 2002. <http://historico.juridicas.unam.mx/publica/rev/indice.htm?rdernotmx&n=117> (Consulta: Abril 04, 2024). Pág. 109.

bre la transmisión de la posesión derivada en favor de terceros, con fundamento en el artículo 2297 del Código Civil:

> "*Art. 2297.- No puede arrendar el copropietario de cosa indivisa sin consentimiento de los otros copropietarios.*"

Sin embargo, aún y con dicha disposición, la asamblea general y la administración del condominio continúan sin adquirir la capacidad legal para prohibir o limitar al condómino de una unidad de propiedad privativa el arrendamiento de su parte indivisa.

Quedando limitado y obligado el condómino a únicamente solicitar el consentimiento de los demás copropietarios de las áreas y bienes de uso común del condominio para arrendar su respectiva parte indivisa en favor de un tercero; considerando que en algunos casos los integrantes de la asamblea general no siempre son la totalidad de los condóminos de un régimen de propiedad en condominio, por diversas cuestiones.

V. CONCLUSIONES

Llegado el final de nuestro capítulo cobra relevancia determinar en primer lugar y como premisa mayor, que la incorporación de renuncias en los reglamentos internos del régimen de propiedad en condominio, específicamente de aquellas que impliquen la renuncia de los condóminos a algún derecho de propiedad, no es legal en términos de la ley.

Esto, en virtud de que la asamblea general y la administración de un condominio no tienen el uso, goce, disfrute y/o disposición de las unidades de propiedad privativa que conforman un régimen de propiedad en condominio, con excepción de que las adquieran en propiedad.

Así como tampoco cuentan con el uso, goce y/o disfrute de las unidades de propiedad privativa, a menos que un condómino les transmita la posesión derivada de su respectivo inmueble, a través de alguno de los instrumentos identificados en el subtema I. Derechos de propiedad privada y posesión de los condóminos.- del presente capítulo.

Y al determinar que la administración del condominio no cuenta con (i) la propiedad, ni (ii) con la posesión derivada de la unidad de propiedad en condominio, las figuras que nos restan por incluir en este apartado conclusivo, con el propósito de justificar la capacidad de la administración para inferir en la esfera jurídica del arrendamiento de las unidades de propiedad en condominio, es (i) la cesión de derechos de renta en su favor o (ii) su designación como arrendador autorizado.

Que como lo estudiamos en el último subtema del presente capítulo, (i) la cesión de derechos de renta debe celebrarse a través de un convenio de cesión de derechos por escrito, siguiendo las formalidades que el Código Civil establece para los contratos de donación (por ser a título gratuito), o (ii) en caso de designarse como arrendador autorizado, debe materializarse mediante la emisión por el condómino de un documento por escrito.

Por ende, en caso de que la lectora o el lector de este capítulo se encuentre en proceso de adquirir una unidad de propiedad privativa perteneciente a un régimen de propiedad en condominio, recomendamos estudiar de forma integral el contenido del reglamento interno de dicho condominio, así como los respectivos manuales que del mismo emanen.

Esto, con el objetivo de mitigar el riesgo de que el reglamento interno de dicho condominio, elaborado por la asamblea general, faculte a la administración del condominio para limitar el arrendamiento de las unidades de propiedad privativa en favor de terceros, afectando considerablemente el derecho de propiedad de los condóminos.

Recordando que la única limitación que dicho reglamento interno puede disponer sobre la unidad de propiedad privativa, es respecto de la parte indivisa, correspondiente a la copropiedad que se ostenta sobre las áreas y bienes de uso común del condominio, a fin de que el condómino se obligue a solicitar el consentimiento de los demás copropietarios de las áreas y bienes de uso común del condominio para arrendar su respectiva parte indivisa en favor de un tercero, lo cual sí puede efectuarse a través de la asamblea general cuando la conformen la totalidad de los condóminos del régimen de propiedad en condominio.

Mas no sobre la parte divisa, correspondiente a la propiedad exclusiva de la unidad de propiedad privativa, llámese de forma coloquial como el departamento o el local, toda vez que sobre dicha parte de la unidad de propiedad privativa el condómino es el único propietario y por ende nadie puede interferir en la esfera jurídica de sus derechos como tal.

VI. BIBLIOGRAFÍA

A. Doctrina

Arredondo Galván, Xavier. "*El Nuevo Régimen Jurídico del Condominio. Noviembre 2002*". Disponible en línea: **Revista de Derecho Notarial Mexicano.** No. 117, Tomo I, 2002. <http://historico.juridicas.unam.mx/publica/rev/indice.htm?rdernotmx&n=117>

Avendaño Valdez, J. "*La posesión y sus elementos*". Derecho PUCP. 1961. Disponible en línea: <https://doi.org/10.18800/derechopucp.196101.002>.

Bendersky, Mario J. "*Introducción al Estudio de la Propiedad Horizontal*". Facultad de Derecho de la Universidad de Buenos Aires. 1964. Disponible en línea: <http://www.derecho.uba.ar/publicaciones/lye/revistas/26/introduccion-al-estudio-de-la-propiedad-horizontal.pdf>

Rojina Villegas, Rafael. **Compendio de Derecho Civil II Bienes, Derechos Reales y Sucesiones.** 41ª ed. México, Universidad Nacional de México, 1963/2008.

Sánchez-Cordero Dávila, Jorge A. **Introducción al Derecho Mexicano Derecho Civil.** México, UNAM, 1981.

B. Legislación

— **Código Civil Federal.** (D.O.F. mayo 26, 1928 / enero 17, 2024).

— **Código Civil para el Estado de Nuevo León.** (P.O.E. julio 06, 1935 / enero 24, 2024).

— **Ley de Propiedad en Condominio de Inmuebles para el Estado de Nuevo León.** (P.O.E. mayo 02, 2017 / octubre 11, 2023).

C. Jurisprudencia

— "CESIÓN DE DERECHOS EN FORMA GRATUITA DE BIENES INMUEBLES (DERECHOS REALES). DEBE REGULARSE POR LAS DISPOSICIONES DEL CONTRATO DE DONACIÓN". Tesis Aislada. Amparo directo. Tribunales Colegiados de Circuito. Clave I.3o.C.135 C. Registro digital: 198797.

Capítulo 10

SANCIONES EN EL RÉGIMEN DE PROPIEDAD EN CONDOMINIO Y MECANISMOS PARA LA SOLUCIÓN DE CONTROVERSIAS

Roberto Sebastián Woo Trasfí[1]

I. INTRODUCCIÓN

A lo largo de la presente obra se han expuesto los beneficios del régimen de propiedad en Condominio y los desafíos inherentes a su operación.

Entre los retos a afrontar, se destacan aquellas disputas que pueden surgir como consecuencia natural de la interacción entre condóminos; las cuales, representan un riesgo para el estado de coexistencia

---

1 Estudiante de Derecho de la Facultad Libre de Derecho de Monterrey. Pasante en Zárate Abogados.

pacífica pretendido.[2] Especialmente, en un régimen donde existe una alta susceptibilidad a los conflictos por motivo del desenlace de actividades cotidianas, tales como: una invasión a los cajones de estacionamiento, la falta de cuidado en el uso de las áreas comunes o la omisión de cumplir con el pago de las cuotas de mantenimiento.

Reconociendo la utopía que representa lograr una plena armonización entre los diferentes estilos de vida de los habitantes, se requiere contar con lineamientos que permitan cultivar el respeto y la comunicación efectiva a fin de resolver cualquier conflicto. Siendo necesario, que cada régimen de propiedad en Condominio instaure mecanismos de prevención, sanción y procesos internos que permitan solventar las controversias de forma efectiva y propiciar una cultura de convivencia.

Destacando, que su fin último es llegar a una solución sin mayor dilación, que materialmente permita remediar las cuestiones que originaron la controversia. De esta forma, se evita que se prolongue la afectación a la calidad de vida de todos los residentes (v.g. fugas de agua debido a un daño ocasionado por determinado condómino, así como el deterioro de la infraestructura).

En atención a lo expuesto previamente, el presente capítulo tiene por objeto abordar esta cuestión y analizar las sanciones que pueden imponerse dentro del régimen de propiedad en Condominio, así como los distintos mecanismos existentes para dar solución a las controversias que se presenten entre los habitantes del mismo.

II. PROCEDIBILIDAD DE LAS SANCIONES EN EL RÉGIMEN DE PROPIEDAD EN CONDOMINIO

A. Nociones Generales

La Real Academia Española define la sanción como la *"pena que una ley o un reglamento establece para sus infractores"*.[3] Su imposi-

---

2 Zárate, Miguel. "¿Qué es la Ley de Condominios y a Quiénes Rige?". **Zárate Abogados**. 2022. Disponible en línea: <https://zarateabogados.com/2022/01/21/que-es-la-ley-de-condominios-y-a-quienes-rige/>

3 Real Academia Española. Diccionario de la Lengua Española. Disponible en línea: <https://dle.rae.es/sanci%C3%B3n>

ción persigue diversos fines, entre los que se encuentra que el infractor indemnice por los daños ocasionados y disuadir la conducta que se reputa como dañosa para el régimen de convivencia pretendido.

Particularmente, la Ley de Propiedad en Condominio de Inmuebles para el Estado de Nuevo León (en lo sucesivo, "Ley de Condominios") desarrolla el concepto de la siguiente forma:

> *"Artículo 2.- Para efectos de esta Ley se entiende por:*
>
> *(...)*
>
> *SANCIÓN: La pena o multa que está obligado a cubrir el Condómino, Poseedor u ocupante del inmueble, por infringir esta Ley, el Código Civil vigente para el Estado, Escritura Constitutiva, contrato de traslación de dominio, Reglamento Interno y otras legislaciones de aplicación en la materia."*

Advirtiendo, que los condóminos se encuentran legitimados para instaurar su propio sistema sancionatorio (en el caso particular del Estado de Nuevo León) y definir las penalizaciones por motivo del incumplimiento a los instrumentos creados por ellos mismos (Escritura Constitutiva y el Reglamento Interno). Cuestión, que como se expuso en el capítulo de "*La Legislación Condominal ¿Civil o Administrativa?* se debe a que el condominio es una figura de carácter civil donde opera el principio de autonomía de la voluntad.

Sin que lo anterior, sea excluyente de la procedencia de sanciones de origen legal por obrar en contravención a la Ley de Condominios o al Código Civil para el Estado de Nuevo León. Lo cual, se debe al incremento en el grado de intervención estatal, con el fin de regular determinadas facetas del régimen de propiedad en condominio (desde la etapa de constitución hasta operación misma). Justificándose, en un interés público que tiene por objeto proteger el estado de convivencia pacífico.

B. Sanciones por Motivo de Incumplimiento a la Reglamentación Interna

La autonomía de la voluntad es un elemento esencial para comprender la naturaleza del régimen de propiedad en condominio. En atención a dicho principio, los condóminos se encuentran en posibilidad de configurar su propio régimen interno de convivencia, cuyo límites lógicos serán el respeto al derecho ajeno y al orden público.

Ahora bien, un concepto esencial para comprender la configuración de la reglamentación interna es aquel de la Asamblea General. La Ley de Condominios, la define como "*la reunión de todos los Condóminos y el órgano supremo del Condominio, que constituye la máxima instancia en la toma de decisiones para expresar, discutir y resolver asuntos de interés propio y común (...)*".[4]

Dicho órgano, es el encargado de llevar a cabo las sesiones correspondientes para crear, discutir y en su caso determinar las reformas al contenido de la Escritura Constitutiva y el Reglamento Interno. Ello, con el objeto de guiar el modelo de convivencia social que se pretende instaurar.

En relación con su funcionamiento, el abogado Jorge Paredes afirma que: "*es normal que la convivencia en el uso de las áreas privativas y comunes producen inconformidades y desacuerdos. Cada quien defiende su punto de vista o sus necesidades específicas.* ***La regla democrática debe prevalecer en las Asambleas de Condóminos***".[5]

Una vez reconocida la facultad de los condóminos de instaurar un régimen interno por conducto de la Asamblea General, debe advertirse la oportunidad de imponer sanciones por incumplir con el mismo. Ello, en atención a la naturaleza del régimen de propiedad en condominio y a la definición de sanción contemplada en la Ley de Condominios (que expresamente contiene esa posibilidad).

Al respecto, el artículo 45 de la Ley de Condominios reconoce el derecho de los condóminos de recibir una copia de la Escritura y del Reglamento Interno; lo cual, les permite situarse en posibilidad de dar debido cumplimiento a las obligaciones que el resto de los condóminos decidieron configurar..

En relación con este último punto, la normatividad aplicable no detalla con exactitud el momento en que debe realizarse la entrega de la documentación al condómino. No obstante, se infiere que debe realizarse en la etapa de negociación previo a la adquisición, toda vez

---

4 En términos del artículo 2 de la Ley de Condominios vigente en el estado de Nuevo León.

5 Paredes, Jorge. "Administrando el Condominio". **El Financiero**. 2017. Disponible en línea: <https://www.elfinanciero.com.mx/monterrey/administrando-el-condominio/>

que puede trascender en la voluntad del comprador y en su deseo de sujetarse a determinado modelo de convivencia social.

Enfatizando, que los lineamientos a recibir para situarse en aptitud de cumplirlos, exclusivamente pertenecen a la normatividad interna (Escritura Constitutiva y Reglamento Interno). Ello, ya que respecto de las obligaciones de origen legal (aquellas contenidas en la Ley de Condominios), no puede alegarse su desconocimiento para eximirse de su cumplimiento.

C. *Sanciones por Motivo de Incumplimiento a la Ley de Condominios*

La Ley de Condominios es el resultado de la intervención estatal en la materia y constituye el pilar sobre el cual se edifica la narrativa para una convivencia armónica en este régimen de propiedad. Contiene un enfoque detallado en cuanto a la regulación y administración de los espacios y servicios comunes; ello, con el objeto de asegurar que todos los residentes puedan disfrutar de los beneficios de manera equitativa y sin menoscabar los derechos de terceros. Especialmente, se destaca su obligación de utilizar los servicios e instalaciones generales conforme a su naturaleza y destino originales.[6]

Como excepción a lo anterior, se reconoce la posibilidad de conceder un derecho de uso exclusivo a uno o más condóminos respecto de ciertas Áreas y Bienes de Uso Común. Cuestión, que si bien puede parecer un poco contradictoria a la naturaleza del régimen de propiedad en Condominio, atiende a los diversos modelos de negocio existentes. En lo particular, responde a la posibilidad de que determinados residentes exploten y se beneficien de la utilización particular sobre determinada Área de Uso Común (como la colocación de panorámicos). Advirtiendo que ello, se ve acompañado de la obligación correspondiente de asumir los costos y externalidades propias de la utilización del bien.[7]

---

6 En términos del artículo 15 de la Ley de Condominios vigente en el estado de Nuevo León.

7 Sepúlveda, Marcelo. **Análisis del Régimen de Propiedad en Condominio**. 2020. Disponible en línea:<https://www.youtube.com/watch?v=ZB-NoD_kADQ>

Por su parte, el artículo 16 de la Ley de Condominios desarrolla el siguiente régimen de derechos y obligaciones para los habitantes del mismo:

> *Artículo 16.- Son derechos de los Condóminos y Poseedores y en general los habitantes del Condominio:*
>
> *I. Contar con el respeto de los demás Condóminos o Poseedores sobre su Unidad de Propiedad Privativa;*
>
> *II. Usar y disfrutar en igualdad de circunstancias y en forma ordenada, las Áreas y Bienes de Uso Común del Condominio, sin restringir el derecho de los demás, salvo aquellas que por así convenir a los intereses del Condominio se les otorgue un derecho de uso exclusivo a uno o más Condóminos;*
>
> *III. Formar parte de la Administración del Condominio en calidad de Administrador, con las potestades, deberes y remuneraciones correspondientes. Lo anterior, previo cumplimiento de los requisitos establecidos para ocupar dicho cargo;*
>
> *IV. Solicitar a la Administración información respecto al estado que guardan los fondos de mantenimiento, administración y de reserva;*
>
> *V. Denunciar ante las autoridades competentes, hechos posiblemente constitutivos de algún delito, en agravio del Condominio o Condominio Maestro;*
>
> *VI.- Realizar las obras y reparaciones necesarias al interior de su Unidad de Propiedad Privativa, quedando prohibida toda modificación o innovación que afecte la estructura, muros de carga u otros elementos esenciales del Condominio o que puedan poner en peligro la estabilidad, seguridad, salubridad o comodidad del mismo; de conformidad con las leyes y reglamentos correspondientes; y*
>
> *VII.- Los demás que esta Ley les confiere".*

Disposición, en la cual se desarrollan las nociones generales acerca de la forma en que debe conducirse cada condómino y los derechos que le son reconocidos. Se desprende un sentido de participación colectiva y de responsabilidad en el cuidado y mantenimiento de las áreas compartidas.

Previo a ahondar en el resto del contenido obligacional de cada condómino, debe partirse de la premisa de que la Ley de Condominios reconoce que el Condominio cuenta con personalidad jurídica y patrimonio propio (que ejerce a través de sus órganos). Lo cual, permite generar mayor certeza jurídica en relación con quien cuenta con legitimación para defender el patrimonio común del condominio, evitando que cada uno de los condóminos pretenda acudir a una estrategia legal diversa para defender las Áreas y Bienes de Uso Común.[8]

Por su parte, el artículo 21 de la Ley de Condominios consolida el régimen de responsabilidades para aquellos que infringen las disposiciones antes mencionadas, contemplando adicionalmente una serie de obligaciones relacionadas a la materia ambiental y a la posesión de animales.

> *Artículo 21.- Queda prohibido a los Condóminos, Poseedores y en general, a todo habitante o visitante del Condominio:*
>
> *I.- Realizar acto alguno que afecte la tranquilidad de los demás Condóminos y Poseedores, o que comprometa la estabilidad, seguridad, salubridad o infraestructura del Condominio, ni incurrir en omisiones que produzcan los mismos resultados;*
>
> *II.- Efectuar todo acto, en el exterior o en el interior de su Unidad de Propiedad Privativa, que impida o haga ineficaz la operación de los servicios comunes e instalaciones generales, estorbe o dificulte el uso de las Áreas y Bienes de Común incluyendo las Áreas Verdes o ponga en riesgo la seguridad o tranquilidad de los Condóminos u Poseedores, así como de los Poseedores que transiten por los pasillos, andenes y escaleras, estando obligados a mantener en buen estado de conservación y funcionamiento sus propios servicios e instalaciones;*
>
> *III.- Realizar obras, edificaciones o modificaciones en el interior de su Unidad de Propiedad Privativa, como abrir claros, puertas o ventanas, entre otras, que afecten la imagen arquitectónica del Condominio o dañen la estructura, muros de carga u otros elementos esenciales del edificio o que puedan perjudicar su estabilidad, seguridad, salubridad o comodidad, por ello, no será aplicable tratándose de Condominios el numeral 846 del Código Civil para el Estado de Nuevo León.*
>
> *IV.- Realizar en Condominios de uso habitacional, obras y reparaciones en horario comprendido de las diecinueve a las ocho*

[8] Loc. cit.

horas, salvo los casos de fuerza mayor o que el Reglamento Interno disponga otro horario.

Para el caso de uso Comercial o de Servicios, Industrial o Mixto, la Asamblea General acordará los horarios que mejor convengan al destino del Condominio;

V.- Decorar, pintar o realizar obras que modifiquen la fachada o las paredes exteriores desentonando con el conjunto o que contravenga lo establecido y aprobado por la Asamblea General;

VI. Derribar, trasplantar, podar, talar u ocasionar la muerte o sequía de uno o más árboles o arbustos, cambiar el uso o naturaleza de las áreas verdes; sin embargo, en caso de que los árboles representen un riesgo para las construcciones o para los Condóminos o Poseedores o bien, se encuentren en malas condiciones fitosanitarias de acuerdo al dictamen de la autoridad competente, se determinarán las acciones más convenientes a realizar.

La no observancia a esta fracción y en caso que un Área Verde sufra modificación o daño, el Administrador dará aviso a la autoridad competente y a la Asamblea General, a fin de que se determine la sanción aplicable.

VII.- Delimitar con cualquier tipo de material o pintar señalamientos de exclusividad, así como techar o realizar construcciones que indiquen exclusividad, en el área de estacionamiento de uso común o en cualquier otra área de destino de uso común del Condominio, excepto las Áreas Verdes las cuales sí podrán delimitarse para su protección, según acuerde la Asamblea General o quien ésta designe.

No se podrá hacer uso de los estacionamientos en las Áreas y Bienes de Uso Común, para fines distintos;

VIII.- Poseer animales que por su número, tamaño o naturaleza afecten las condiciones de seguridad, salubridad o comodidad del Condominio o de los Condóminos, debiendo el Reglamento Interno establecer puntualmente las reglas y demás requisitos respecto a la posesión y tenencia de cualquier animal vivo por parte de los Condóminos.

(...)

IX.- Ocupar otro cajón de estacionamiento distinto al asignado; y

X.- Realizar obras en la propiedad privativa que puedan poner en peligro la seguridad y estabilidad física del edificio ocasionando

> *peligro o riesgo a los Poseedores o que no permitan la conservación de zonas comunes o su flora, así como las que realicen los Condóminos en áreas comunes que afecten la comodidad de tránsito del Condominio; las que impidan permanentemente el uso de una parte o servicio común, aunque sea a un solo Poseedor, y las que demeriten cualquier parte exclusiva de una Unidad de Propiedad Privativa.(...)"*

Se advierte que el contenido obligacional antes transcrito puede clasificarse en: i) obligaciones relacionadas al uso de la unidad privativa y ii) obligaciones respecto al uso de áreas comunes.

En cuanto al uso de la unidad privativa, se reconoce que el ejercicio del derecho de propiedad se encuentra limitado, entre otras cosas, a no generar una afectación al diseño o seguridad del edificio. Resaltando, que no se pueden realizar obras al interior de la misma que trascienden al diseño del Condominio o comprometan su estructura, con independencia de las autorizaciones en materia de desarrollo urbano que se pudieran buscar u obtener dependiendo del régimen en que se esté situado.

Asimismo, se advierte que las reparaciones dentro de cada unidad privativa deben realizarse dentro del horario establecido en la reglamentación interna. Previendo la Ley de Condominios la omisión de configurarlo en los lineamientos internos y establecido la prohibición legal respecto a su realización en el horario comprendido de las diecinueve a las ocho horas, salvó los casos de fuerza mayor.

Mientras tanto, en las Áreas y Bienes Comunes se configura una obligación de hacer un uso responsable de las mismas; lo cual, se traduce en la realización de actos que permitan mantener el buen estado de conservación y la calidad de la infraestructura, proteger el medio ambiente y preservar las condiciones sanitarias.

En el caso particular de las áreas verdes, se prohíbe generar una afectación ambiental en virtud del derribo de vegetación; reconociendo al Condominio (por conducto de sus órganos competentes) como el ente encargado de comparecer ante la autoridad competente a efecto de tramitar las autorizaciones necesarias en la materia en caso de que la vegetación se encuentre en malas condiciones fitosanitarias o represente un riesgo para las construcciones.

Como cuestión diversa, se resalta el caso particular de los animales y la posibilidad de contar con ellos dentro de un Régimen de Condominios; cuestión, que se abordó en el capítulo anterior y que debe ser interpretada a la luz de la Ley de Protección y Bienestar Animal para la Sustentabilidad del Estado de Nuevo León.[9]

Lo planteado en párrafos precedentes refleja que el derecho de propiedad no es irrestricto y que pueden imponerse modalidades para su ejercicio; particularmente, dentro del modelo de convivencia social que se pretende desarrollar dentro de un Régimen de Propiedad en Condominio.

Finalmente, no pasa por desapercibido que cada infractor será responsable de cubrir los gastos necesarios para reparar las instalaciones dañadas o restablecer los servicios afectados, así como de suspender de inmediato las acciones indebidas. Asimismo, se le exigirá que responda por los daños y perjuicios causados, sin importar la sanción que se aplique según lo establecido en la Ley y el Reglamento Interno del condominio.

D. *Naturaleza de las Sanciones por Motivo de Incumplimiento a la Reglamentación Interna y a la Normatividad Aplicable: ¿Exclusividad de las Sanciones de Carácter Pecuniario en Nuevo León?*

La Ley de Condominios, en su Título Octavo, prevé la imposición de sanciones de carácter pecuniario para aquellas personas que incurren en un incumplimiento a las obligaciones contenidas en la Ley, el Reglamento Interno o la Escritura Constitutiva.

Destacando que el legislador, de manera indistinta, pretende abordar las sanciones por motivo de incumplimiento a la legislación aplicable y a la reglamentación interna. Pese a ello, al desarrollar los parámetros para determinar el monto de dichas multas, exclusivamente contempla los incumplimientos de las obligaciones descritas en la Ley de Condominios (sin atender la reglamentación interna).

Cuestión, que se ilustra a continuación:

> "*Artículo 62.- Los Condóminos o Poseedores que incumplan con las obligaciones que les son impuestas por la presente Ley, el*

[9] Véase Capítulo previo.

Reglamento Interno o la Escritura Constitutiva, podrán ser sancionados con:

I.- Multas de 20 a 40 cuotas por la inobservancia de lo establecido en las fracciones I, IV, V, VII y VIII del artículo 21 de esta Ley;

II.- Multa de 15 a 100 cuotas por incumplir con las obligaciones señaladas en las fracciones II, III, VI y IX del artículo 21 de esta Ley;

III.- Multa de 50 a 100 cuotas y cubrir el costo que se genere por la reparación o restablecimiento de los bienes, servicios o Áreas y Bienes de Uso Común que se hubiesen dañado por un mal uso o negligencia; y

IV.- Multa de 10 a 150 cuotas, el pago de intereses moratorios en los términos que establezca el Reglamento Interno o en su caso la Asamblea General y la restricción del derecho de voto en las Asambleas, por no cumplir en el plazo establecido con las cuotas fijadas por la Asamblea relativa a los fondos de mantenimiento y administración y de reserva."

Del precepto en cita, se desprende un trato diferenciado a los incumplimientos que surgen por la falta de pago de las cuotas de mantenimiento, administración y de reserva. Siendo el único supuesto que no solamente da origen a una multa de 10 a 150 cuotas y al pago de intereses moratorios, **sino que genera la pérdida en el derecho de voto en las Asambleas**.

Con ello en mente, surge el cuestionamiento respecto a ¿cuáles son los límites a las sanciones por motivo de incumplimiento al Reglamento Interno o a la Escritura Constitutiva?

Ello, bajo la premisa de que la propia Ley de Condominios reconoce la posibilidad de su configuración y ante la existencia de alternativas tales como limitar al acceso a determinadas Áreas o Bienes de Uso Común, restringir la utilización de determinados servicios (como el uso del elevador) o prohibir el acceso a visitantes. Las cuales, en apariencia, pueden ser efectivas en la práctica para lograr que determinado condómino obre en pleno cumplimiento a las normas.

No obstante, se considera que la reglamentación interna no debe contener determinaciones que constituyan prácticas desproporcionadas, donde se atenta en contra de los derechos humanos de los condóminos que presuntamente cometieron una infracción. Consecuentemente, se deben evitar dichos mecanismos de sanción o represalía que sobrepasan los límites de autodeterminación de la Asamblea General e implican un menoscabo a los derechos humanos de los condóminos.

Por su parte, la Suprema Corte de Justicia de la Nación (SCJN) ha establecido diversos lineamientos que permiten conocer los alcances de las sanciones que pueden imponerse dentro del Reglamento Interno. En el Amparo Directo en Revisión 989/2014[10] se analizó la prohibición a una condómina de hacer uso del elevador para acceder a su unidad privativa debido al incumplimiento en que incurrió respecto de las cuotas de mantenimiento. Destacando, que dicha mujer pertenecía a una categoría sospechosa en términos del artículo primero constitucional, al padecer de una discapacidad motriz y visual.

Para resolver dicho asunto, nuestro Máximo Tribunal realizó un test de proporcionalidad y valoró la restricción impuesta y sus alcances, en relación con el incumplimiento de pago presentado por la quejosa. Concluyendo, que la medida por parte de la Asamblea General resultó desproporcionada toda vez que hizo nugatoria la posibilidad de acceder al inmueble de su propiedad. Sobre todo, atendiendo al principio de no discriminación por motivo de su discapacidad, a la luz del derecho a la movilidad personal y de propiedad, debiendo garantizarse el acceso a los servicios de asistencia específicos para aquellas personas que lo requieran debido a su condición física (servicio de elevador).

En este sentido, si bien la legislación local no prohíbe expresamente la posibilidad de imponer medidas alternas a las pecuniarias (con excepción de la pérdida en el derecho al voto), cualquier otra que se pretenda instaurar por parte de la Asamblea General debe cumplir con los parámetros antes descritos y no resultar desproporcionada a la luz de las circunstancias particulares.

Para comprender lo anterior, se transcribe la definición proporcionada por el jurista Robert Alexy en relación con el objeto de la ponderación: "*cuanto mayor es el grado de la no satisfacción o de*

---

10 Amparo Directo en Revisión 898/2014. Primera Sala de la Suprema Corte de Justicia de la Nación. 2014.

afectación de uno de los principios, tanto mayor debe ser la importancia de la satisfacción del otro".[11]

Es entonces, que en Nuevo León, la reglamentación interna puede contener sanciones de naturaleza diversa a la económica, con el fin de garantizar la convivencia pacífica. Ello, en atención al principio de la autonomía de la voluntad, siempre y cuando no atente en contra de los derechos humanos de los involucrados. Reconociendo, que por motivo del intervencionismo estatal que se ha presentado en la materia, se han comenzado a difuminar los límites en relación a las cuestiones que se reputan de orden público dentro de un régimen de propiedad en condominio y aquellas situaciones que única y exclusivamente deben regirse por el principio de autonomía de la voluntad.

Por ello, el ejercicio de la facultad concedida a la Asamblea debe sujetarse a los parámetros de proporcionalidad, que de forma general, implican no impedir en su totalidad el ejercicio del derecho humano a la vivienda o a la propiedad, así como al resto de las prerrogativas reconocidas por el parámetro de control de regularidad constitucional, en términos del artículo primero de la Carta Magna. Sin que ello implique, hacer nugatoria la facultad que la propia normatividad reconoce a los Condominios para instaurar su régimen interno y configurar las medidas de corrección que estimen conducentes para el modelo social que se pretende implementar.

E. *Procedimiento para la Imposición las Sanciones por Motivo de Incumplimiento a la Reglamentación Interna en Nuevo León*

La Ley de Condominios reconoce un sistema complejo que busca evitar la imposición arbitraria de sanciones y que implica la intervención de todas las partes involucradas. Se reconoce la figura del Administrador como aquella persona que goza de la facultad originaria para determinar la imposición de la sanción; la cual, podrá ser objetada por parte del infractor. Mismo supuesto, que ocasiona que

---

11 Orozco, Víctor. "*La Ponderación como Técnica de Aplicación de las Normas sobre Derechos Fundamentales: Una Sentencia Emitida por el Tribunal Constitucional Español en Materia de Libertad Religiosa*". **Revista Judicial.** 2013. Disponible en línea:<https://www.corteidh.or.cr/tablas/r31074.pdf>

la Asamblea General en su calidad de Órgano Supremo, sea el órgano ahora competente para valorar nuevamente dicha determinación y en su caso, confirmar la imposición. Cuestión, para la cual se requiere del voto de las personas que representen más del 50% del proindiviso y que deberá notificarse dentro de los cinco días siguientes para que el infractor proceda a su pago.

Ahora bien, en dado caso de que el infractor incumpla con su obligación de pago, la Asamblea General se encuentra facultada para hacerlo valer mediante la vía ejecutiva civil, mientras subsiste la pérdida en el derecho de voto en la Asamblea por parte del infractor. Procedimiento, que se ilustra de mejor manera en el siguiente diagrama:

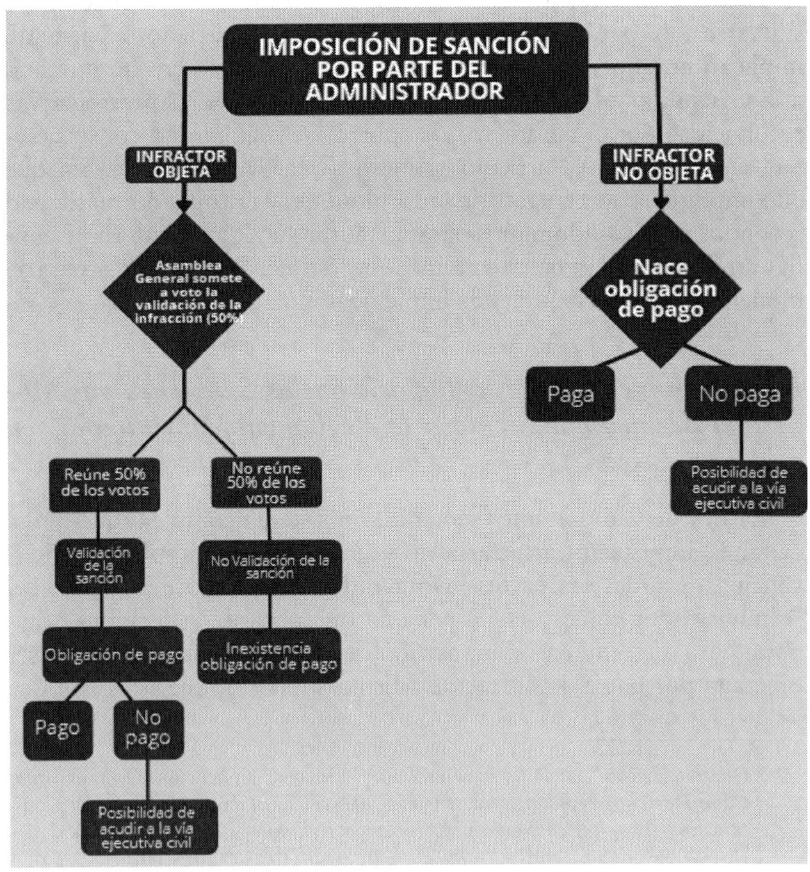

A fin de concluir el presente apartado, debe advertirse que el quórum legalmente establecido del 50% del proindiviso del condominio para la validación de la sanción objetada por el infractor, representa un estándar impráctico. Ello, ya que es necesario reunir a una cifra significativa de condóminos, con el mero objeto de abordar la imposición de una multa cuya cifra puede resultar simbólica. En consecuencia, la mera objeción de la sanción, en sí misma, se convierte en un mecanismo efectivo para evitar su imposición (ante la dificultad de reunir los votos necesarios para su validación).

Como ejemplo, imaginemos la necesidad de convocar a una asamblea y reunir al 50% del proindiviso (consistente en más de 100 personas), para determinar la responsabilidad de un infractor que se niega a pagar una multa por presuntamente incumplir con el Reglamento Interno, en relación con el cuidado de mascotas.

III. PROCEDIBILIDAD DE LOS MECANISMOS ALTERNOS DE SOLUCIÓN DE CONTROVERSIAS AL INTERIOR DE UN RÉGIMEN DE PROPIEDAD EN CONDOMINIO

La vía ejecutiva civil es aquella que la Ley de Condominios establece en favor de la Asamblea para ejercer la acción de cobro respecto de cualquier multa impuesta. No obstante, debe advertirse que un litigio no siempre representa la mejor opción dado el costo que implica su desarrollo, el tiempo que lleva el proceso (a pesar de su naturaleza ejecutiva) y la repercusión social que puede generar en la vida condominal.

En consecuencia, surge la necesidad de contemplar diversas alternativas que propicien la administración de justicia y preserven un óptimo sentido de convivencia y colaboración entre los condóminos. Reconociendo, la posibilidad de acudir a los mecanismos alternos de solución de controversias; los cuales, son conceptualizados de la siguiente manera:

> *"Los mecanismos alternativos de solución de conflictos (mediación) constituyen una antigua manera de dirimir las disputas presentadas entre las personas, extendiéndose a grupos sociales o a Estados envueltos en discordias; estos mecanismos buscan*

evitar ir a la jurisdicción convencional ante los jueces, tribunales u organismos institucionales."[12]

Respecto a su procedibilidad dentro de nuestro sistema jurídico, el Estado Mexicano ha propiciado la implementación de mecanismos alternos para dirimir controversias de una forma más eficiente y económica. Tan es así, que el propio artículo 17 de la Constitución Política de los Estados Unidos Mexicanos contempla que "*las leyes preverán mecanismos alternos de solución de controversias*" en atención al derecho humano de acceso a la justicia.

Por su parte, la Ley de Condominios establece lo siguiente:

> *"Artículo 60.- Los Centros de Métodos Alternos de Solución de Controversias del Poder Judicial del Estado son las instancias competentes para conocer de las controversias que se susciten entre los Condóminos y Poseedores o entre estos y su Administrador. De no ser fructífera la instancia alternativa de solución de controversias, quedarán expeditos los derechos para ejercitarlos en la vía y forma legal correspondientes.*
>
> *Artículo 61.- Las acciones que resulten en responsabilidad civil o penal, que no sean transigibles, las resolverá la autoridad competente según corresponda."*

De esta manera, se reconoce que las controversias que se originen dentro del Régimen de Condominios son susceptibles de resolverse por medio de los mecanismos alternos de solución de controversias legalmente reconocidos, siempre y cuando sean transigibles. Es decir, los particulares deben encontrarse en posibilidad de abstraerse de la administración de justicia ordinaria para someterse a mecanismos donde impera una mayor flexibilidad a fin de que las partes lleguen a una solución.

Consecuentemente, se reconoce a los Centros de Métodos Alternos de Solución de Controversias del Poder Judicial del Estado como las instituciones legalmente competentes para sustanciar dicho procedimiento. Sumado a ello, si bien la Ley de Condominios no enumera los posibles mecanismos que pueden emplearse, en términos de la Ley

12 Osorio, Angélica. "*Conciliación: Mecanismo Alternativo de Solución de Conflictos por Excelencia*". 2002.

de Mecanismos Alternativos para la Solución de Controversias para el Estado de Nuevo León, deben reconocerse los siguientes: arbitraje, conciliación y mediación.

En lo que respecta al arbitraje, en términos de la Ley en la materia, debe entenderse:

> *"El mecanismo alternativo por el que las partes deciden someter a este procedimiento todas o ciertas controversias que hayan surgido o puedan surgir entre ellas, respecto de una determinada relación jurídica, contractual o no contractual, en la cual interviene un tercero imparcial, denominado árbitro, que resuelve la controversia mediante la emisión de un laudo".*

Cabe destacar que es un mecanismo que requiere de la celebración previa de una cláusula compromisoria donde se advierta la intención evidente de las partes de someterse a dicha institución; a final de cuentas, implica sustraerse de la justicia ordinaria a fin de acudir a la privada, siendo un árbitro en lo individual o un tribunal arbitral, el encargado de dirimir la controversia.[13] Entre sus beneficios, se destaca su celeridad, flexibilidad (posibilidad diversos aspectos del procedimiento) y que sean expertos en la materia, conscientes de la situación particular de los condóminos, los encargados de resolver el asunto.

En este sentido, el reglamento interno debe contener claramente las especificaciones para lograr el óptimo desenvolvimiento de esta figura; sobre todo, si se pretenda implementar como un mecanismo recurrente para solventar las disputas que se presenten respecto al cumplimiento de las obligaciones señaladas a lo largo del presente capítulo

Por su parte, en lo que respecta a la conciliación, la Ley en la materia la define como:

> *"El mecanismo alternativo voluntario mediante el cual uno o más facilitadores denominados conciliadores, intervienen facilitando la comunicación entre los participantes en la controversia y proponiendo recomendaciones o sugerencias que les ayuden a lograr una solución que ponga fin al mismo, total o parcialmente".*

---

13 García, Alejandro & Villarreal, Fernando. **Derecho Internacional Privado y Derecho del Arbitraje Comercial Internacional.** Tirant Lo Blanch.2021. pg. 291.

Dicho mecanismo se traduce en un procedimiento donde las partes que se encuentran en un conflicto acuden a un profesional denominado conciliado. Individuo, capacitado para propiciar el desarrollo del diálogo e intervenir directamente en la creación de propuestas de solución a la controversia.[14]

Reconociendo que a diferencia del arbitraje, en este mecanismo son las partes quienes se encargan de tomar la decisión final, siendo el conciliador un mero medio para lograr el entendimiento y clarificar las posibles vías de acción.

Finalmente,en lo que respecta a la mediación, la Ley en la materia la define como:

> *"El mecanismo alternativo voluntario mediante el cual los intervinientes, en libre ejercicio de su autonomía, buscan, construyen y proponen opciones de solución a la controversia, con el fin de alcanzar una solución total o parcial. El facilitador durante la mediación propicia la comunicación y el entendimiento entre los intervinientes".*

Representa un mecanismo de autocomposición asistida, donde son las propias partes quienes se encuentran encargadas de proponer posibles soluciones y decidir la misma. Posicionándose el mediador, como el facilitador encargado de aportar las herramientas de comunicación necesarias para que logren dicho entendimiento, sin aportar directamente propuestas de solución.[15]

La mediación, puede devenir útil siempre y cuando sea un conflicto menor donde los condóminos busquen el auxilio de un profesional para evitar que al abordarlo, se puedan generar repercusiones en la cultura de convivencia pretendida. Siendo importante fijar un plazo para que este mecanismo se agote, en caso de no existir solución.

Analizados los distintos mecanismos alternos de solución de controversias contemplados en la legislación de Nuevo León, ha quedado demostrado que representan una vía novedosa para solventar las disputas entre los condóminos previo al ejercicio de la acción legal correspondiente. No obstante, su efectividad puede ser nula ante los desacuerdos de mayor magnitud.

---

14 García, Alejandro & Gonda, Fernando. Ob cit. pg. 296.

15 Loc. cit.

Se destaca la necesidad de que los reglamentos internos desarrollen plenamente la procedibilidad de los mecanismos alternos de solución de controversias y las particularidades a las que deben sujetarse; ante la ausencia de dicha información, se convierten en mecanismos con una efectividad bastante limitada. Reconociendo, que los problemas en los condominios pueden ser diversos y complejos, debiendo ampliarse la gama de soluciones y la instauración clara y efectiva de mecanismos que permitan resolver los conflictos de manera justa y pronta, en beneficio de todos los involucrados.

IV. BIBLIOGRAFÍA

A. Doctrina

García, Alejandro & Villarreal, Fernando. **Derecho Internacional Privado y Derecho del Arbitraje Comercial Internacional**. Tirant Lo Blanch. 2021.

Real Academia Española. Diccionario de la Lengua Española. Disponible en línea: <https://dle.rae.es/sanci%C3%B3n>

Sepúlveda, Marcelo. **Análisis del Régimen de Propiedad en Condominio**. 2020. Disponible en línea:<https://www.youtube.com/watch?v=ZB-NoD_kADQ>

Osorio, Angélica. "*Conciliación: Mecanismo Alternativo de Solución de Conflictos por Excelencia*". 2002.

Orozco, Víctor. "*La Ponderación como Técnica de Aplicación de las Normas sobre Derechos Fundamentales: Una Sentencia Emitida por el Tribunal Constitucional Español en Materia de Libertad Religiosa*". **Revista Judicial**. 2013. Disponible en línea:<https://www.corteidh.or.cr/tablas/r31074.pdf>

Paredes, Jorge. "Administrando el Condominio". **El Financiero**. 2017. Disponible en línea: <https://www.elfinanciero.com.mx/monterrey/administrando-el-condominio/>

Zárate, Miguel. "*¿Qué es la Ley de Condominios y a Quiénes Rige?*". **Zárate Abogados.** 2022. Disponible en línea: <https://zarateabogados.com/2022/01/21/que-es-la-ley-de-condominios-y-a-quienes-rige/>

B. Legislación

Constitución Política De Los Estados Unidos Mexicanos. (Promulgación Feb. 5, 1917/Marzo 22, 2024).

Ley de Propiedad en Condominio de Inmuebles para el Estado de Nuevo León. (P.O.Mayo 02, 2017/ Oct. 11, 2023).

C. Jurisprudencia

Amparo Directo en Revisión 898/2014. Primera Sala de la Suprema Corte de Justicia de la Nación. 2014.

Capítulo 11
"ANIMALES Y CONDOMINIOS"

Daniela Navarro Zepeda[1]
Emmanuel Acuña Ledezma[2]
Erika Cristina Flores Balderas[3]
Jimena Lankenau Paez[4]
Karla Sánchez Chávez[5]

SUMARIO: I. INTRODUCCIÓN. II. LEY DE PROPIEDAD EN CONDOMINIO DE INMUEBLES PARA EL ESTADO DE NUEVO LEÓN. III. CONDICIÓN JURÍDICA DE LOS ANIMALES. IV. ANÁLISIS DE LA NORMA. V. ¿QUÉ SUCEDE SI SE VIOLAN LOS LÍMITES ESTABLECIDOS? Responsabilidad. Sanciones. VI. CONCLUSIONES. VII. BIBLIOGRAFÍA.

I. INTRODUCCIÓN

Los condominios han incrementado en popularidad a nivel nacional, y con ello, son más las personas que buscan mudarse a un condominio junto a sus animales. Sin embargo, es posible que la presencia de animales en condominios pueda llegar a generar diversas controversias y desafíos de convivencia entre los habitantes del condominio.

Algunos condóminos pueden oponerse a su presencia (ya sea completa o parcialmente) por temas de seguridad, ruido excesivo, olores e

---

1 Estudiante de Licenciatura en Derecho por la Facultad Libre de Derecho de Monterrey, pasante de derecho en Zárate Abogados.

2 Estudiante de Licenciatura en Derecho por la Universidad de Monterrey, pasante de derecho en Zárate Abogados.

3 Estudiante de Licenciatura en Derecho por la Universidad de Monterrey, pasante de derecho en Zárate Abogados.

4 Estudiante de Licenciatura en Derecho por la Facultad Libre de Derecho de Monterrey, pasante de derecho en Zárate Abogados.

5 Estudiante de Licenciatura en Derecho por la Facultad de Derecho y Criminología UANL, pasante en Zárate Abogados.

inclusive alergias. Por otro lado, los propietarios de mascotas de todo tipo argumentan que sus animales son parte de su familia y que tienen derecho a poseerlos en su propio hogar. Sea cual sea la postura que se tome al respecto, es importante reconocer que la tenencia de animales en condominios es un tema que va a ser cada vez más común. Por ello, es importante abordar este tema con responsabilidad y compromiso para lograr una convivencia armoniosa entre los habitantes del condominio.

En el caso de Nuevo León, las leyes que regulan la tenencia y posesión de animales en condominios son la Ley de Propiedad en Condominio de Inmuebles y la Ley de Protección y Bienestar Animal para la Sustentabilidad, ambas leyes estatales. No obstante, su contenido puede generar cierta incertidumbre respecto a la interpretación y aplicación de estas leyes en la práctica.

Por lo anterior, en este capítulo se propone analizar en detalle las leyes mencionadas, enfocándose en las normas y restricciones relacionadas con la tenencia de animales en condominios. Se analizará si los propietarios pueden acordar, modificar o eliminar las restricciones a la tenencia de animales en el condominio y si esto es legalmente viable. Además, se describirán las posibles sanciones y responsabilidades que podrían enfrentar los propietarios que incumplan las reglas sobre la tenencia de animales en el condominio.

II. LEY DE PROPIEDAD EN CONDOMINIO DE INMUEBLES PARA EL ESTADO DE NUEVO LEÓN

La Ley de Propiedad en Condominio de Inmuebles para el Estado de Nuevo León, promulgada el 2 de mayo de 2017, estableció disposiciones sobre la tenencia y posesión de animales en unidades privativas y áreas comunes. Ahora bien, dos de sus artículos, el 21 fracción VIII y el 45 fracción XIII, delinearon las condiciones bajo las cuales se permitiría la presencia de animales en estos espacios.

El artículo 21 fracción VIII estableció que ninguna persona podría poseer animales cuya cantidad, tamaño o naturaleza pudiera comprometer la seguridad, salubridad o comodidad del condominio y sus residentes. Por su parte, el artículo 45 fracción XIII requería que el reglamento interno del condominio especificara las medidas y restricciones para la tenencia de animales de compañía.

Sin embargo, tiempo después, el legislador detectó que la redacción del artículo 45 fracción XIII dejaba un margen para prohibir absolutamente a las mascotas en los condominios, lo que podría resultar en el abandono de estos animales. Consciente de esta problemática, el Congreso del Estado de Nuevo León, en sesión del 18 de abril de 2023, aprobó por unanimidad una reforma a dicho artículo.

Esta reforma añadió un párrafo al artículo, estableciendo que en las unidades privativas no se podría prohibir la tenencia de animales de compañía salvo ciertas excepciones:

> *"En las Unidades de Propiedad Privada no se podrá prohibir la tenencia o posesión de animales de compañía que por sus características físicas no representan un riesgo a la salud ni la integridad de las personas; y se ajuste a lo establecido en la Ley de Protección y Bienestar Animal para la Sustentabilidad del Estado de Nuevo León"*.

De acuerdo con la iniciativa presentada, la reforma iba encaminada a que no se pueda prohibir la tenencia de mascotas en los condominios, abordando así el problema del abandono de animales. El propósito principal de la reforma fue proteger a los animales de compañía, así como armonizar la legislación condominal con la legislación de protección animal.

Actualmente, la Ley de Propiedad en Condominio de Inmuebles para el Estado de Nuevo León mantiene su contenido original desde su promulgación en 2017, a excepción de la mencionada reforma, la cual refleja una creciente conciencia sobre el papel de los animales de compañía en nuestra sociedad. En los últimos años, hemos presenciado un cambio en la percepción de los animales, reconociéndolos cada vez más como seres importantes y dignos de protección.

III. CONDICIÓN JURÍDICA DE LOS ANIMALES

Para darle sentido a la reforma a la Ley de Propiedad en Condominio de Inmuebles para el Estado de Nuevo León, en la presente sección se hará un análisis de la normativa que rige el cuidado de los animales.

La Constitución Política de los Estados Unidos Mexicanos, ley fundamental del país, establece el derecho a la propiedad privada, adicionando que éste no es absoluto, sino que se le pueden imponer limitaciones:

> "***Artículo 27.*** *La propiedad de las tierras y aguas comprendidas dentro de los límites del territorio nacional, corresponde originariamente a la Nación, la cual ha tenido y tiene el derecho de transmitir el dominio de ellas a los particulares, constituyendo la propiedad privada.*
>
> *...*
>
> *La nación tendrá en todo tiempo el derecho de imponer a la propiedad privada las modalidades que dicte el interés público...*"

Por su parte, la Constitución estatal, además de remitir al artículo 27 Constitucional, contiene otra disposición importante para el presente estudio:

> "***Artículo 44.***-... *El Estado y los municipios al generar políticas públicas deberán tener en cuenta las exigencias en materia de bienestar y trato digno de los animales, respetando al mismo tiempo las disposiciones legales o administrativas y las costumbres del Estado, las tradiciones culturales y el patrimonio regional.*"

Si bien el artículo 44 establece obligaciones para las autoridades administrativas y no para el poder legislativo, nos sirve como referencia para entender hacia dónde va encaminada la legislación mexicana: fomentar una cultura de protección y respeto a los animales. Así, encontramos la Ley de Protección y Bienestar Animal para la Sustentabilidad del Estado de Nuevo León, la cual impone ciertas obligaciones tanto a las autoridades como a los particulares respecto a la protección de los animales. El artículo segundo de la Ley reconoce a los animales como seres sintientes, brindándoles así una condición jurídica:

> "***Artículo 2.***- *Es competencia de esta Ley:*
>
> ***I.*** *Regular la conducta de las personas que habiten en Nuevo León o transiten por el Estado, independientemente de su lugar de origen, hacia las formas de vida de los animales y sus ecosistemas, con el fin de permitir su desarrollo, protección, bienestar integral y sostenible que les garantice ser sujetos a un trato digno por su condición de seres sintientes;*"

Ahora bien, el Código Civil para el Estado de Nuevo León, al señalar en diversos artículos que los animales tienen dueño, determina que los animales son bienes, ya que solo estos son susceptibles de tener propietario. Si bien los animales son propiedad privada, el Estado le puede imponer limitaciones a esta. Es decir, tomando en cuenta las disposiciones de la Ley de Protección y Bienestar Animal para la Sustentabilidad del Estado de Nuevo León, aunque los animales no sean sujetos de derecho, son acreedores de una protección excepcional al ser seres sintientes.

Esta lógica fue la que se utilizó para reformar el artículo 45 de la Ley de Propiedad en Condominio de Inmuebles para el Estado de Nuevo León. Considerando que hay una tendencia a legislar respecto a la protección de los animales, se establece que no se pueden prohibir a los animales de compañía en condominios. Ahora, tomando en cuenta que el principio rector del derecho privado es la autonomía de la voluntad ¿se pudiera pactar en contra de esta prohibición?

IV. ANÁLISIS DE LA NORMA

En la presente sección analizaremos las disposiciones que regulan la tenencia de animales en la Ley de Propiedad en Condominio de Inmuebles para el Estado de Nuevo León, por lo que resulta necesario hacer una transcripción de ellas.

> ***"Artículo 21.-*** *Queda prohibido a los Condóminos, Poseedores y en general, a todo habitante o visitante del Condominio:*
>
> ...
>
> ***VIII.-*** *Poseer animales que por su número, tamaño o naturaleza afecten las condiciones de seguridad, salubridad o comodidad del Condominio o de los Condóminos, debiendo el Reglamento Interno establecer puntualmente las reglas y demás requisitos respecto a la posesión y tenencia de cualquier animal vivo por parte de los Condóminos...*
>
> ***Artículo 45.-*** *El Reglamento Interno deberá agregarse en copia certificada al apéndice de la Escritura Constitutiva y entregarse a cada uno de los Condóminos que adquieren, debiendo contener, por lo menos, lo siguiente:*

...

XIII.- Determinar, en su caso, las medidas y limitaciones para poseer animales tanto en las Unidades de Propiedad Privada como en las Áreas y Bienes de Uso Común.

En las Unidades de Propiedad Privada no se podrá prohibir la tenencia o posesión de animales de compañía *que por sus características físicas no representan un riesgo a la salud ni la integridad de las personas; y se ajuste a lo establecido en la Ley de Protección y Bienestar Animal para la Sustentabilidad del Estado de Nuevo León."*

De lo anterior, lo primero que debemos analizar es si existe o no una contradicción entre ambos artículos. El artículo 21 establece una prohibición respecto a la tenencia de cualquier animal que afecte la seguridad, salubridad o comodidad del condominio o condóminos. Por su parte, el artículo 45 trata específicamente sobre los animales de compañía, señalando que éstos no pueden ser prohibidos salvo que afecten la seguridad o integridad de las personas. Ambos artículos marcan los límites respecto a la posesión de animales, pero mientras uno se refiere a todos los animales, el segundo trata exclusivamente sobre los animales de compañía. La Ley de Protección y Bienestar Animal para la Sustentabilidad del Estado de Nuevo León define a los animales de compañía de la siguiente manera:

*"**Artículo 3**. Para los efectos de esta Ley se entiende por:*

VIII. Animales de Compañía. *Son aquellos convencionales y no convencionales que se encuentran bajo el dominio del hombre, cohabitando en casa habitación y teniendo una relación afectiva con él.*

IX. Animal de Compañía Convencional. *Para efectos de esta Ley se entienden los perros y gatos.*

X. Animal de Compañía No Convencional. *Todo aquel animal que se encuentre bajo el dominio del hombre dentro de su casa habitación con fines afectivos que pueda cohabitar con el hombre sin que por ello se ponga en riesgo su bienestar o la del ser humano."*

Si bien es evidente que los animales de compañía también son animales (en sentido amplio, como son regulados en el artículo 21), es necesario distinguir si los regulados en el artículo 45 constituyen una excepción al artículo 21 o simplemente son requisitos adicionales que se deben cumplir para poder prohibirlos.

Primeramente, parece ser que los animales de compañía son aquellos que no causan un daño o peligro a las personas (al menos por regla general). Tomando en cuenta que el artículo 21 (es decir, el que regula a todos los animales) es el que establece más requisitos para la tenencia de animales, pudiéramos concluir que el 45 es una excepción a la regla. Esto porque, si se refiere exclusivamente a los animales de compañía, entendiendo a estos como los que no causan daño, resulta lógico que estos tengan menos limitaciones respecto a su tenencia.

En segundo lugar, la prohibición del artículo 45 menciona exclusivamente a las Unidades de Propiedad Privativa. Es decir, señala que dentro de éstas no se podrán prohibir los animales de compañía (salvo excepciones), lo que a sentido contrario se refiere a que sí se pueden prohibir en las Áreas y Bienes de Uso Común. Este razonamiento va de la mano con el del artículo 21, ya que éste menciona que los límites para la posesión de cualquier animal son que afecte la seguridad, salubridad o comodidad <u>del condominio o de los condóminos</u>. En otras palabras, el artículo 21, al regular a todos los animales, establece limitaciones más amplias y va encaminado a proteger <u>a todas las personas</u> que estén en el condominio. Por su parte, el artículo 45, por tratarse de las Unidades de Propiedad Privativas, establece menos límites; esto porque se presume que si el animal de compañía transgrede dichos límites, afectaria solamente a las personas poseedoras del animal.

Así, logramos concluir que no hay una contradicción entre ambos artículos, sino que solamente regulan distintos supuestos. Mientras el artículo 21 regula a todos los animales en todo el condominio, el 45 se enfoca exclusivamente en los animales de compañía dentro de las Unidades de Propiedad Privativa. Ahora, esta primera distinción aún deja muchas dudas por responder. Por lo tanto, todavía es necesario definir qué se entiende por seguridad, salubridad, comodidad, salud e integridad.

Para entender estos conceptos, es importante primero conocer qué significa que un animal sea peligroso, es decir, que éste pueda afectar alguno de los límites señalados anteriormente. La Ley de Protección y Bienestar Animal para la Sustentabilidad del Estado de Nuevo León define a los animales potencialmente peligrosos como:

"*Artículo 3. Para los efectos de esta Ley se entiende por:*

...

XIII. Animales Potencialmente Peligrosos. Cualquier tipo de animal susceptible de causar daño o perjuicio, físico, psicológico o material en el ser humano."

Como se puede observar de lo anterior, la definición propuesta por la citada ley es ambigua, por lo que en principio, se tendría que argumentar por qué un animal es susceptible —o no— de causarle daño o perjuicio a una persona. Dicha ley no propone más elementos para definir el concepto, pero sí, en cambio, establece ciertas medidas que se deben tomar cuando una persona posee un animal potencialmente peligroso. El artículo séptimo de la misma impone al poseedor de uno de estos animales la obligación de solicitar a la Secretaría de Medio Ambiente (la cual cuenta con una Dirección de Bienestar Animal) una autorización para poseerlo. Asimismo, debe colocar avisos de alerta de peligro para que los vecinos conozcan que hay un riesgo. No obstante, como la misma Ley de Protección y Bienestar Animal para la Sustentabilidad del Estado de Nuevo León los categoriza como un riesgo, ¿no sería razón suficiente para poder prohibirlos en los condominios?

Ahora bien, ¿qué sucede si existe una mayoría calificada en la Asamblea General que quiere prohibir todo tipo de animales en el Condominio, inclusive los que no afecten alguno de los límites señalados por la Ley? Para contestar esta pregunta, es necesario señalar que el artículo 45 fracción XIII está redactado como una prohibición, por lo que debemos remitir al artículo octavo del Código Civil para el Estado de Nuevo León, el cual dispone lo siguiente:

"*Art. 8o.- Los actos ejecutados contra el tenor de las leyes prohibitivas o de interés público serán nulos, excepto en los casos en que la ley ordene lo contrario.*"

A la luz de este artículo, cualquier acto que sea contrario a una ley prohibitiva es nulo, por lo que de un primer análisis podríamos concluir que la prohibición total de animales en un condominio es nula, al contravenir dicha normativa.

Si bien el impedimento de la prohibición de los animales dentro de los condominios no es absoluto, pues admite limitaciones en tanto la tenencia de estos afecte la seguridad, comodidad, salubridad, y en el caso de los animales de compañía, la salud e integridad de los condóminos, de la reforma al artículo 45 se puede observar que las normas que prevén dichos elementos omiten precisar el alcance de los mismos. Dicho de otro modo, no está permitida la prohibición de animales dentro de los reglamentos internos, pero al no establecerse un parámetro de lo que se entiende por seguridad, comodidad, salubridad, salud e integridad, se abre una puerta que permite que las interpretaciones sean extensivas.

Por ejemplo, ¿qué sucede si uno de los condóminos manifiesta que se siente "incómodo" por el perro de otro condómino? O bien, ¿qué pasa si en lugar de un perro se trata de un pez? ¿Qué se entiende por comodidad? De acuerdo con la Real Academia Española, la comodidad es entendida como *"cosa necesaria para vivir a gusto y con descanso"*.[6] Cada condómino es un individuo que cuenta con necesidades individuales, por lo que resulta lógico que lo que sea cómodo para uno, no necesariamente será lo que es cómodo para otro. El mismo razonamiento se puede utilizar para los límites impuestos en el artículo 45, ya que la salud o integridad a la que se refiere el artículo puede ser tanto física como mental. En ese sentido, debemos reconocer que cada persona puede ver su salud o integridad, física o mental, afectada por diferentes situaciones. Dicho de otro modo, hay personas que no son afectadas negativamente por algún animal de compañía, pero hay personas que sí.

De ahí que la reforma al artículo 45 resulta totalmente ineficaz, pues se trata de una prohibición que tiene limitaciones tan amplias, que pudiera dejar sin efecto a la misma norma. En otros términos, si los condóminos establecieran una cláusula dentro de su reglamento interno mediante la cual se manifieste que un animal, sin importar sus características físicas, afecta la salud o integridad de las personas, entonces el artículo 45 permitiría la prohibición del mismo. Esto es, que basta con que los condóminos definan lo que entienden por la salud e integridad, para que el artículo 45 no se conviertan en una limitante al ejercicio de su autonomía de la voluntad al redactar su reglamento interno. Además, aún y cuando los animales de compañía se

---

6 Real Academia Española. **Diccionario de la Lengua Española.** 23.ª ed. Disponible en línea: <https://dle.rae.es/comodidad> (Consulta: Abril 10, 2024).

prohiban en todos los lugares del condominio salvo en las Unidades de Propiedad Privativas, estos de cualquier manera pudieran afectar a las personas que no residen en dicha Unidad de Propiedad Privativa. Esto porque los animales de compañía pueden causar molestias a los otros condóminos ya sea cuando salgan de la Unidad de Propiedad Privativa, o dentro de la misma al hacer ruido.

Ahora, la Ley de Protección y Bienestar Animal para la Sustentabilidad del Estado de Nuevo León impone una segunda prohibición respecto de la tenencia de los animales de asistencia, estableciendo lo siguiente:

> *"**Artículo 8.- Todas** las dependencias de Gobierno ubicadas en el Estado, sean estas federales, estatales, municipales o de organismos constitucionalmente autónomos, así como **las personas físicas y morales de carácter privado que no sean de uso particular como casa habitación, están obligadas a dar acceso irrestricto a sus instalaciones, oficinas, comercios y negocios a los animales identificados como animales de asistencia** cuando los mismos vayan en compañía de sus propietarios, poseedores o encargados, debiendo brindarles en todo momento las facilidades necesarias a estos animales y a sus propietarios, poseedores o encargados. La salvedad será que se ponga en riesgo la salud o integridad física del animal, de su propietario o de ambos, o en el caso de que se trate de áreas de restricción sanitaria."*

El artículo transcrito establece que no se puede negar la entrada de animales de asistencia a ningún lugar, salvo que: i) sea un lugar de uso particular como casa habitación (en el caso de los condominios lo pudiéramos interpretar como una Unidad de Propiedad Privativa); ii) se ponga en riesgo la salud o integridad física del *animal*; o iii) de su *propietario*. A diferencia de la otra prohibición analizada, ésta no señala como límite que se ponga en riesgo a las personas que son rodeadas por el animal, sino exclusivamente al animal mismo y a su propietario.

Esto último porque, en dicha ley, los animales de asistencia son definidos como aquellos que se desarrollan como guías y apoyo a las personas que cuentan con alguna discapacidad. Viéndolo de otra forma, el artículo 45 fracción XIII de la Ley de Propiedad en Condominio de Inmuebles para el Estado de Nuevo León regula la tenencia de animales de una forma ambigua, con el fin de que impere la autonomía de la voluntad de los condóminos. Por su parte, el artículo octavo de la Ley de Protección y Bienestar Animal para la Sustentabilidad del Estado de Nuevo León es más estricto en las medidas que se deben tomar respecto a los animales de asistencia porque se reconoce que las personas con discapacidades no se pueden desarrollar sin la guía de su animal.

Siguiendo la máxima de derecho "ley especial deroga ley general", podemos concluir que la prohibición de la Ley de Propiedad en Condominio de Inmuebles para el Estado de Nuevo León regula todos los supuestos de tenencia de animales, ya sean de compañía o no, *con excepción de* los animales de asistencia, los cuales son regulados por la Ley de Protección y Bienestar Animal para la Sustentabilidad del Estado de Nuevo León, al ser estos un supuesto especial respecto a la norma general. Así, sí se pudiera limitar la tenencia de animales en los condominios al establecer en su Reglamento Interno que se considera a todos los animales como un riesgo, salvo los de asistencia, los cuales siempre deben ser permitidos.

Por otro lado, es importante señalar que la presente Ley de Propiedad en Condominio de Inmuebles para el Estado de Nuevo León entró en vigor el 2 de mayo de 2017; previo a esta existía la Ley del Régimen de Propiedad en Condominio para el Estado de Nuevo León. Desde otro análisis de la prohibición del artículo 45, se trae a colación el artículo transitorio tercero de la Ley de Propiedad en Condominio de Inmuebles actual, cuyo contenido se transcribe a continuación:

> *"**Tercero.**- Los regímenes de propiedad en Condominio constituidos con anterioridad a la vigencia de la presente Ley seguirán rigiéndose por su Escritura Constitutiva y su Reglamento Interno, pero las modificaciones que se den a estos a partir de la vigencia del presente decreto se deberán ajustarse a lo previsto por esta Ley."*

En otras palabras, todos aquellos condominios que hayan sido constituídos previo a la fecha en la que entró en vigencia la Ley de Propiedad en Condominio de Inmuebles para el Estado de Nuevo León y no hayan modificado su Escritura Pública y Reglamento Interno, no les serán aplicables las disposiciones de la misma, sino que seguirán rigiéndose por su Escritura Constitutiva y Reglamento Interno, y como resultado, no deberán tener preocupación alguna por las prohibiciones del artículo 45.

Empero, aquellos condominios que hayan modificado en cualquier sentido su Escritura Pública o Reglamento Interno después de la fecha previamente citada, sí les será aplicable el contenido de la Ley de Condominios vigente, incluyéndose el artículo 45. No obstante, considerando que se trata de una Ley relativamente reciente, se encuentra dirigida a una cantidad reducida de personas, por lo que en términos prácticos, sigue siendo una disposición ineficaz y en desuso.

V. ¿QUÉ SUCEDE SI SE VIOLAN LOS LÍMITES ESTABLECIDOS?

Ahora bien, habiendo aclarado los límites que se pueden establecer respecto a la tenencia de animales en condominios, es importante mencionar lo que pasaría si alguna de estas restricciones se transgrede. ¿Qué es lo que pasaría si ocurre un accidente o descuido con algún animal dentro del condominio? ¿Quién se haría responsable? y ¿A qué tipos de sanciones u obligaciones se haría acreedor? Estas son las interrogantes que se busca responder en este apartado.

Antes de ello, es fundamental señalar que existen varias "vías" posibles a tomar, siendo estas: (i) las sanciones impuestas por la Ley de Propiedad en Condominio de Inmuebles para el Estado de Nuevo León, (ii) la sanción establecida en el reglamento interno, y (iii) la responsabilidad civil, la cual se encuentra regulada en la legislación civil.

Responsabilidad

Una de las posibles respuestas frente a quién es responsable por la violación de una norma, regla o disposición, se encuentra en el artículo 21 fracción VIII de la multicitada Ley, la cuál prevé que los condóminos y poseedores serán absolutamente responsables de las acciones de los animales —lo que se conoce como una culpa en vigilar— que introduzcan en el condominio cuando se cumpla uno de los siguientes supuestos: i) afectar la limpieza, salubridad y protección del condominio; o bien ii) causar cualquier daño, molestia, plaga, o enfermedades a otros condóminos o poseedores.

Asimismo, el artículo señala que las reglas aplicables en caso de que se cumplan alguno de los mencionados supuestos son las del artículo 1826 del Código Civil para el Estado de Nuevo León, el cual se encuentra se encuentra situado en el capítulo que regula las obligaciones que nacen de actos ilícitos. Es decir, el dueño de un animal es responsable y debe resarcir el daño causado por este cuando: i) por no haber vigilado o cuidado correctamente a su animal de compañía; ii) haya transgredido una norma; y iii) a causa de eso haya un daño. Así, en caso de que se cumplan estos requisitos, se puede demandar a la persona responsable por responsabilidad civil para resarcir el daño causado por su animal.

Sanciones

Las sanciones son medidas que se imponen a las personas con el fin de que se abstengan de realizar determinada conducta. En el caso de animales en el condominio, la Ley de Propiedad en Condominio de Inmuebles para el Estado de Nuevo León contempla la sanción a condóminos poseedores que posean animales que por su número, tamaño o naturaleza afecten las condiciones de seguridad, salubridad o comodidad del condominio o de los condóminos.

Estas disposiciones, contenidas en el artículo 62 fracción I, sancionan el incumplimiento de una obligación previamente establecida, además de que buscan desincentivar la posesión de animales no permitidos en el condominio. Es decir, esta penalidad va encaminada a sancionar el incumplimiento de una obligación, mientras que lo que se pretende lograr con la responsabilidad civil regulada en el Código Civil para el Estado de Nuevo León, es resarcir el daño causado por el o los animales. Por lo tanto, estas penalidades se deben de tomar como consecuencias diferentes y separadas.

De igual forma, el Reglamento Interno puede contener sanciones adicionales, ya que, si bien éste está limitado a no contradecir la Ley de Propiedad en Condominio de Inmuebles para el Estado de Nuevo León, en éste se puede establecer cualquier disposición (incluyendo sanciones) que los condóminos voten, mientras no traspase este límite. A diferencia de la responsabilidad civil, en la que el monto pagado es por el daño causado, las sanciones impuestas por el artículo 62 y/o por el Reglamento Interno no necesariamente van encaminadas a reparar un daño. Así, la sanción procura disuadir una conducta —la tenencia de animales que por sus características están prohibidos dentro del condominio— mientras que la responsabilidad civil se encarga de compensar el daño una vez transgredida la norma.

VI. CONCLUSIONES

La reforma al artículo 45 de la Ley de Propiedad en Condominio de Inmuebles para el Estado de Nuevo León, establece claramente que en las unidades privativas no se puede prohibir la tenencia de animales de compañía, siempre y cuando no representen un riesgo para la salud o integridad de las personas y cumplan con lo estipulado en la Ley de Protección y Bienestar Animal para la Sustentabilidad del Estado de Nuevo León.

No obstante, se concluye que dicha disposición resulta ineficaz y es de difícil aplicación principalmente por dos razones: la primera es que, debido a que los límites de la tenencia de animales es que no afecten la seguridad, comodidad, salubridad, salud e integridad, y dichos conceptos no están definidos en la legislación, pueden ser interpretados por los condóminos a su gusto. En segundo lugar, la Ley de Propiedad en Condominio resulta ineficaz al ser dirigida únicamente a aquellos condominios que han modificado su Escritura Pública o Reglamento interno después del 3 de mayo de 2017, por lo que hay numerosos condominios a los que la prohibición no es aplicable. No obstante esto último, a diferencia de los demás, los animales de asistencia no podrán ser prohibidos en los condominios.

De igual forma, es importante tener en cuenta que una vez establecidos los límites para la tenencia de animales en un condominio, se pueden establecer sanciones en caso de transgredir esos límites. Asimismo, se presume que siempre que haya un daño causado por un animal, su dueño es quien será responsable de resarcir los daños.

VII. BIBLIOGRAFÍA

DOCTRINA

— Real Academia Española. **Diccionario de la Lengua Española**. 23.ª ed. Disponible en línea: < https://dle.rae.es/comodidad> (Consulta: Abril 10, 2024).

LEGISLACIÓN

— **Constitución Política de los Estados Unidos Mexicanos.** (P.O. Febrero 5, 1917/Marzo 22, 2024).

— **Constitución Política del Estado Libre y Soberano de Nuevo León.** (P.O. Dic. 16, 1917/Mayo 29, 2023).

— **Ley de Propiedad en Condominio de Inmuebles para el Estado de Nuevo León.** Reforma a su artículo 45 fracción XIII. (P.O. Octubre 11, 2023).

— **Ley de Protección y Bienestar Animal para la Sustentabilidad del Estado de Nuevo León.** (P.O. Abril 27, 2016/Junio 7, 2023).